Der reformierte Schleiermacher

Der reformierte Schleiermacher

Gespräche über das reformierte Erbe in seiner Theologie

Herausgegeben von
Anne Käfer unter Mitarbeit von Bastian König

DE GRUYTER

ISBN 978-3-11-063183-8
e-ISBN (PDF) 978-3-11-063357-3
e-ISBN (EPUB) 978-3-11-063200-2

Library of Congress Control Number: 2019937890

Bibliografische Information der Deutschen Nationalbibliothek
Die Deutsche Nationalbibliothek verzeichnet diese Publikation in der Deutschen Nationalbibliografie; detaillierte bibliografische Daten sind im Internet über http://dnb.dnb.de abrufbar.

© 2019 Walter de Gruyter GmbH, Berlin/Boston
Umschlagabbildung: Ölbild im Gemeinderaum der Evang. Kirchengemeinde in der Friedrichstadt Berlin-Mitte, Foto: Bjela Proßowsky.
Druck und Bindung: CPI books GmbH, Leck

www.degruyter.com

Inhalt

Anne Käfer
Einführung in den Band —— 1

Albrecht Philipps
Grußwort der UEK —— 5

Simon Gerber
„… qui Zuinglii magis quam Lutheri […] doctrinae sim addictus"
  Wie die reformierte Konfession Schleiermachers Werdegang und Denken
  prägte —— **9**

Arnold Huijgen
**Das „semen religionis" und die „pietas" in Calvins Theologie und der
„Anknüpfungspunkt" und die „Frömmigkeit" bei Schleiermacher**
  Ein Vergleich zweier reformierter Theologen —— **31**

Anne Käfer
Von der Vorhersehung Gottes und der Evolution der Seele —— 51

Caroline Teschmer
„Die Seele ist uns nur mit dem Leib gegeben"
  Ganzheitlichkeit und Zweigeschlechtlichkeit im Denken Friedrich
  Schleiermachers —— **69**

André Munzinger
Schleiermachers Geselligkeitskonzeption —— 87

Michael Beintker
Reformierte Akzente in der Kirchentheorie Friedrich Schleiermachers —— 101

Arnulf von Scheliha
„Kirchenzucht"?
  Reformierte Themen in der Christlichen Sittenlehre
  Friedrich Schleiermachers —— **123**

Jan Rohls
Friedrich Schleiermacher
    Reformierte Theologie und preußische Kirchenunion —— **145**

Biogramme der Autorinnen und Autoren —— 179

Personenregister —— 181

Anne Käfer
Einführung in den Band

> Lieber Sohn! Heute vor 13 Jahren freute ich mich sehr, da Deine Mutter Dich gebar und es hieß: es ist ein Sohn, Auch heute freue ich mich herzlich über Dich, wie mannigfaltig groß ist nicht in den verflossenen 13 Jahren die Güte und Liebe Gottes über Dich gewesen! Schmecke und fühle doch diese Liebe, fühle Dich glücklich im Genuß derselben.[1]

So gratuliert Johann Gottlieb Adolph Schleyermacher seinem Sohn Friedrich Daniel Ernst Schleiermacher, dessen Geburtstag sich am 21. November 2018 zum 250sten Mal jährte.

Die Liebe Gottes, von der der Vater schreibt, und die Bedeutung der Gottesliebe für die Liebe der Menschen untereinander, das sind meines Erachtens die beiden Hauptthemen, die Schleiermachers Werk explizit oder unausgesprochen durchziehen. Dabei ist entscheidend, dass Schleiermacher unter Liebe, die Absicht zur Vereinigung Gottes mit den Menschen sowie der Menschen untereinander versteht.[2]

Solche Absicht scheint mir auch hinter den Bemühungen zu stehen, mit denen Schleiermacher die Union zwischen reformierten und lutherischen Kirchengliedern voranbringt. Diese Unionsbestrebungen, die bis heute von kirchenpolitischer Bedeutung sind, stellt *Jan Rohls* in ihrem historischen und theologiegeschichtlichen Kontext dar. Dabei benennt er drei Kontroverspunkte zwischen der reformierten und der lutherischen Tradition, die in Schleiermachers Theologie von besonderem Interesse seien: Das Abendmahlsverständnis, das Verständnis der beiden Naturen Christi in ihrem Verhältnis zueinander und die Prädestinationslehre.

Rohls weist auch darauf hin, dass Schleiermachers Theologie nicht allein im Vergleich mit Zwingli und Calvin als mehr oder weniger „reformiert" beurteilt werden könne; vielmehr müsse die gesamte reformierte Tradition berücksichtigt werden. Diesen Hinweis gilt es bei der Lektüre des vorliegenden Bandes durchgängig zu beachten, obgleich manche Beiträge ausdrücklich auf die Beziehung

---

1 Johann Gottlieb Adolph Schleyermacher, Brief vom 21.11.1781, in: Friedrich Daniel Ernst Schleiermacher, Kritische Gesamtausgabe, hg. v. Hans-Joachim Birkner u. a. (im Folgenden abgekürzt: KGA), V/1, *Briefwechsel 1774–1796*, hg. v. Andreas Arndt und Wolfgang Virmond, Berlin/New York 1985, 1.
2 S. dazu Friedrich Schleiermacher, *Der christliche Glaube nach den Grundsätzen der evangelischen Kirche im Zusammenhange dargestellt*, 2. Aufl. 1832/32, hg. v. Rolf Schäfer (= KGA I/13, 1 und 2) § 165, Abschnitt 1, 499.

der schleiermacherschen Theologie zu den theologischen Einsichten der reformierten Reformatoren Zwingli und Calvin abheben.

Simon Gerber macht in seinem biographisch ausgerichteten Beitrag deutlich, dass Schleiermacher, der insbesondere seinem Elternhaus sein reformiertes Erbe verdankt, die Theologie Zwinglis hochschätzte. Gleichwohl halte Schleiermacher in seinem dogmatischen Werk „Der christliche Glaube"[3] (genannt: „Glaubenslehre") weder das lutherische noch das calvinische noch auch das zwinglianische Abendmahlsverständnis für vollauf befriedigend.

Arnold Huijgen nimmt bei seiner Interpretation des „Anknüpfungspunktes", der in Schleiermachers Erlösungslehre eine entscheidende Rolle spielt, Bezug auf die Theologie Calvins. Hierbei ist die umstrittene Frage nach der Ansprechbarkeit des Menschen auf das erlösende Wirken Gottes im Blick.

Wie Schleiermacher das Wirken Gottes gegenüber seiner Schöpfung beschreibt, davon handelt der dritte Beitrag. Schleiermachers Verständnis von der Allmacht und Liebe des Schöpfers geht einher mit einer Lehre von der Erwählung und der „Vorhersehung", die als Entwicklungsziel der menschlichen Seele ewiges Leben in Gottesgemeinschaft annimmt.

Dass nach Schleiermacher die menschliche Seele niemals ohne den Leib gegeben ist, das führt *Caroline Teschmer* in ihrem Beitrag aus. Weil nach Schleiermacher Körper und Seele untrennbar miteinander verbunden gedacht werden müssen, scheint die biologische Geschlechterdifferenz von nicht zu unterschätzender Bedeutung für das liebevolle Zusammenleben der Menschen zu sein.

Dass Schleiermacher dem gelingenden Zusammenleben einen hohen Stellenwert zumisst, veranschaulicht der Beitrag von *André Munzinger* zu Schleiermachers Verständnis von Geselligkeit. Munzinger stellt dar, dass Schleiermacher die Erkenntnis der eigenen Individualität im Bewusstsein der Eigentümlichkeiten anderer Menschen für möglich hält, und er weist auf, welche Rolle die Liebe dabei spielt, dass gesellige Gemeinschaft unter Individuen gelingen kann.

Wie sich Schleiermacher die Gestaltung der christlichen Religionsgemeinschaft vorstellt, davon handelt der Beitrag zu Schleiermachers Kirchentheorie. *Michael Beintker* führt aus, dass es gerade Schleiermachers reformierte Haltung sei, die ihn zu seinen Unionsbestrebungen veranlasst habe. Auch welche Kirchenverfassung Schleiermacher auf dem Boden seiner theologischen Überzeugungen für angemessen hält, wird in diesem Beitrag vorgestellt und dabei auf Schleiermachers Bestimmung des Verhältnisses von Kirche und Staat verwiesen.

Zudem äußert sich Beintker, wie auch Rohls und Gerber es tun, zum Abendmahlsverständnis Schleiermachers. *Arnulf von Scheliha*, der in Schleiermachers

---

[3] S. Anm. 2.

„Christliche Sittenlehre" einführt, wendet sich unter anderem Schleiermachers Ausführungen zum Sakrament der Taufe zu, die er als sehr reformiert geprägt interpretiert. Für den Bildungsweg des Getauften, auch das macht von Scheliha deutlich, lehne Schleiermacher dezidiert eine die Körperkräfte schwächende Kirchenzucht ab. Vielmehr müsse der Körper für den christlichen Dienst der Liebe in Anspruch genommen werden.

In sämtlichen Beiträgen ist auf das reformierte Erbe Schleiermachers hingewiesen. Inwieweit Schleiermachers Theologie nun als „reformiert" bezeichnet werden kann, das ist schon deshalb nicht leicht auszumachen, da die reformierte Tradition selbst vielgestaltig ist. Bei der Lektüre des Bandes kann jedoch deutlich werden, dass Schleiermacher, der sich auf reformierte und lutherische Überlieferungen bezieht, theologische Fragestellungen stets konsequent durchdenkt und weiterdenkt. Eben darum ist seine Theologie durch die letzten 250 Jahre hindurch junggeblieben. Konsequente und stringente Gedankengänge, die Gottes Liebe zu den Menschen und deren Zusammenleben bedenken, veralten nicht.

Die Beiträge des vorliegenden Bandes können als kritische Auseinandersetzung mit dem Werk Schleiermachers gelesen werden, wobei der Fokus auf seine reformierte Tradition gerichtet ist. Sie mögen aber auch als Einführung in Schleiermachers Denken dienen. Denn entstanden sind die abgedruckten Texte als Gesprächsbeiträge zur neunten Reformierten Sommeruniversität, die im August 2018 in Zusammenarbeit mit der Theologischen Universiteit Apeldoorn und der Johannes a Lasco Bibliothek Emden an der Westfälischen Wilhelms-Universität Münster stattgefunden hat. Die Tagung und die Finanzierung dieses Bandes wurden von Seiten der Union Evangelischer Kirchen (UEK) großzügig unterstützt. Ein Grußwort von Oberkirchenrat Dr. Albrecht Philipps, der für Theologie und Bildung im Amt der UEK zuständig ist, eröffnet anschließend an diese einführenden Zeilen den Band.

Bei Dr. Albrecht Döhnert bedanke ich mich für die freundliche Aufnahme des Bandes beim Verlag de Gruyter und bei Alice Meroz für die sehr angenehme und professionelle Betreuung von Seiten des Verlags. Für die finanzielle Unterstützung bei der Herstellung des Bandes richte ich meinen Dank an die UEK. Für die Beiträge danke ich der Autorin und den Autoren. Für die umsichtige Organisation der Sommeruniversität, das scharfsichtige Korrekturlesen der Beiträge und die Herstellung der Satzvorlage danke ich insbesondere Bastian König sowie Eike Herzig, Jana Neuenhöfer, Karin Scheimann und Lennart Luhmann, dem noch zudem Dank für die Erstellung des Registers gebührt.

Münster, 12. Februar 2019   Anne Käfer

Albrecht Philipps
Grußwort der UEK

Die Union Evangelischer Kirchen in der Evangelischen Kirche in Deutschland (UEK) war Mitveranstalterin der Reformierten Sommeruniversität 2018 in Münster. Die UEK ist eine Gemeinschaft von zwölf Kirchen unierten, reformierten und lutherischen Bekenntnisses in der Evangelischen Kirche in Deutschland. Mit ihrer Gründung im Jahr 2003 haben sich zwei unterschiedliche Traditionen kirchlicher Zusammenarbeit vereinigt: auf der einen Seite die Evangelische Kirche der Union, die vormalige EKU, die die Tradition der altpreußischen Kirche als größte Unionskirche Europas fortsetzte und auf der anderen Seite die Arnoldshainer Konferenz. Die UEK führt damit die kirchenverbindende Arbeit einer 200-jährigen Geschichte fort und setzt sich heute v. a. für die gemeinsame evangelische Sache im deutschen Protestantismus ein.

Die Vorträge zur Theologie Schleiermachers und die Texte, die im Rahmen der Reformierten Sommeruniversität diskutiert wurden – ebenso die im Rahmen der Reformierten Sommeruniversität durchgeführte Exkursion nach Tecklenburg, eines der alten reformierten Territorien Norddeutschlands, das schon 1707 zu Preußen kam – werfen ein Licht auf die zukunftsweisenden Konzeptionen dieses großen Theologen des 19. Jahrhunderts, der wichtige Gedanken zur Union von lutherischen und reformierten Kirchen formuliert hat.

Es war der 27. November 1768 – vor 250 Jahren –, als der reformierte Prediger Loos in der Hofkirche in Breslau den Sohn Elisabeth Maria Katharina Schleyermachers und des Stabsfeldpredigers Johann Gottlieb Adolph Schleyermacher auf den Namen Friedrich Daniel Ernst taufte. Schleiermacher gehört von seinem familiären Herkommen her zum reformierten Flügel des Protestantismus. Das reformierte Erbe Schleiermachers, auf das die Reformierte Sommeruniversität in Münster ein besonderes Augenmerk gelegt hat, wurde ihm gleichsam schon in der Taufe mit in die Wiege gelegt. Dennoch kann Schleiermacher nicht als ein reformierter Theologe im Sinne der alten reformierten Kirche bezeichnet werden. Bedingt durch den Beruf seines Vaters als Feldgeistlicher in den preußischen Garnisonen Oberschlesiens, waren die Kinder der Familie Schleiermacher durch vielfache Umzüge vor allem in den Heimstätten der Herrnhuter Brüdergemeine zuhause, in denen ihnen der herrnhutische Pietismus eine tiefe religiöse Prägung mit auf den Weg gab. Dass es zunächst auf die innere Haltung zu Jesus Christus ankommt. Dass Dogmen und kirchliche Lehre dem nachgeordnet sind. Dass die evangelischen Konfessionen in ihren verschiedenen Ausprägungen nicht das ganze Heil symbolisieren können. Dass die Konfessionsmerkmale insgesamt, wenn nicht abgeschliffen, so doch wenigstens in ihrer Bedeutung zu relativieren

https://doi.org/10.1515/9783110633573-002

sind. Dass die christliche Religion nicht in die Sphäre des Wissens, der Moral oder Metaphysik gehört, sondern im Gefühl als einer selbstständigen „Provinz im Gemüthe" zu verorten ist. All das hat Schleiermacher anfänglich schon in seiner pietistischen Prägung erfahren, es später durchdacht und formuliert. Wir wissen heute, dass er die Theologie damit nicht isoliert, sondern auf ihr Wesen konzentriert hat und dass er der Kirche, uns, bis heute damit einen wichtigen Auftrag ins Stammbuch geschrieben hat. Es geht darum, den Glauben, die Religion und die Kirche mit ihren Vollzügen nicht zu verwechseln mit Bereichen, zu denen sie zwar eine Affinität haben (Moral, Recht, Sittlichkeit), mit der sie aber nicht gleichgesetzt werden dürfen. Schleiermacher hat damit einen wesentlichen Anteil an der für die Moderne typischen Ausdifferenzierung, die unser Leben bis heute maßgeblich bestimmt.

Für die Kirchen in der unierten Tradition ist Schleiermacher der theologische Pate des 19. Jahrhunderts. Er hat den Unionen zwischen Lutheranern und Reformierten, die ab dem Jahr 1817 in Deutschland aus unterschiedlichen Beweggründen stattfanden, den Weg bereitet. Sie sind nicht, wie man es gelegentlich in lutherischer Polemik gehört hat, ein Irrweg des Protestantismus oder eine Abkehr von der reformatorischen Lehre. Richtig ist vielmehr: Die schon bei Luther angelegte Innerlichkeit und Subjektivität des Glaubens, das lutherische „pro me", der Fürbezug des Glaubens, den der Pietismus verstärkt hat, kommt im Glaubensverständnis Schleiermachers und in der unierten Tradition besonders deutlich zum Tragen.

Und das ist nun alles andere als eine nur kirchengeschichtlich interessante Notiz. Dass Religion eines der Megathemen dieses Jahrhunderts sein wird, haben Soziologen schon vor der Jahrtausendwende prognostiziert. Und diese Vermutung hat sich bestätigt. Alle großen sozialen Fragen unserer Zeit wie Migration, Integration von Flüchtlingen, Umgang mit Minderheiten und die Zukunft der offenen Zivilgesellschaft haben immer auch eine starke religiöse Implikation, die keine Nebensache ist. Der rechtspopulistische Weg in Russland, der Türkei, in Ungarn und die aktuelle amerikanische Politik Trumps versuchen, das freiheitliche Denken und die liberale, offene Gesellschaftsordnung durch autoritäre Systeme zu ersetzen.

Gegenwärtig leben noch zwei Prozent der Weltbevölkerung in Ländern mit einer offenen Zivilgesellschaft, in denen Menschen ihre Meinung frei sagen können und nicht durch Repressalien unter Druck gesetzt werden. Das geht aus dem „Atlas der Zivilgesellschaft" hervor, einer umfangreichen und sehr lesenswerten Studie, die „Brot für die Welt" zum Jahresbeginn 2018 veröffentlicht hat. Zwei Prozent, und wir in Deutschland gehören zu diesen glücklichen zwei Prozent. Also machen wir etwas daraus! Die Zeichen der Zeit zeigen uns deutlich, dass demokratische Kultur und freiheitliche Werte sich keineswegs von selbst fortschreiben. Demokratie ist nicht einfach da. Sie muss immer wieder neu erstritten und gestaltet werden. Die Freiheit, die eine Generation errungen hat, überträgt sich nicht von alleine auf die nächste Generation, sie muss von ihr neu erworben werden. Demokratie ist nie fertig, sondern wird immer weiterentwickelt, sonst besteht die Gefahr der Ermüdung und der inneren Aushöhlung.

Beim Blick in sogenannte rechtsintellektuelle Zeitschriften wie „Die blaue Narzisse" oder „Tumult" stellt man fest, dass dort ein revolutionärer Wandel und eine Gesellschaftsordnung beschrieben und gefordert werden, in der gerade nicht der Islam, sondern die freiheitliche, auf Kompromisse bedachte Gesellschaftsordnung als der zu besiegende Feind ausgemacht wird. Alles Liberale, das Besondere, der Respekt vor dem Anderen und Fremden, die Last der Freiheit sollen bekämpft und ersetzt werden durch Gleichförmigkeit, autoritäres Denken und Handeln.

Das alles hat viel mit Schleiermacher zu tun. Sein Welt- und Religionsverständnis ist eines, das in der Kultur des Austausches, des Gesprächs und der Mitteilung – wir würden heute vielleicht sagen, der Kommunikation – zuhause ist und damit ein gegenseitiges, tiefes Verständnis fördert. In den Kirchenunionen, die zu Beginn des 19. Jahrhunderts entstanden, wurde eingeübt und praktiziert, wie man mit einem Kompromiss auch in kirchenpolitischen und religiösen Dingen einen guten Weg finden kann, indem man mehr auf das Verbindende und Gemeinsame achtgab, als das Trennende herauszustellen.

In der Umbruchsituation, in der wir heute stehen, in der das Kommende noch nicht zu erkennen ist, wird es nun wesentlich darauf ankommen, woran wir uns für unsere Zukunft orientieren. Schleiermachers „Sinn und Geschmack" für das Gespräch, die Humanität, die Freiheit und vor allem für die heilende und sinnstiftende Kraft der Religion scheint dazu ein guter Ratgeber zu sein.

Simon Gerber
„… qui Zuinglii magis quam Lutheri […] doctrinae sim addictus"

Wie die reformierte Konfession Schleiermachers Werdegang und Denken prägte

„Ich freilich bin mehr der Lehre Zwinglis als Luthers ergeben". So sprach Friedrich Schleiermacher, Professor der Theologie mit Schwerpunkt auf dem Neuen Testament, am Montag, den 3. November 1817 in seiner lateinischen Rede zum Festakt, den die Universität Berlin anlässlich des 300-jährigen Jubiläums des Lutherschen Thesenanschlags veranstaltete.[1] Vielleicht muss man sich hier ein Augenzwinkern dazudenken: Bei aller Verehrung für den deutschen Reformator und dessen zu feiernde Tat – er, Schleiermacher, gehöre ja gar nicht zu der nach ihm benannten Konfession, sondern zu einer anderen (und darüber hinaus dürfe man sowieso bei der Reformation über Luther nicht die zahlreichen anderen vergessen, die an ihr Anteil hatten[2]). Wenige Tage zuvor freilich, am 30. Oktober, dem Vorabend des Jubiläums, war derselbe Schleiermacher, diesmal in seiner Eigenschaft als Synodalpräses, maßgeblich an der gemeinsamen Feier des heiligen Abendmahls beteiligt gewesen, mit der die Berliner Stadtsynode, Lutheraner und Reformierte, feierlich vollzogen und dargestellt hatten, dass der alte Zwiespalt zwischen beiden Konfessionen nunmehr überwunden sei.[3] Bewusste Zugehörigkeit zur reformierten Partei und die Überzeugung von der Zusammenge-

---

[1] Friedrich Schleiermacher, „Oratio in solemnibus ecclesiae per Lutherum emendatae saecularibus tertiis in Universitate litterarum Berolinensi die III. Novembris A. MDCCCXVII. habita", in: *Orationes in solemnibus ecclesiae per Lutherum emendatae saecularibus tertiis in Universitate litterarum Berolinensi d. III. Novembr. A. MDCCCXVII. habitae*, Berlin o.J. (1817), 14–27, hier 14 (Friedrich Schleiermacher, *Theologisch-dogmatische Abhandlungen und Gelegenheitsschriften*, Kritische Gesamtausgabe [KGA] I/10, hg. v. Hans-Friedrich Traulsen unter Mitwirkung von Martin Ohst, Berlin/New York 1990, 5).

[2] Vgl. Bernhard Schmidt, *Schleiermachers Liedblätter 1817*, Schleiermacher-Archiv 23, Berlin/New York 2008, 224–227; Simon Gerber, *Schleiermachers Kirchengeschichte*, BHTh 177, Tübingen 2015, 357–359. 363. 371; ders., „Marheineke, Schleiermacher und das Reformationsjubiläum von 1817", in: *Reformation und Moderne. Akten des Internationalen Kongresses der Schleiermacher-Gesellschaft in Halle, März 2017*, hg. v. Jörg Dierken/Arnulf von Scheliha/Sarah Schmidt, Schleiermacher-Archiv 27, Berlin/Boston 2018, 169–181, hier 179.

[3] [Friedrich Schleiermacher,] *Amtliche Erklärung der Berlinischen Synode über die am 30sten October von ihr zu haltende Abendmahlsfeier*, Berlin 1817 (Friedrich Schleiermacher, *Kirchenpolitische Schriften*, KGA I/9, hg. v. Günter Meckenstock unter Mitwirkung von Hans-Friedrich Traulsen, Berlin/New York 2000, 173–188).

hörigkeit aller protestantischen Partialkirchen und Bekenntnisse in einer Kirche, das widersprach einander für Schleiermacher nicht. – Später geriet Schleiermachers reformiertes Profil eher aus dem Blickfeld der Theologiegeschichtsschreibung. Schleiermacher selbst hätte das nicht verwundert, hatte er doch schon darauf hingewiesen, dass die aktuellen Gegensätze innerhalb der evangelischen Theologie wie der zwischen Rationalisten und Supranaturalisten – oder in späterer Zeit zwischen Spekulativen und Erweckten, zwischen Liberalen und Positiven, zwischen Dialektikern und Nicht-Dialektikern – quer über die Konfessionsgrenze gingen;[4] andererseits hätte es ihn erstaunt, dass der Konfessionalismus, der doch nach dem Gesetz der Entwicklung allmählich erlöschen musste, etwas sehr Lebendiges blieb und dass für die eher mit der reformierten Tradition verbundene dialektisch-theologische Richtung des 20. Jahrhunderts er, Schleiermacher, zur anderen Seite gehören sollte, die irgendwie natürlich-theologisch, religionshistorisch, liberal, idealistisch, subjektivistisch, mystisch und dann vor allem lutherisch geprägt sei.

1 Lutherisches und reformiertes Kirchentum in den königlich preußischen Staaten

Bevor wir nach der reformierten Prägung bei Schleiermacher suchen, werfen wir einen Blick auf Schleiermachers Heimatkirche, die deutsch-reformierte Kirche in den preußischen Staaten.[5] An ihrem Ursprung stand der Übertritt des brandenburgischen Kurfürsten Johann Sigismund zu einer milden Form des reformierten Protestantismus; das war im Jahr 1613. Kurbrandenburg war gut sieben Jahrzehnte von einem eher konservativen Luthertum geprägt worden, das mehr katholische Zeremonien als die anderen Kirchen beibehalten hatte, und gehörte zu den Unterzeichnern der Konkordienformel; Kurfürst Johann Sigismund war verdrossen,

---

4 Z. B. [Friedrich Schleiermacher,] *Zwei unvorgreifliche Gutachten in Sachen des protestantischen Kirchenwesens zunächst in Beziehung auf den Preußischen Staat*, Berlin 1804, 12–13 (Friedrich Schleiermacher, *Schriften aus der Stolper Zeit 1802–1804*, KGA I/4, hg. v. Eilert Herms/Günter Meckenstock/Michael Pietsch, Berlin/New York 2002, 374–375).
5 Vgl. zum Folgenden: *Handbuch über den königlich preußischen Hof und Staat für das Jahr 1804*, Berlin 1804, 31–32. 283–303; Carl Friedrich Stäudlin, *Kirchliche Geographie und Statistik, Bd. 2*, Tübingen 1804, 478–499; Erich Foerster, *Die Entstehung der Preußischen Landeskirche unter der Regierung König Friedrich Wilhelms des Dritten, Bd. 1*, Tübingen 1905, 23–51; Julius Langhäuser, *Das Militärkirchenwesen im kurbrandenburgischen und Königlich Preussischen Heer*, Metz 1912, bes. 48–49. 65. 69; Andreas Stegmann, *Die Reformation in der Mark Brandenburg*, Leipzig 2017, 225–234.

dass sich Geistlichkeit und Bevölkerung in ihrer großen Mehrheit in unbelehrbarer Hartnäckigkeit weigerten, seinen Schritt zu einer noch reineren Form des Protestantismus mitzuvollziehen. Die Religionspartei des Kurhauses und späteren königlich preußischen Hofes wurde durch die Besetzung und Besoldung von Pfarr- und Beamtenstellen sowie Ministerien noch vielfach begünstigt, blieb aber eine kleine, auf relativ wenige Gemeinden beschränkte Minderheit.

Im Jahr 1794, unter Friedrich Wilhelm II., trat das Allgemeine Landrecht für die Preußischen Staaten in Kraft, das unter Friedrich dem Großen ausgearbeitet worden war. Im zweiten Teil unter Titulus 11 finden sich dort Bestimmungen über die Kirchengesellschaften. Darunter versteht das Landrecht nicht etwa die großen Konfessionsverbände, auch nicht die Provinzialkirchen oder Propsteien, sondern vielmehr die Einzelgemeinden, seien sie nun lutherischer, katholischer, deutschreformierter oder französisch-reformierter Religion. Zu solchen Gesellschaften schließen sich die Untertanen des Staates zusammen, um den öffentlichen Gottesdienst zu begehen; der Zweck dieser Gesellschaften, die Pflege der Gesinnung, liegt auch im Staatsinteresse. Die Kirchengesellschaften (also Einzelgemeinden) sind auch die Eigentümerinnen der Kirchengebäude. Ihre Mitglieder genießen völlige Gewissensfreiheit, nicht nur gegenüber dem Staat, sondern auch gegenüber ihren Geistlichen; diese dürfen sich nur sehr beschränkt in Privatangelegenheiten einmischen. Geistliche Obere gibt es auch (Superintendenten, Pröpste und Erzpriester); deren Hauptaufgabe ist es, über die Eignung der Kandidaten auf Pfarrstellen zu entscheiden und die Aufsicht über Pfarrer, Gebäude, Vermögen und Stiftungen zu führen, allerdings mit sehr beschränkter Disziplinargewalt.

Um 1800 gab es als höchste Kirchenverwaltungsbehörden des Staates zwei geistliche Departements, die dem Justizministerium zugeordnet waren: Das lutherische Departement war auch für katholische Belange zuständig und stand unter einem Departementsminister, der zugleich dem lutherischen Oberkonsistorium präsidierte. Das zweite geistliche Departement war das reformierte; der reformierte Departementsminister hatte den Vorsitz sowohl im deutsch-reformierten Kirchendirektorium als auch im französisch-reformierten consistoire supérieur. (Bis 1764 hatte es noch ein einziges geistliches Departement gegeben; der Minister war gleichzeitig Vorsitzender des Oberkonsistoriums, des Kirchendirektoriums und des consistoire supérieur gewesen.) Das lutherische Oberkonsistorium war aus dem Konsistorium für Kurbrandenburg hervorgegangen und blieb, was die Mitglieder betraf, mit diesem nahezu identisch. Für die lutherischen Gemeinden der übrigen Gebiete von Ostpreußen bis Franken und Ostfriesland gab es noch eigene Konsistorialbehörden, die teilweise mit den örtlichen Regierungen verschmolzen waren. Von einer lutherischen Gesamtkirche in den preußischen Staaten konnte dabei keine Rede sein, der Geschäftskreis des Oberkonsistoriums und der Provinzial- und Stadtkonsistorien war ein durchaus beschränkter und ging nicht wesentlich über die Prüfung der Kandidaten und die Mitteilung obrigkeitlicher Verfügungen hinaus; ansonsten hing alles bei weitgehender lokaler Autonomie nur lose miteinander zusammen. – Näher in Verbindung mit den ihm unterstellten Gemeinden und Geistlichen stand das deutsch-reformierte Kirchendirektorium; mit etwa 125 Gemeinden war dieses Kirchenwesen überschaubar. Eine presbyterial-synodale Verfassung gab es nur im Westen der Monarchie, in Westfalen und Ostfriesland. – Von den Universitäten der königlich-preußischen Staaten waren zwei reformiert, die Viadrina in Frankfurt an der Oder als alte brandenburgische Landesuniversität und die klevische Universität in Duisburg, lutherisch waren die preußische Landesuniversität Königsberg und die Reformuniversität Halle im Herzogtum Magdeburg; hinzu kam 1792, als die Markgrafschaft Ansbach-Bayreuth an Preußen fiel, noch Erlangen. – Außerhalb dieser Organisationsstruktur stand die Feldgeistlichkeit; ihre Parochien gliederten sich nach Regimentern und Garnisonen, ihr oberster Geistlicher war der Feldpropst, ihre oberste Behörde das Kriegskonsistorium in Berlin. (Das Kriegskonsistorium in Berlin unterstand erst dem Oberkriegskollegium, d. h. Verteidigungsministerium, dann seit 1792 dem Militär-Justiz-Departement.)

All das wurde seit 1809 im Zuge der Steinschen Reformen völlig umorganisiert: Lutherisches Oberkonsistorium, deutsch-reformiertes Kirchendirektorium und französisch-reformierter consistoire supérieur verloren ihre Eigenexistenz und gingen in der staatlichen Kirchenverwaltung auf, diese wurde vom Justizministerium abgelöst und dem Innenministerium mit der Sektion für Kultus und öffentlichen Unterricht übertragen, und aus den losen Kirchenverbänden wurden jetzt einheitliche Provinzialkirchen geformt mit je einem Konsistorium und einem Generalsuperintendenten an der Spitze. Die Einführung der lutherisch-reformierten Union und der königlichen Agende waren zwei der Schauplätze in diesem Prozess der Umorganisation, Verstaatlichung und Vereinheitlichung.[6]

2 Familienbande

Friedrich Schleiermacher war Zeitgenosse, Zeuge und teilweise Ideengeber und Protagonist dieses Prozesses. Er stammte aus einer reformierten Predigerfamilie, und zwar mütterlicher- und väterlicherseits. Seine Mutter Elisabeth Schleyermacher war eine geborene Stubenrauch und gehörte damit einer der angesehensten

---

[6] Vgl. Foerster 1905, 124–286 (Anm. 5); ders., *Die Entstehung der Preußischen Landeskirche unter der Regierung König Friedrich Wilhelms des Dritten, Bd. 2*, Tübingen 1907; Anselm Schubert, „Preußische Kirchenunion und Kirchenagende 1815–1834", in: *JSKG 95/96* (2016/17), 209–220.

Predigerfamilien an. Sie war die Tochter von Timotheus Christian Stubenrauch, Hofprediger in Stolp in Hinterpommern, dann Hof- und Domprediger in Berlin. Ihre Schwester Sophie Luise war mit dem reformierten Prediger in Landsberg an der Warthe Johann Lorenz Schumann verheiratet, ein Bruder, reformierter Hofprediger in Altlandsberg, war bei Schleiermachers Geburt schon verstorben. Die Stubenrauchs waren verwandt oder verschwägert mit Karl August Reinhardt, dem uralten Prediger an der Berliner reformierten Parochialkirche, der 1811 hoch in den Neunzigern verstarb (Schleiermacher wusste von der Verwandtschaft, konnte aber wohl schon nicht mehr genau erklären, um wieviele Ecken sie ging). Zu nennen ist hier aber besonders Ernst Stubenrauch, der Bruder von Schleiermachers Mutter, Schleiermachers Onkel und Patenonkel, selbst Patenkind des berühmten Berliner Hofpredigers und Akademiepräsidenten Ernst Jablonsky und für Schleiermacher besonders in den kritischen Jahren nach dem Bruch mit Herrnhut eine Art zweiter Vater. Stubenrauch war damals Professor am reformierten Gymnasium in Halle und hielt in dieser Funktion auch an der lutherischen Universität kirchengeschichtliche Vorlesungen für die reformierten Studenten.

Weniger prominent war die Verwandtschaft auf väterlicher Seite. Der Vater Gottlieb Schleyermacher war reformierter Feldprediger mit Dienstsitz in Breslau. Als einziger Feldprediger seiner Konfession in Schlesien musste er oft wochenlange Dienstreisen unternehmen. Zu seinen Pflichten gehörte auch die Betreuung der reformierten Militärangehörigen samt Familien in der Garnisonsstadt Pleß in Oberschlesien nahe der polnischen Grenze. Im Jahr 1770 siedelten sich in Pleß etwa 300 Reformierte an, die aus Glaubensgründen von ihrer Ortsherrschaft aus dem nahen polnischen Seibersdorf vertrieben worden waren. Schleyermacher und der Fürst von Anhalt-Köthen Pleß, der Inhaber der Ortsherrschaft in Pleß und selbst reformiert, hatten an der Aufnahme der Seibersdorfer Glaubensflüchtlinge maßgeblichen Anteil. 1778 siedelte die Familie Schleyermacher auf Einladung des Fürsten von Breslau nach Pleß über; Schleyermacher wurde zusätzlich zur Feldpredigerstelle auch Prediger der neugebildeten reformierten Gemeinde in Pleß.[7] Kurz darauf begann der sog. Kartoffelkrieg zwischen Preußen und Österreich um die Erbfolge im Kurfürstentum Bayern, ein Krieg, von dem vor allem im Gedächtnis blieb, dass beide Seiten Kampfhandlungen peinlichst vermieden. Stabsfeldprediger Schleyermacher begleitete mehrere Regimenter auf ihren Märschen durch Schlesien und lernte dabei die Herrnhuter Kolonie Gnadenfrei bei Peilau kennen. War Schleyermacher bisher aufgeklärt-neologisch gesinnt gewe-

---

7 Vgl. Andreas Wackwitz, „Johann Gottlieb Adolph Schleyermacher", in: *JSKG* 43 (1964), 89–153, hier 92–96. 106–135.

sen (laut seinem späteren Rückblick sogar zwölf Jahre lang ganz ungläubig), so bekam seine Frömmigkeit nunmehr eine neue Richtung; nicht zuletzt sorgte er dafür, dass seine Kinder auf herrnhutische Erziehungsinstitute kamen. Dafür musste er sich im Jahr 1785 gegen Vorwürfe verteidigen, mit denen ihn der Breslauer Hofprediger Daniel Heinrich Hering aufgrund eingegangener Klagen konfrontierte: Schleyermacher halte sich öffentlich zu den Gnadenfreier Herrnhutern, führe sein reformiertes Predigtamt nur noch lau, gebe seiner Gemeinde mancherlei Anstoß, kurz, er sei ein Sektierer geworden.[8]

Das rührte an das Trauma der Familie: Gottlieb Schleyermachers Vater Daniel Schleyermacher hatte sich als reformierter Prediger in Elberfeld der Zionsgemeinde angeschlossen, einer radikal-pietistischen, chiliastischen Gruppierung, die sich um den Textilfabrikanten Elias Eller und die Bäckerstochter Anna von Büchel gesammelt hatte. Die Gemeinde verstand sich selbst als die prophezeite reine Geistkirche und als neues Jerusalem, verehrte Anna von Büchel als Prophetin und Zionsmutter und erwartete ein von ihr zu gebärendes messianisches Kind; nach ihrem Ausschluss aus der Elberfelder reformierten Gemeinde gründete sie vor der Stadt, in Ronsdorf, ein wirtschaftlich prosperierendes Gemeinwesen mit Eller als Bürgermeister. Schleyermacher wurde zum Prediger der Gruppierung; ein Heft mit sorgfältigen Aufzeichnungen Schleyermachers über Anna von Büchels Prophezeiungen und die Aktivitäten der Zionsgemeinde wurde jüngst wiederentdeckt und publiziert. Der Tod der Prophetin und „Zionsmutter" bedeutete für die Gemeinde eine schwere Krise; Schleyermacher überwarf sich schließlich mit Eller, der die alleinige Führung beanspruchte, und kehrte mit einem Teil der Ronsdorfer nach Elberfeld zurück. Eller strengte bei der kurpfälzischen Regierung in Mannheim daraufhin gegen Schleyermacher einen Hexenprozess an, und Schleyermacher entwich ins niederländische Arnheim zu einer seiner Schwestern und verfasste eine Verteidigungsschrift. Der Prozess gegen den Abwesenden endete mit einem Freispruch. Jahre später rief die Elberfelder Gemeinde Schleyermacher als Prediger zurück, doch zum Amtsantritt kam es nicht mehr.[9]

---

8 Brief 138 (Friedrich Schleiermacher, *Briefwechsel 1774–1796 [Briefe 1–326]*, KGA V/1, hg. v. Andreas Arndt/Wolfgang Virmond, Berlin/New York 1985, 138–139); E. Rudolf Meyer, *Schleiermachers und C.G. von Brinkmanns Gang durch die Brüdergemeine*, Leipzig 1905, 273; vgl. Wackitz 1964, 97–99 (Anm. 7).
9 Vgl. Karl Krafft, „Schleyermacher, Daniel", in: *ADB, Bd. 31*, Leipzig 1890, 478–481; Claus Bernet, „Büchel, Anna Catharina von", in: *BBKL, Bd. 22*, Nordhausen 2003, 156–160; ders., „Das neue Jerusalem im Rheinland: Eine Untersuchung zu den Motiven der Stadtgründung von Ronsdorf bei Wuppertal", in: *MEKGR 56* (2007), 129–147; *Daniel Schleyermachers Manuskript 1738*

Gottlieb Schleyermacher hatte all diese Wirren miterlebt, teils als Beteiligter vor Ort, teils von seinen Studienorten Duisburg und Halle aus. 1750 wurden seine Mutter und er vom Konsistorium in Elberfeld als Zeugen zu den Vorfällen verhört.[10] Seinem Sohn offenbarte Schleyermacher die Geschichte erst spät: Der Sohn hatte zum großen Kummer des Vaters mit dem Herrnhutertum vorläufig gebrochen und war vom Seminarium in Barby an die Universität Halle gewechselt. Als beide sich einander allmählich wieder annährten, warnte der Vater den Sohn vor zu stolzer, glaubensvergessener Spekulation und empfahl ihm neben dem Studium der Kantschen Kritik auch die Lektüre von Jung-Stillings Buch *Theobald oder die Schwärmer*: „Es enthält unter fingirten Nahmen lauter wahre Geschichte, deren eine ich selbst erlebt habe; es ist die Geschichte meines seligen Vaters, welche im 2ten Bändchen unter dem Nahmen Darius vorkommt."[11]

3 Der lange Weg ins Amt

Seine drei Vornamen hatte Schleiermacher zu Ehren dreier reformierter Männer erhalten: Friedrich hieß er nach dem großen König, der sich als Indifferentist freilich wenig um seine Konfession scherte, Daniel nach dem schwärmerischen Großvater und Ernst nach dem Onkel und Patenonkel. Auf die Laufbahn als reformierter Theologe geriet er aber eher unverhofft. Die Herrnhuter hatten Schleiermachers außerordentliche Begabung erkannt und ihn zur Vorbereitung auf eine segensreiche Tätigkeit in ihrer Gemeine schon mit 16 Jahren in ihr Seminarium in Barby versetzt. Der Weg in den reformierten Kirchendienst begann damit, dass Schleiermacher den Vater nach einem Jahr auf dem Seminarium bat, ihn doch Theologie studieren zu lassen, denn in Barby sei die Lektüre allzu beschränkt, von den neuesten Debatten in Exegese und Dogmatik sei man geradezu abgeschirmt.[12] Ein halbes Jahr später, Anfang 1787, eröffnete Schleiermacher dem Vater, er habe seit einem Jahr den Glauben an die Gottheit Christi und dessen

---

bis 1743 und 1735 bis 1737. *Einsprachen der Anna vom Büchel, Ereignisse um Elias Eller in Elberfeld und in der neuen Gemeinde Ronsdorf*, hg. v. Günter Twardella, Sprockhövel 2009.
10 Vgl. Wackwitz 1964, 91–92 (Anm. 7). – Protokolle der Verhöre stehen in der anonymen Schrift *Gräuel der Verwüstung an heiliger Stätte, oder die Geheimnisse der Bosheit Der Ronsdorffer Secte, entdeckt in einem Sendschreiben aus C. an einen vornehmen Gottesgelehrten der protestirenden Kirche in B. worinnen die Abscheulichkeit dieser neuen Ketzerey aus Urkunden historisch fürgetragen, und aus der heiligen Schrift und gesunden Vernunft gründlich widerleget wird*, Frankfurt am Main/Leipzig 1750.
11 Brief 79 (KGA V/1, 87–90).
12 Brief 45 (KGA V/1, 38).

genugtuendes stellvertretendes Opfer ganz verloren; auf ein Amt in der Gemeine dürfe er so nicht mehr hoffen. Ein Theologiestudium in Halle unter der Aufsicht des Onkels werde ihm helfen, über die Fragen ins Reine zu kommen.[13] So geschah es dann auch. Der Onkel hatte den Neffen schon vorher gelinde gemahnt, sich nicht zu früh auf ein strenges Herrnhutertum festzulegen;[14] nun vermittelte er zwischen seinem Schwager und seinem Neffen, gab dem Neffen Hinweise für das Studium und nahm ihn bei sich auf.[15] In Halle scheint Schleiermacher dann freilich vor allem Philosophie und Philologie getrieben zu haben.[16] Im Sommer 1788 bekam Onkel Ernst Stubenrauch eine Predigerstelle in Drossen in der Neumark; Schleiermacher blieb noch ein viertes Semester in Halle, dann war er auf sich selbst gestellt, denn das väterliche Geld war aufgebraucht. Eine Lehrerstelle in Schlesien gebe es nicht, schrieb der Vater, zumal der Hofprediger Hering, Inspektor der reformierten Schulen, Schleiermacher für zu klein und zu krumm gewachsen halte. In Halle fand Schleiermacher die Konkurrenz um die wenigen Hauslehrerstellen zu groß, und an der Universität sei für Reformierte kaum etwas zu bekommen.[17] So zog Schleiermacher für ein Jahr nach Drossen zu seinem Onkel, studierte dessen gut sortierte Bibliothek durch und arbeitete sich für das anstehende Examen in die Theologie ein, wenn auch mit Widerwillen, wie er einem Studienfreund schrieb, und nur deshalb, weil ihm sonst für sein weiteres Leben nichts mehr bliebe als auf dem Jahrmarkt mit dem Dudelsack einem Bären zum Tanz aufzuspielen.[18] Als der Vater zum Examen mahnte, schrieb Schleiermacher, er werde sich jetzt melden und nach Berlin aufmachen, um vor dem Kirchendirektorium anzutreten, auch wenn seine Kleider inzwischen so abgenutzt seien, dass er sich kaum in Drossen auf die Straße traue, viel weniger in Berlin.[19] Der Vater adressierte nach Berlin Gnaden- und Segenswünsche zum Examen und trug Grüße an den Hofprediger Friedrich Sack auf, von dessen Vater er einst examiniert und ordiniert worden sei,[20] während der Onkel aus Drossen schrieb, seine Frau keife auf Schleiermacher, dass er sich zum Examen noch immer keinen Haarbeutel gekauft habe.[21] Indessen gingen alle Prüfungen gut, und der Hof- und

---

13 Brief 53 (KGA V/1, 50–52).
14 Brief 33 (KGA V/1, 29–30); 39 (KGA V/1, 32–34).
15 Brief 55 (KGA V/1, 57–58); 57 (KGA V/1, 59); 61 (KGA V/1, 65–66); 67 (KGA V/1, 67–68).
16 Vgl. Andreas Arndt und Wolfgang Virmond, „Einleitung der Bandherausgeber", in: KGA V/1, XXV–LIX, hier XXIX–XXXI; Gerber 2015, 48–49 (Anm. 2).
17 Brief 108 (KGA V/1, 113–114).
18 Brief 128 (KGA V/1, 178); vgl. 134 (KGA V/1, 193).
19 Brief 129 (KGA V/1, 180); 131 (KGA V/1, 185).
20 Brief 138 (KGA V/1, 197–198).
21 Brief 143 (KGA V/1, 202).

Domprediger Sack, Mitglied sowohl des Kirchendirektoriums als auch des lutherischen Oberkonsistoriums, dazu Konfirmator des Kronprinzen (des späteren Königs Friedrich Wilhelms III.), mit den Stubenrauchs seit je befreundet, lobte die Probepredigt des Kandidaten Schleiermacher.[22] Er war von nun an Schleiermachers Mentor und väterlicher Freund.

Dem ersten Examen folgte nach altem Brauch die Hauslehrerzeit; da die Zahl der reformierten Predigerstellen begrenzt war, konnte sie lange dauern. Der erwähnte Breslauer Hofprediger Hering z. B. war 14 Jahre lang Hauslehrer gewesen, ehe er mit 35 Jahren auf die erste Stelle berufen wurde. Schleiermacher ging zur gräflichen Familie Dohna-Schlobitten nach Ostpreußen. Die Zeit in Schlobitten wurde prägend für ihn, nicht nur durch das Familienleben, in das er sich aufgenommen fand, er bestieg auch öfter mit Beifall die Kanzel, fand Gefallen am Predigen und kam dabei bald ohne Konzept aus.[23] Einer Pfarre oder einer Professur an der reformierten Viadrina fühlte er sich einstweilen gesundheitlich nicht gewachsen.[24] Nach einem Streit, sei es über die Erziehung, sei es über die Französische Revolution, beschlossen Schleiermacher und Graf Dohna, sich in Freundschaft zu trennen.[25] Schleiermacher wollte sich, wie er seinem Mentor Sack bei einem Besuch in Berlin sagte, sowohl eine kirchliche als auch eine schulische Karriere offenhalten, und Sack, inzwischen zum Oberhofprediger befördert, vermittelte ihm eine Stelle als Schulamtskandidat an Friedrich Gedikes reformpädagogischem Lehrerseminar in Berlin.[26] Ein Jahr später, 1794, schlug Schleiermacher endgültig die kirchliche Laufbahn ein: Sein über 70jähriger Onkel in Landsberg an der Warthe, Prediger Johann Lorenz Schumann, brauchte für seine Amtsgeschäfte nunmehr einen Adjunkt (Hilfsprediger) und schlug dazu Schleiermacher vor. Sack nahm sich der Sache an, und Schleiermacher legte in Berlin vor Sack und zwei weiteren Hof- und Dompredigern sein zweites Examen ab, empfing von Sack die Ordination und ging nach Landsberg.[27] Sack gab zu dieser Zeit Sammlungen von Predigten englischer Aufklärungstheologen heraus, und Schleiermacher unterstützte ihn bei der Übersetzung. Als Johann Lorenz Schu-

---

22 Brief 145 (KGA V/1, 203).
23 Brief 147 (KGA V/1, 204); 154 (KGA V/1, 213–214); 160 (KGA V/1, 216–221); 216 (KGA V/1, 291); [Friedrich Schleiermacher,] *Monologen*, Berlin 1800, 108 (Friedrich Schleiermacher, *Schriften aus der Berliner Zeit 1800–1802*, KGA I/3, hg. v. Günter Meckenstock, Berlin/New York 1988, 44).
24 Brief 179 (KGA V/1, 248).
25 Brief 216 (KGA V/1, 292–293).
26 Brief 231 (KGA V/1, 311–312).
27 Brief 254 (KGA V/1, 342); 255 (KGA V/1, 343). – Bei der Ordination verpflichteten sich die reformierten Prediger in Verkündigung und Unterricht auf die Confessio Sigismundi, insofern sie mit der Heiligen Schrift übereinstimme, und im Verhalten gegen die Lutheraner auf die einschlägigen kurfürstlichen und königlichen Edikte; vgl. Foerster 1905, 51–55 (Anm. 5).

mann ein Jahr später verstarb, wünschte sich die Gemeinde Schleiermacher als Nachfolger. Das Kirchendirektorium entschied anders: Die erledigte Stelle in Landsberg bekam Onkel Ernst Stubenrauch, der Schwager des Verewigten, und Sack bot Schleiermacher statt ihrer die Stelle als Prediger an der Berliner Charité an; die war zwar, weil die Dienstwohnung ebenso klein war wie das Gehalt, nur für Unverheiratete geeignet, aber Sack schrieb ausdrücklich, er wünsche sich Schleiermacher in seiner Nähe. Kurz darauf konnte er Schleiermacher gratulieren, dass er den Ruf angenommen hatte.[28] Mit 27 Jahren trat Schleiermacher also seine erste, noch schlecht bezahlte Predigerstelle an.

4 Erfahrungen und Reflexionen

Schleiermacher hatte im Laufe seines Lebens drei Stellen im Kirchendienst inne: die reformierte Predigerstelle an der Berliner Charité, die Hofpredigerstelle im hinterpommerschen Stolp und die reformierte Pfarrstelle an der Berliner Dreifaltigkeitskirche. Dazu kann man noch die Hilfspredigerstelle in Landsberg zählen und die Stelle als Universitätsprediger in Halle, die sich Schleiermacher bei den Verhandlungen über seine dortige Professur ausgebeten hatte, und schließlich auch noch die Garnisonkirche in Potsdam, wo Schleiermacher 1799, für drei Monate vom Dienst an der Charité freigestellt, die vakante Hofpredigerstelle versah, die Reden *Über die Religion* schrieb und am Karfreitag dem König das Abendmahl reichte.

An der Charité war Schleiermacher mit dem Patron der Stelle, dem Armendirektorium, immer wieder in Händel verwickelt: Er beschwerte sich über nicht angekettete Hunde auf dem Gelände, unzumutbare Wohnverhältnisse und einbehaltenes Essen, das ihm zugestanden hätte; das Armendirektorium entgegnete, Schleiermacher falle durch ein für einen Prediger unschickliches unzufriedenes Wesen auf.[29] Auch mit Sack, dem väterlichen Freund, gab es Verstimmungen; Schleiermachers Freundschaft mit Juden und mit Personen von verdächtigen Grundsätzen und Sitten (d. h. Friedrich Schlegel und den Frühromantikern), noch mehr aber sein Liebesverhältnis zur Frau des lutherischen Pfarrers am Invalidenhaus, erregten Skandal.[30] Um ihn aus den Berliner Verwicklungen zu entfer-

---

28 Brief 293 (KGA V/1, 382–383); 299 (KGA V/1, 389–390); 302 (KGA V/1, 391–392); 305 (KGA V/1, 395–397); 307–310 (KGA V/1, 397–400).
29 Vgl. Simon Gerber, „Seelsorge ganz unten – Schleiermacher der Charité-Prediger", in: *Wissenschaft und Geselligkeit*, hg. v. Andreas Arndt, Berlin/New York 2009, 15–41, hier 20–24.
30 Brief 496 (Friedrich Schleiermacher, *Briefwechsel 1796–1798 [Briefe 327–552]*, KGA V/2, hg. v. Andreas Arndt/Wolfgang Virmond, Berlin/New York 1988, 371); 1005 (Friedrich Schleiermacher,

nen, bot Sack Schleiermacher eine besser bezahlte Hofpredigerstelle in Schwedt an der Oder an, doch der wollte seinen Berliner geselligen und literarischen Verhältnissen nicht entsagen und lehnte ab.[31] Später äußerte Sack sein Missfallen über Schleiermachers offenbaren Pantheismus in den Reden *Über die Religion*.[32]

1802 konnte Schleiermacher Sacks Forderung, sich weg zu bewerben, nicht mehr ignorieren; diesmal handelte es sich um die Hofpredigerstelle in Stolp in Hinterpommern (eine Stelle, die rund 80 Jahre zuvor Schleiermachers Großvater Timotheus Christian Stubenrauch innegehabt hatte).[33] In Stolp war Schleiermacher, wie er in vielen Briefen an die fernen Freunde schrieb, einsam und ganz unglücklich; die Menschen seien ohne Sinn für Höheres, das Klima an der Ostsee ungesund und geisttötend. Und dann musste er auch noch ausgedehnte, strapaziöse Dienstreisen bis nach Westpreußen machen, um verstreut lebende Reformierte kirchlich zu versorgen. Schleiermacher bewarb sich bei erster Gelegenheit, allerdings erfolglos, auf die Hofpredigerstelle in Königsberg; im Geist sah er sich auch schon in Stolp auf dem Friedhof liegen. Wissenschaftlich und literarisch waren die zwei Stolper Jahre für ihn immerhin ertragreich.[34]

Die Erlösung von Stolp brachte ein Ruf an die an Bayern gefallene Universität Würzburg; wunschgemäß verweigerte Preußen Schleiermachers Entlassung aus der Staatsbürgerschaft und berief ihn dafür als Professor der Theologie und Universitätsprediger nach Halle.[35] Wegen seiner Konfession war Schleiermacher hier zunächst nur außerordentlicher Professor; in seinem ersten Dogmatik-Kolleg saßen, wie er seinem Freund Joachim Christian Gaß, damals lutherischer Feldprediger in Stettin, schrieb, nur eine Mandel (d. h. etwa 15) Zuhörer; die Studenten seien eben nicht sicher, ob die ketzerische Dogmatik eines Reformierten auch von den Studien- und Kirchenbehörden als gültig anerkannt würde, und als Schellingianer sei er auch schon bezeichnet worden.[36] Nach drei Semestern wurde Schleiermacher immerhin zum Ordinarius befördert. Der ordentliche Universitätsgottesdienst, für den Schleiermacher lange kämpfte, kam erst im Spätsommer

---

Briefwechsel 1801–1802 [Briefe 1005–1245], KGA V/5, hg. v. Andreas Arndt/Wolfgang Virmond, Berlin/New York 1999, 3).
31 Brief 493 (KGA V/2, 358–359); 496 (KGA V/2, 367. 371); 530 (KGA V/2, 419–420).
32 Brief 1005 (KGA V/5, 3–7).
33 Brief 1172 (KGA V/5, 336); 1177 (KGA V/5, 343–344); 1180 (KGA V/5, 345–346); 1182 (KGA V/5, 350).
34 Vgl. Simon Gerber, „Lebens- und Wirkungskreise", in: *Schleiermacher Handbuch*, hg. v. Martin Ohst, Tübingen 2017, 138–145.
35 Vgl. Dankfried Reetz, *Schleiermacher im Horizont preußischer Politik*, Waltrop 2002, 11–67.
36 Brief 2072 (Friedrich Schleiermacher, *Briefwechsel 1804–1806 [Briefe 1831–2172]*, KGA V/8, hg. v. Andreas Arndt/Simon Gerber, Berlin/New York 2008, 366).

1806 zustande, und kurz darauf war dann schon alles vorbei: Napoleon besetzte Halle und schloss die Universität.

Die darauf folgende prekäre Existenz als freier, zwischen Halle und Berlin pendelnder Schriftsteller und öffentlicher Lehrer beendete im Jahr 1809 die Berufung auf die reformierte Predigerstelle an der Berliner Dreifaltigkeitskirche. Patron der Kirche war der König selbst. Schleiermacher behielt die Stelle neben seiner späteren Berliner Professur bis an sein Ende.

Die Stellen, in denen Schleiermacher im Kirchendienst stand, von Landsberg über die Charité und die Stolper Hofgemeinde bis zur Dreifaltigkeitsgemeinde, waren sämtlich an Simultankirchen angebunden, die zugleich den Lutheranern dienten. Schleiermachers Verhältnis zu den lutherischen Kollegen war stets problemlos gut – mit der einzigen Ausnahme August Wilhelm Christian Grunows, Predigers am Berliner Invalidenhaus, dessen reformierte Insassen Schleiermacher als Charitéprediger mit zu versorgen hatte; jahrelang hatte Schleiermacher um Frau Grunow geworben, bis die sich endgültig entschied, doch bei ihrem Mann zu bleiben.

Aus seinen Erfahrungen zog Schleiermacher den Schluss, dass die bisherige Weise, beide Konfessionen zu trennen, für das Kirchenwesen unzweckmäßig und hemmend sei. In einer Kleinstadt (wie Stolp, wo Schleiermacher diese Überlegungen zu Papier und dann anonym an die Öffentlichkeit brachte) gebe es üblicherweise mehrere lutherische Pfarrer und einen reformierten. Die lutherischen hätten unter sich noch die Aufsicht über das Schulwesen und die Betreuung der Vorstädte und Nachbardörfer aufgeteilt; der reformierte habe sich nur um wenige Seelen zu kümmern, entsprechend habe er wenig Dienstgeschäfte und viel Muße, wenn er nicht gerade auf einer seiner obligatorischen, beschwerlichen Dienstreisen sei. Die Trennung beider Parteien zerreiße Familien, die doch die eigentliche Keimzelle der Kirche seien. Von dem, worin der Unterschied eigentlich bestehe, herrschten die abenteuerlichsten Vorstellungen, und aus dem Wunsch, das eigene Profil gegenüber der anderen Seite zu bewahren, gebe es eine sonst gar nicht zu erklärende Anhänglichkeit an den äußerlichen Buchstaben, bei den Lutheranern etwa an vom Mittelalter her fortgeerbte Rituale, die sonst längst verschwunden wären. Die Reformierten wiederum litten aufgrund ihrer Minderzahl an der fixen Idee, unterdrückt zu sein; sie eiferten um ihre Fortexistenz, würden aber auf sich gestellt ihre Bildungsanstalten schwerlich noch lange aufrechterhalten können.[37]

Schon an der Charité unterbreiteten Schleiermacher und sein lutherischer Kollege dem Armendirektorium den Vorschlag, die bisherige strenge Trennung

---

37 [Schleiermacher] [1804] 2002, 6–37 (Anm. 4) (KGA I/4, 371–386).

der Geschäfte, die dem reformierten Prediger immer nur ein paar Einzelfälle ließ, fahrenzulassen und den Dienst auf den Krankenstationen nebst Kommunion am Krankenbett lieber wochenweise zwischen den Predigern aufzuteilen, unter Verwendung eines gemeinsamen Abendmahlsrituals und brüderlicher Teilung der Gebühreneinnahmen. Das Armendirektorium approbierte den Vorschlag der wochenweisen Geschäftsverteilung, nicht jedoch den eines gemeinsamen überkonfessionellen Ritus bei der Kommunion am Krankenbett.[38]

In seinen Stolper *unvorgreiflichen Gutachten* riet Schleiermacher nun davon ab, die Konfessionen von oben zu vereinigen; alles solle im Prinzip so bleiben wie gehabt mit dem einzigen Unterschied, dass die Differenzen nicht mehr als kirchentrennend und die Teilnahme an Handlungen der anderen Konfession nicht mehr als Übertritt angesehen werden sollten. Die Differenzen beträfen ja einerseits Fragen der Dogmatik (also der wissenschaftlich zusammenhängenden Darlegung der Lehre, aber nicht des Glaubens selbst, Fragen also, die nur die Theologen angingen und immer umstritten blieben, und davon nicht einmal die, die in der jetzigen Zeit im Mittelpunkt der Kontroversen stünden) und teils Angelegenheiten der Liturgie und Kirchenverfassung, bei denen der Protestantismus von je Unterschiede zugelassen habe. Was die einzelnen Gläubigen sich beim Empfang des Sakraments dächten, wisse sowieso niemand so genau, darauf die Einheit zu gründen, würde jede Kirche sprengen. Wenn also Lutheraner nach Belieben Gottesdienste und Amtshandlungen der reformierten Geistlichen besuchen und in Anspruch nehmen könnten und vice versa, dann würden binnen kurzem beide Kirchen zusammenwachsen; religiöse und dogmatische Vielfalt werde bleiben, aber das Eifern um Buchstaben und die organisatorische Zerfahrenheit würden aufhören, und über die Gebühren für Amtshandlungen werde man sich irgendwann auch einigen.[39]

Im Jahr 1821 bereiteten die beiden Gemeinden an der Berliner Dreifaltigkeitskirche ihre Union vor, also ihre Vereinigung unter Aufhebung der bisherigen Unterscheidung von Pfarrstellen und Dienstgeschäften nach lutherisch und reformiert. Schleiermacher schrieb seinem ehemaligen Studenten Johann Wilhelm Rautenberg, der jüngst zum Pastor in der Hamburger Vorstadt St. Georg gewählt worden war, die Union werde für ihn vor allem bedeuten, dass es mit der bisherigen Gemütlichkeit im Konfirmandenunterricht vorbei sein werde; statt einer kleinen Runde „größentheils ziemlich fortgeschrittner Kinder" werde es dann (ähnlich wie vermutlich in Rautenbergs Vorstadtgemeinde) „eine große

---

38 Brief 686 (Friedrich Schleiermacher, *Briefwechsel 1799–1800 [Briefe 553–849]*, KGA V/3, hg. v. Andreas Arndt/Wolfgang Virmond, Berlin/New York 1992, 172–174); 735 (KGA V/3, 269).
39 [Schleiermacher] [1804] 2002, 2–8. 40–82 (Anm. 4) (KGA I/4, 369–373. 388–408).

Menge Catechumenen aus den niedern Ständen" sein, die zu ihm strömen werde, sodass er sich manchmal wünsche, man ließe die Menschen wie in Nordamerika einfach unkonfirmiert herumlaufen.[40] Der Unterschied von lutherisch und reformiert war mithin nicht zuletzt ein soziologischer; wer zu den breiten unteren Schichten gehörte, war eben Lutheraner. – Am Palmsonntag 1822 vereinigten sich dann wirklich beide Gemeinden zu einer Dreifaltigkeitsgemeinde; Schleiermacher hielt selbst die Festpredigt dazu.[41]

5 Reformiertes Profil

5.1 Was ist reformiert?

In dieser Predigt – und auch sonst – legte Schleiermacher dar, die Reformation habe zwar gemeinsame Prinzipien gehabt – die Rechtfertigung allein aus Glauben, das Schriftprinzip und die religiöse Mündigkeit der bibellesenden Laien –, sei aber gleichzeitig und unabhängig voneinander an mehreren Orten emporgekommen. Die einen hätten sich energisch gegen das offenbar Verkehrte gewandt, das andere aber fürs erste beibehalten (die späteren Lutheraner), die anderen hätten gleich alles von Grund auf ändern und abschaffen wollen, was nur irgend zum Einfallstor für den Aberglauben werden könnte (die späteren Reformierten); hinzugekommen seien noch dogmatische Differenzen. Beide Seiten seien dann über Jahrhunderte nicht zu voller Gemeinschaft zusammengewachsen.[42] – Innerhalb des Protestantismus, der eigentlich eine einzige Kirche und einen einzigen Typus des Christentums darstelle, hat sich Schleiermacher zur reformierten Schule bekannt.[43] Wilhelm Niesel hat im Jahr 1930 in einem Vortrag, der

---

[40] Brief vom 11.3.1821 (Friedrich Anton Löwe, *Denkwürdigkeiten aus dem Leben und Wirken des Johann Wilhelm Rautenberg*, Hamburg 1866, 21–22).

[41] Vgl. Andreas Reich, *Schleiermacher als Pfarrer*, Schleiermacher-Archiv 12, Berlin/New York 1992, 150–170; Bernhard Schmidt, *Lied – Kirchenmusik – Predigt im Festgottesdienst Friedrich Schleiermachers*, Schleiermacher-Archiv 20, Berlin/New York 2002, 285–318.

[42] Friedrich Schleiermacher, Predigt 62 (Friedrich Schleiermacher, *Predigten 1822–1823*, hg. v. Kirsten Kunz, KGA III/7, Berlin/Boston 2012, 90–92); vgl. ders., Praktische Theologie 1817/18, Nachschrift Jonas, BBAW Archiv, Schleiermacher-Nachlass 550, 29v–30v; ders., Kirchengeschichte 1821/22, 92.–93. Stunde (Friedrich Schleiermacher, *Vorlesungen über die Kirchengeschichte*, KGA II/6, hg. v. Simon Gerber, Berlin/New York 2006, 629–633); ders., Praktische Theologie 1824, Nachschrift Palmié, BBAW Archiv, Schleiermacher-Nachlass 554, 92–94.

[43] Friedrich Schleiermacher, *An Herrn Oberhofprediger D. Ammon über seine Prüfung der Harmsischen Sätze*, Berlin 1818, 17 (KGA I/10, 32); ders., „Dr. Schleiermacher über seine Glaubenslehre, an Dr. Lücke", in: *TSK* 2 (1829), 255–284. 481–532, hier 481 (KGA I/10, 337); ders.,

dann in *Zwischen den Zeiten* gedruckt wurde, dem Zentralorgan der Dialektischen Theologie, das Vorurteil untersucht, Schleiermacher sei nicht aus der reformatorisch-reformierten Tradition zu verstehen, sondern aus den geistigen Bewegungen seiner Zeit, und hat es am Ende bestätigt befunden.[44] Schleiermachers reformierter Schüler Alexander Schweizer dagegen hatte in Schleiermachers Glaubenslehre die genuin reformierte Dogmatik wiederhergestellt gefunden, deren Prinzip die Souveränität Gottes und die schlechthinnige Abhängigkeit aller Dinge von Gott sei.[45]

Wo können wir Schleiermachers reformierte Identität wiederfinden? Eine Tendenz zu Gesetzlichkeit und Puritanismus, wie sie für den reformierten Protestantismus oft festgestellt wurde,[46] hat Schleiermacher nicht, im Gegenteil: An Luthers ansonsten von ihm als Volkslehrbuch im besten Sinne des Wortes gelobten Katechismus kritisiert er die prominente Rolle, die den zehn Geboten darin zuteil wird;[47] seine Sympathien für Johann Agricola und die Antinomer hat Schleiermacher nicht verhehlt.[48] Wenn er dagegen das sinnliche Prinzip zum Widerpart des höheren, geistigen Prinzips erklärt[49] und von der Kirchenmusik fordert, sie dürfe die Aufmerksamkeit nicht durch Virtuosität, große Tonsprünge und sonstige äußerliche Effekte fesseln,[50] erscheint das eher als typisch refor-

---

Predigten in Bezug auf die Feier der Uebergabe der Augsburgischen Confession, Predigten. Sechste Sammlung, Berlin 1831, VI (Friedrich Schleiermacher, *Predigten. Fünfte bis Siebente Sammlung (1826–1833)*, KGA III/2, hg. v. Günter Meckenstock, Berlin/Boston 2015, 263).
44 Wilhelm Niesel, „Schleiermachers Verhältnis zur reformierten Tradition", in: *ZZ 8* (1930), 511–525.
45 Alexander Schweizer, *Die Glaubenslehre der Evangelisch-Reformierten Kirche, Bd. 1*, Zürich 1844, 5–96.
46 Z.B. Ernst Troeltsch, *Die Soziallehren der christlichen Kirchen und Gruppen*, Gesammelte Schriften 1, Tübingen 1912, 617–621; Max Weber, *Gesammelte Aufsätze zur Religionssoziologie, Bd. 1*, Tübingen 1920, 108–128 (hier geht es freilich um den westeuropäischen und nordamerikanischen Calvinismus, nicht um das deutsche Reformiertentum); Paul Althaus, *Die christliche Wahrheit, Bd. 1*, Gütersloh ²1949, 284; Werner Elert, *Der christliche Glaube*, Hamburg ³1955, 21.
47 Schleiermacher 1817/18, 124v–125 (Anm. 42); Schleiermacher, Kirchengeschichte 1821/22, 96.–97. Stunde (KGA II/6, 647).
48 Vgl. Hermann Peiter, „Schleiermacher und der Antinomismus", in: *Internationaler Schleiermacher-Kongreß Berlin 1984, Bd. 2*, Schleiermacher-Archiv 1,2, hg. v. Kurt-Victor Selge, Berlin/New York 1985, 1017–1029; Gerber 2015, 362 (Anm. 2).
49 Z.B. Schleiermacher 1817/18, 14. 25v–26. 32v. 143v (Anm. 42); Friedrich Schleiermacher, *Der christliche Glaube nach den Grundsäzen der evangelischen Kirche im Zusammenhange dargestellt, Bd. 1*, Berlin ²1830, § 5; 8,2. 4 (Friedrich Schleiermacher, *Der christliche Glaube nach den Grundsätzen der evangelischen Kirche im Zusammenhange dargestellt. Zweite Auflage (1830/31), Bd. 1*, KGA I/13,1, hg. v. Rolf Schäfer, Berlin/New York 2003, 41–53. 66–68. 70–71).
50 Schleiermacher 1817/18, 16v. 18. 116 (Anm. 42); Schleiermacher 1824, 149. 216–220 (Anm. 42); vgl. Schleiermacher, Christliche Sitte 1822/23 (Friedrich Schleiermacher, *Die christliche Sitte nach*

miert. Aber was war in der Zeit um 1800 überhaupt das Charakteristische am Reformiertentum?

Der lutherische Aufklärungstheologe Gottlieb Jacob Planck, einer der Väter der kritischen Kirchengeschichtswissenschaft, wollte in seinem Leitfaden für konfessionskundliche Vorlesungen nicht bloß Einzelheiten, worin sich der Lehrbegriff der anderen vom lutherischen unterschied, nacheinander aufzählen, sondern vielmehr das Wesentliche jeder Religionspartei herausarbeiten und so zwischen grundsätzlichen und sekundären Unterschieden differenzieren.[51] Die Hauptabweichung der reformierten Lehre von der lutherischen sieht Planck in der Annahme eines bloß partikularen göttlichen Heilsratschlusses, einer nicht durch das vorausgesehene Verhalten des Menschen motivierten Vorherbestimmung und einer *gratia Dei irrestibilis* für die Auserwählten, sprich: in der Prädestinationslehre; weniger bedeutsam sei demgegenüber die Sakramentenlehre, die bei den Reformierten auch selbst nicht einheitlich sei.[52] Carl Friedrich Stäudlin nennt in seiner *Kirchlichen Geographie und Statistik* von 1804 die Prädestinationslehre, die Abendmahlslehre, die Ablehnung des Bischofsamts und die Einfachheit der gottesdienstlichen Gebräuche als reformierte Charakteristika; Episkopale und Independenten zählt er als eigene Parteien.[53] Planck und Stäudlin machen aber auch auf die Aufweichung der konfessionellen Profile in der neueren Theologie aufmerksam.[54] – Die auf die Unionsschlüsse folgenden Annäherungen und Verwerfungen brachten neue Versuche hervor, Reformiertes und Lutherisches in ihrer jeweiligen Besonderheit gegeneinander zu profilieren: Gab es doch tiefere Differenzen und nicht bloß die von Schleiermacher zugestandenen, den Glauben selbst gar nicht betreffenden Unterschiede in dogmatischer Theorie und äußeren Gebräuchen? Genannt als typisch reformiert wurden Republikanismus, ein freierer, subjektiverer Umgang mit der Tradition, die Wahrung der Ehre und der durch nichts Geschaffenes zu bindenden, absoluten Souveränität Gottes, eine mehr rationale und praktische Haltung.[55] Nicht genannt wird etwa die in der klassischen reformierten Dogmatik vertretene Föderaltheologie.

---

den Grundsäzen der evangelischen Kirche im Zusammenhange dargestellt, Sämmtliche Werke I/12, hg. v. Ludwig Jonas, Berlin 1843, 538–541).
[51] Gottlieb Jacob Planck, *Abriß einer historischen und vergleichenden Darstellung der dogmatischen Systeme unserer verschiedenen christlichen Hauptpartheyen nach ihren Grundbegriffen, ihren daraus abgeleiteten Unterscheidungslehren und ihren praktischen Folgen*, Göttingen 1796, 44–46.
[52] Planck 1796, 73–75 (Anm. 61).
[53] Carl Friedrich Stäudlin, *Kirchliche Geographie und Statistik*, Bd. 1, Tübingen 1804, 76–80.
[54] Planck 1796, 113–128 (Anm. 61); Stäudlin 1804, 106–118 (Anm. 53).
[55] Vgl. Gerber 2015, 414–415 (Anm. 2).

5.2 Kirchengebräuche und Kirchenverfassung

Zurück zu Schleiermacher! Bei der Ausschmückung des Kirchenraums, der Liturgie und dem jährlichen Festzyklus unterscheidet er in der Praktischen Theologie tatsächlich einen lutherischen und einen schlichteren reformierten Typus. Er lässt beide gelten, hat aber für den letzteren offenbar eine Vorliebe und meint, Luther habe, unbeschadet seiner Toleranz gegen die Tradition, selbst auf die lange Sicht für schlichtere Formen optiert, auch passe nicht jede Liturgie in jeden Kirchenraum.[56] Bildlicher Schmuck dürfe die Aufmerksamkeit im Gottesdienst nicht fesseln; allerdings stehe bei der Frage, ob man das Göttliche abbilden könne, der Lutheraner, der das Unvollkommene einer Abbildung im Geist vervollkommne, gleichrangig neben dem Reformierten, für den das Göttliche als rein Geistiges nicht abzubilden sei.[57] In der Frage, wie ein evangelischer Festkalender auszusehen habe, ist Schleiermacher reformiert: Marien- und Apostoltage sollten auf die Dauer verschwinden.[58]

Betreffend die Frage, welche Kirchenverfassung die dem Protestantismus angemessene sei, legte Schleiermacher, besonders ausführlich in der Vorlesung zur Praktischen Theologie von 1824, dar, dass eine presbyteriale Verfassung einer bischöflichen oder konsistorialen überlegen sei, und zwar in jeder Hinsicht: bei der Selbstbehauptung der Kirche in Gesellschaft und Staat, bei ihrer inneren Entwicklung, im Schul- und Bildungswesen, bei der Besetzung der Stellen und auch bei der Gesetzgebung des Kirchenregiments über Lehre und Kultus.[59] Das ist zweifellos reformiertes Erbe – allerdings hat Schleiermacher in seiner Statistik-Vorlesung ausdrücklich bestritten, dass der Unterschied der Kirchenverfassungen mit dem lutherisch-reformierten Gegensatz zusammenhänge,[60] und die reformierten Kirchen der Provinzen, in denen er aufgewachsen war und in denen er wirkte, bis sie in der unierten Landeskirche aufgingen, waren auch nicht pres-

---

56 Schleiermacher 1817/18, 57–57v (Anm. 42); Schleiermacher, Kirchengeschichte 1821/22, 92.–93. Stunde (KGA II/6, 634); ders., Praktische Theologie 1821/22, 9.–10. Stunde, Nachschrift Saunier, BBAW Archiv, Schleiermacher-Nachlass 552, 35–36. 41–43.
57 Schleiermacher 1817/18, 30–30v (Anm. 42); Schleiermacher 1824, 171–174 (Anm. 42).
58 Schleiermacher 1824, 207–208 (Anm. 42).
59 Schleiermacher 1824, 44–137 (Anm. 42). – Ein Verfassungsentwurf für die evangelische Kirche in Preußen, den Schleiermacher 1808, wohl auf Aufforderung des Freiherrn vom Stein und der Reformer hin, vorgelegt hatte (KGA I/9, 3–18), sah eine vom Staat weitgehend unabhängige, selbstverwaltete, presbyterial und synodal verfasste Kirche vor (auf Provinzebene sollte es dann eine „Kapitel" genannte Provinzialsynode mit einem Bischof als Geistlichen an der Spitze geben).
60 Friedrich Schleiermacher, Kirchliche Statistik 1827, 67. Stunde (Friedrich Schleiermacher, *Vorlesungen über die kirchliche Geographie und Statistik*, KGA II/16, hg. v. Simon Gerber, Berlin/New York 2005, 442).

byterial und synodal verfasst, sondern hingen genauer mit dem Kirchendirektorium zusammen als die lutherischen Gemeinden mit ihren jeweiligen Behörden.

Von solchen Maximen zu Kirchenverfassung und Liturgie ausgehend, kam Schleiermacher seit etwa 1814 immer stärker in Gegensatz zur staatlichen Kirchenpolitik: Die angestrebte Synodalverfassung wurde stillschweigend begraben. Statt ihrer bekam die Kirche bloß eine neue Einheitsliturgie verordnet, und zwar vom König, der nach Schleiermachers Meinung dafür gar nicht zuständig war; obendrein katholisierte die Liturgie mit ihren altlutherischen und anglikanischen Elementen für Schleiermachers Geschmack und drehte das Rad der Geschichte zurück. Schleiermacher gehörte zu den führenden Köpfen der Opposition, publizierte immer neue Streitschriften und verärgerte den König nachhaltig.[61] Nichtsdestotrotz, am Ende seines Lebens wurde er noch herangezogen, um eine Gruppe renitenter Lutheraner in Schlesien zur Annahme der Agende und zum Verbleib in der preußischen Staatskirche zu bewegen.[62]

5.3 Lehrbegriff

Beim alten dogmatischen Kontroversthema Abendmahl befand Schleiermacher die lutherische Ubiquitätslehre für eine wohl tiefsinnige, aber in ihren Konsequenzen doch fragwürdige Spekulation.[63] Die Glaubenslehre lässt das lutherische, zwinglianische und calvinische Verständnis gelten, findet aber keins ganz befriedigend (Zwingli sei am fasslichsten, nur könne er nicht recht erklären, wozu Christus den geistlichen Genuss überhaupt mit leiblichen Elementen verbunden habe) und erwartet mithin, dass die künftige Lehrentwicklung die Frage weiter klären werde.[64] Den Aberglauben, dass das in schwerer Krankheit dargereichte

---

61 Vgl. Foerster 1905, 183–264 (Anm. 5); Foerster 1907, 1–176 (Anm. 6); Albrecht Geck, *Schleiermacher als Kirchenpolitiker*, Un Co 20, Bielefeld 1997, 78–291; Günter Meckenstock, „Einleitung des Bandherausgebers", in: KGA I/9, IX–CXVII, hier XXXIII–CXII; Kurt Nowak, *Schleiermacher*, Göttingen 2001, 356–371. 385–390. Vgl. dazu auch den Beitrag von Jan Rohls in diesem Band.
62 Vgl. Wichmann von Meding, „Schleiermacher und die Schlesische Separation. Unbekannte Dokumente in ihrem Zusammenhang", in: *KuD* 39 (1993), 166–201; Simon Gerber, „Steffens, Schleiermacher und das Altluthertum", in: *System und Subversion*, hg. v. Sarah Schmidt/Leon Miodoński, Berlin/Boston 2018, 215–232, bes. 229–231. Nach Foerster 1907, 251–260. 280–281 (Anm. 6) war Ursprung und Wesen dieser Renitenz nicht konfessionelle Abgrenzung gegenüber dem Reformiertentum, sondern Widerstand gegen das staatliche Kirchenregiment überhaupt, das es in Schlesien bis dahin so nicht gegeben hatte.
63 Schleiermacher, Kirchengeschichte 1821/22, 96.–97. Stunde (KGA II/6, 649).
64 Friedrich Schleiermacher, *Der christliche Glaube nach den Grundsätzen der evangelischen Kirche im Zusammenhange dargestellt*, Bd. 2, Berlin ²1831, § 140 (Friedrich Schleiermacher, *Der*

Abendmahl zur Krisis führe und entweder Genesung oder schnellen Tod zeitige, findet Schleiermacher eher bei Lutheranern, die überhaupt oft mehr am Genuss der sakramentalen Speise als an der begleitenden Belehrung durch den Prediger interessiert seien.[65] Schleiermachers eigene Abendmahlsfrömmigkeit, wie sie sich etwa in den Briefen an seine Braut ausspricht, erinnert mit ihrer Fokussierung auf die Darstellung und den Genuss der Gemeinschaft in Christus an Luthers frühen Abendmahlssermon.[66] – Reformierter Tradition folgend, lehnt Schleiermacher die Nottaufe ab, hat sie aber laut seinen Tageskalendern gelegentlich vollzogen.[67]

Schleiermachers rationalistische Zeitgenossen, auch die Lutheraner, sympathisierten in der Abendmahlsfrage mit der calvinischen Auffassung; beim anderen klassischen Kontroversthema, der Prädestinationsfrage, fand der Calvinismus bei ihnen aber wenig Beifall.[68] Schleiermacher dagegen weiß sich gerade hier entschieden reformiert: Sein Aufsatz zur Erwählungslehre verteidigt die reformierte Lehre gegen den pelagianisierenden lutherischen Rationalisten Karl Gottlieb Bretschneider, und Schleiermachers Freund Gottfried Ludwig Blanc, französisch-reformierter Prediger und romanistischer Philologe in Halle, lobte, Schleiermacher habe die Inkonsequenz des lutherischen Systems und die Konsequenz der calvinischen Theorie unwiderleglich bewiesen.[69] – Mit Calvin also hält Schleiermacher jede Unterscheidung zwischen Vorherwissen, passiver Zulassung und aktivem Wirken bei Gott für unhaltbar; Gottes Wirken und Erwählen habe keinen Bestimmungsgrund außerhalb seiner selbst. Den harten Knoten bei Calvin, dass Gott von Anfang an einen Teil der Menschheit zur ewigen Verdammnis vorherbestimmt habe, umgeht Schleiermacher mit der Behauptung ei-

---

christliche Glaube nach den Grundsätzen der evangelischen Kirche im Zusammenhange dargestellt. Zweite Auflage (1830/31), Bd. 2, KGA I/13,2, hg. v. Rolf Schäfer, Berlin/New York 2003, 385–393).
65 Brief 1018 (KGA V/5, 41–43).
66 Vgl. Simon Gerber, „Religiöses in Schleiermachers Briefwechsel 1808–1810", in: *Wissenschaft, Kirche, Staat und Politik. Schleiermacher im preußischen Reformprozess*, hg. v. Andreas Arndt/Simon Gerber/Sarah Schmidt, Berlin/Boston 2019, 291–305, hier 297–298.
67 Schleiermacher 1817/18, 51v (Anm. 42); Schleiermacher [²1831] 2003, § 138,2 (Anm. 64) (KGA I/13,2, 377). Nottaufen vermerken die Tageskalender (BBAW Archiv, Schleiermacher-Nachlass 438–453) für den 12.8.1809, den 3.1.1822, dem 8.4.1823, den 29.5.1825, den 16.5. und 26.11.1827, den 19.1.1828, den 19.8.1829, den 27.10.1830, den 4.2., 29.7. und 3.12.1831 und den 22.7.1833.
68 Vgl. Karl Gottlieb Bretschneider, *Aphorismen über die Union der beiden evangelischen Kirchen in Deutschland, ihre gemeinschaftliche Abendmahlsfeier und den Unterschied der Lehre*, Gotha 1819, VI–IX (KGA I/10, 445–446); Julius Wegscheider, *Institutiones theologiae Christianae dogmaticae*, Halle ⁷1833, 515–525. 596–620; Karl Hase, *Hutterus redivivus oder Dogmatik der evangelisch-lutherischen Kirche*, Leipzig ¹⁰1862, 226–230. 322–327.
69 Brief vom 10.2.1821 (*Briefe von Ludwig Gottfried Blanc an Friedrich Schleiermacher*, Mitteilungen aus dem Literaturarchive in Berlin NF 2, Berlin 1909, 73).

nes unteilbaren, universalen Heilsratschlusses.⁷⁰ Allerdings ist Schleiermachers Konzept von seinen Voraussetzungen her sowieso ein anderes als dasjenige Calvins: Die von Alexander Schweizer für so echt reformiert erklärte schlechthinnige Abhängigkeit von Gott ist für Schleiermacher identisch mit dem weltumfassenden Kausalzusammenhang (und das Abhängigkeitsgefühl kein protestantisches oder christliches Spezifikum, sondern das Wesen der Religion überhaupt).⁷¹ Bei Gott als unendlichem Geist fallen nicht nur Wissen, Wollen und Wirken in eins, sondern auch Möglichkeit und Wirklichkeit, Vergangenheit und Zukunft; ein souveräner, determinierender Willensakt Gottes, der im Voraus auf ein bestimmtes, abgesondertes Einzelnes aus dem Weltzusammenhang gerichtet wäre, ist damit undenkbar.⁷² Die Ausdifferenzierung der Menschheit in verschiedene Individuen schließlich gehört für Schleiermacher der erscheinenden Welt im Hier und Jetzt und dem Dasein im Fleisch an; eine Fortdauer als einzelne Persönlichkeit über dieses Leben hinaus und verschiedene individuelle Widerfahrnisse im Jenseits werden damit problematisch.⁷³ Näher als an Calvin steht Schleiermacher hier an Zwingli, für den die Prädestination ein Nebenaspekt der göttlichen Allwirksamkeit und eines alles umfassenden Determinismus war.⁷⁴

---

70 Friedrich Schleiermacher, „Ueber die Lehre von der Erwählung; besonders in Beziehung auf Herrn Dr. Bretschneiders Aphorismen", in: *Theologische Zeitschrift 1* (1819), 1–119, bes. 18–21. 42–49. 62–114 (KGA I/10, 159–161. 174–179. 187–219); Schleiermacher ²1831, § 119–120 (Anm. 63) (KGA I/13,2, 258–277).
71 Schleiermacher [²1830] 2003, § 4–5; 8,2; 32; 34; 38,2; 46–49; 81,3 (Anm. 49) (KGA I/13,1, 32–53. 66–68. 201–205. 212–215. 227–228. 264–299. 501–505).
72 Schleiermacher [²1830] 2003, § 46 Zusatz; 47,1; 54–55; 85 (Anm. 49) (KGA I/13,1, 271–280. 324–349. 527–529); Schleiermacher [²1831] 2003, § 117,4; 147,2 (Anm. 63) (KGA I/13,2, 247–248. 422–425). – Nach der philosophischen Gotteslehre der Dialektik sind Gott und Welt korrelierende Ideen, die als Subjektbegriff bzw. als Urteil jeweils das Ganze umfassen und die dem Denken selbst nicht mehr gegenständlich werden können, aber bei jedem Denkakt implizit mitgesetzt sind; vgl. Schleiermacher, Dialektik 1814/15, § 216–227 (Friedrich Schleiermacher, *Vorlesungen über die Dialektik, Bd. 1*, KGA II/10,1, hg. v. Andreas Arndt, Berlin/New York 2002, 216–227).
73 Friedrich Schleiermacher, „Rez. Joh. Joach. Spaldings Lebensbeschreibung, Halle 1804", in: *Jenaische Allgemeine Literatur-Zeitung 2* (1805), Bd. 1, Nr. 18 (21.1.), 137–144, hier 142 (Friedrich Schleiermacher, *Schriften aus der Hallenser Zeit 1804–1807*, KGA I/5, hg. v. Hermann Patsch, Berlin/New York 1995, 37); Brief 2435 (Friedrich Schleiermacher, *Briefwechsel 1806–1807 (Briefe 2173–2597)*, KGA V/9, hg. v. Andreas Arndt/Simon Gerber, Berlin/New York 2011, 379–380); Schleiermacher 1817/18, 140v (Anm. 42); Schleiermacher ²1831, § 161; 163,2. Anhang (Anm. 63) (KGA I/13,2, 474–480. 488–493).
74 Vgl. Reinhold Seeberg, *Lehrbuch der Dogmengeschichte, Bd. 4,1*, Leipzig ²³1917, 364–369.

5.4 Schluss

In summa: Es lässt sich in Schleiermachers Praxis und Lehre tatsächlich eine reformierte Prägung erkennen, allerdings auf mancherlei Weise gebrochen. Wenn Schleiermacher gelegentlich seine Zugehörigkeit zur reformierten Seite geltend machte, dann wird es sich nicht zuletzt um das Phänomen handeln, das er selbst in den *unvorgreiflichen Gutachten* beschrieben hat: Die Reformierten erleben sich selbst allenthalben als die Minderheit, die sich behaupten muss, um nicht in der Masse aufzugehen und zu verschwinden; bei aller brüderlichen Verbundenheit mit den Lutheranern achten sie darauf, ihre Eigenart und Eigenexistenz nicht zu verleugnen und zu verlieren.[75] Zur Treue gegen die reformierte Identität trägt schließlich auch die Treue zum eigenen Werdegang bei und die Pietät gegenüber Familie und Vorfahren, deren Lebenswegen, Umwegen und Führungen Gottes.

Personenliste

Blanc, Ludwig Gottfried (1781–1866), reformierter Theologe, 1805 Rektor und Prediger des französischen Gymnasiums in Berlin, 1806 französisch-reformierter Prediger in Halle, 1809 Domprediger in Halle, 1811–13 in Haft, 1822 auch Professor für romanische Sprachen und Literatur, 1860 emeritiert, Freund Schleiermachers

Büchel, Anna von (1702–1743), Prophetin, Begründerin und Leiterin der Zionsgemeinde in Elberfeld und Ronsdorf, 1734 verheiratet mit Elias Eller

Eller, Elias (1690–1750), Textilfabrikant in Elberfeld, um 1726 Gründer der Zionsgemeinde, seit 1737 in Ronsdorf

Gaß, Joachim Christian (1766–1831), lutherischer Theologe, 1795 Feld- und Garnisonprediger in Stettin, 1808 Diakonus an St. Marien in Berlin, 1810 Kirchenrat und 1811 Professor in Breslau, Freund Schleiermachers

Hering, Daniel Heinrich (1722–1807), reformierter Theologe, 1757 Prediger in Eberswalde, 1759 Domprediger in Halle, 1765 Prediger und Direktor der Realschule in Breslau, 1782 Hofprediger, 1787–1803 auch Inspektor der reformierten Kirchen und Schulen in Schlesien

Jablonsky, Daniel *Ernst* (1660–1741), reformierter Theologe, 1683 Feldprediger mit Dienstsitz in Magdeburg, 1686 Prediger und Rektor in Lissa, 1691 Hofprediger in Königsberg, 1699 auch Bischof der Brüdergemeine, 1693 Hof- und Domprediger in Berlin, 1733 auch Präsident der Akademie der Wissenschaften

Rautenberg, Johann Wilhelm (1791–1865), lutherischer Theologe, Pädagoge, Schüler Schleiermachers, 1820 Pastor an der Dreieinigkeitskirche in Hamburg-St. Georg, gründete dort 1825 eine Sonntagsschule

Reinhardt, Karl August (1718–1811), reformierter Theologe, 1752 Prediger an der Parochialkirche in Berlin, Verwandter Schleiermachers

---

75 [Schleiermacher] [1804] 2002, 16–17. 32–33 (Anm. 4) (KGA I/4, 376–377. 384).

Sack, August Friedrich Wilhelm (1703–1786), reformierter Theologe, 1731 Prediger in
    Magdeburg, 1738 auch Inspektor der reformierten Kirchen und Schulen im Herzogtum
    Magdeburg und Mitglied des Kirchendirektoriums, 1740 Hof- und Domprediger in Berlin,
    1744 Oberhofprediger, 1750 Oberkonsistorialrat, Friedrich Sacks Vater
Sack, *Friedrich* Samuel Gottfried (1738–1817), reformierter Theologe, 1769 Prediger in
    Magdeburg, 1777 Hof- und Domprediger in Berlin, 1780 Mitglied des Kirchendirektoriums,
    1786 Oberkonsistorialrat, 1793 Oberhofprediger, 1816 Bischof, Schleiermachers Mentor
Schleiermacher, *Friedrich* Daniel Ernst (1768–1834), reformierter Theologe, Philosoph,
    Philologe, 1794 Hilfsprediger an der Konkordienkirche in Landsberg an der Warthe, 1796
    Prediger an der Charité in Berlin, 1802 Hofprediger in Stolp, 1804 Professor der Theologie
    und Universitätsprediger in Halle, 1809 Prediger an der Dreifaltigkeitskirche in Berlin,
    1810 auch Professor der Theologie
Schleyermacher, Daniel (1697–ca. 1766), reformierter Theologe, 1721 Hofprediger in
    Schaumburg (Nassau), 1724 Prediger in Oberkassel, 1730 in Elberfeld, 1733 auch Präses
    der bergischen Synode, 1741–49 Prediger der Zionsgemeinde in Ronsdorf,
    Schleiermachers Großvater
Schleyermacher, *Elisabeth* Maria Katharina, geb. Stubenrauch (1736–1783), Schleiermachers
    Mutter
Schleyermacher, Johann *Gottlieb* Adolph (1727–1794), reformierter Theologe, 1757 Lehrer am
    reformierten Waisenhaus in Magdeburg, 1760 Feldprediger mit Dienstsitz in Breslau, 1778
    auch Prediger in Pleß, Schleiermachers Vater
Schumann, Johann Lorenz (1719–1795), reformierter Theologe, 1751 Prediger an der
    Konkordienkirche in Landsberg an der Warthe, Schleiermachers Onkel
Schumann, Sophie Luise, geb. Stubenrauch (1734–ca. 1770), Schleiermachers Tante
Schweizer, Alexander (1808–1888), reformierter Theologe, Schüler Schleiermachers, 1840
    Professor in Zürich
Stubenrauch, Johann Rudolf Friedrich (1728–1766), reformierter Theologe, 1759 Hofprediger in
    Altlandsberg, Schleiermachers Onkel
Stubenrauch, Samuel *Ernst* Timotheus (1738–1807), reformierter Theologe, 1766
    Gymnasialprofessor in Halle, 1788 Prediger in Drossen, 1796 an der Konkordienkirche in
    Landsberg an der Warthe, Schleiermachers Onkel und Patenonkel
Stubenrauch, Timotheus Christian (1693–1750), reformierter Theologe, 1723 Hofprediger in
    Stolp, 1732 Hof- und Domprediger in Berlin, Schleiermachers Großvater

Arnold Huijgen
Das „semen religionis" und die „pietas" in Calvins Theologie und der „Anknüpfungspunkt" und die „Frömmigkeit" bei Schleiermacher

Ein Vergleich zweier reformierter Theologen

Weil dieser Band dem Thema Schleiermacher explizit als reformierter Theologe gewidmet ist, lohnt es sich einen Vergleich zwischen der Theologie eines Urvaters des Reformiertentums, Calvin, und der Theologie des Reformierten Schleiermacher anzustellen. Dieser Vergleich geht nicht von einer intensiven Auseinandersetzung von Schleiermacher mit Calvins Schriften aus (dieser Beitrag ist also nicht historisch-genetischer Natur, und nicht der Rezeption Calvins gewidmet),[1] sondern wird von auffälligen inhaltlichen Parallelen zwischen beiden Auffassungen von *religio* und *pietas*, von Religion und Frömmigkeit, bedingt. Diese Parallelen sind bisher vor allem in den Kreisen von Calvinforschern gewürdigt worden. 1981 veröffentlichte Brian A. Gerrish einen Aufsatz über „Theology within the limits of piety alone: Schleiermacher and Calvin's doctrine of God (Theologie nur innerhalb der Grenzen der Frömmigkeit allein: Die Gotteslehre von Schleiermacher und Calvin)."[2] Gerrish argumentiert, dass die ganze Theologie Calvins von seinem Frömmigkeitsverständnis geprägt ist, und dass Schleiermacher deswegen als einer der wichtigsten Erben des Genfer Reformators gelten muss. Gerrish identifiziert und analysiert auch die Unterschiede zwischen beiden, aber er insistiert, dass *pietas* methodologisch für Calvin wie für Schleiermacher als primäres Kriterium theologischen Denkens funktioniert. Die Ehefrau von Gerrish, Dawn DeVries, hat ihre Dissertation über Calvin und Schleiermacher geschrieben: Sie ist der Meinung, dass Calvin und Schleiermacher eine ähnliche Sicht auf das Wort Gottes und die Predigt des Wortes Gottes haben.[3]

---

[1] Einen starken Einfluss von Calvin auf Schleiermacher findet man z. B. in der Erwählungslehre; siehe den Beitrag von Anne Käfer in diesem Band.
[2] Brian A. Gerrish, „Theology Within the Limits of Piety Alone: Schleiermacher and Calvin's Doctrine of God", in: *Reformatio Perennis. Essays on Calvin and the Reformation in Honor of Ford Lewis Battles*, hg. v. Brian A. Gerrish, Pittsburgh 1981, 67–87. Siehe auch Brian A. Gerrish, „Schleiermacher and the Reformation: A Question of Doctrinal Development", in: *The Old Protestantism and the New: Essays on the Reformation Heritage*, Edinburgh 1982, 179–195.
[3] Dawn DeVries, *Jesus Christ in the Preaching of Calvin and Schleiermacher*, Louisville 1996, 95.

Das reformierte, vielleicht könnte man sagen reformatorische, Profil Schleiermachers kann klarer werden, wenn es gelingt, unter Berücksichtigung der Eigenheiten beider Theologien, einen Vergleich zwischen ihm und Calvin aufzustellen. In dem beschränkten Raum dieses Beitrags wird dieser Vergleich in drei Runden gestaltet. Zuerst vergleichen wir die Art und Weise, wie man Gott kennen kann: Nach Calvin durch die Korrelation von Gotteserkenntnis und Selbsterkenntnis und wegen des „Keimes der Religion", nach Schleiermacher durch das Gefühl schlechthinniger Abhängigkeit (das ist der größte Teil dieses Beitrags). Zweitens betrachten wir die Frömmigkeit und vergleichen Calvins Pietasbegriff mit Schleiermachers Frömmigkeitsverständnis. Drittens fangen wir bei Schleiermachers famosem „Anknüpfungspunkt" in seiner Behandlung der Bekehrung an und beleuchten, inwieweit er hier typisch reformierte Zeichen zeigt.

1 Gott kennen

1.1 Calvin

Calvin eröffnet das erste Kapitel des ersten Buches seiner *Institutio* mit der „Erkenntnis Gottes und unsere[r] Selbsterkenntnis."[4] Diese beiden „hängen vielfältig zusammen," und deswegen sei es nicht einfach zu sagen, welche an erster Stelle kommt. Denn einerseits könne kein Mensch sich selbst betrachten, „ohne sogleich seine Sinne darauf zu richten, Gott anzuschauen, in dem er doch ‚lebt und webt.'" Unser „Bewusstsein" (*sensus*) führe aber vor allem *ex negativo* zur Gotteserkenntnis:

> [J]eder Mensch [muss] vom Bewusstsein seines heillosen Zustandes wenigstens zu irgendeinem Wissen um Gott getrieben werden: Wir empfinden unsere Unwissenheit, Eitelkeit, Armut, Schwachheit, unsere Bosheit und Verderbnis – und so kommen wir zu der Erkenntnis, dass nur in dem Herrn das wahre Licht der Weisheit, wirkliche Kraft und Tugend, unermesslicher Reichtum an allem Gut und reine Gerechtigkeit zu finden ist.[5]

Andererseits „kann der Mensch auf keinen Fall dazu kommen sich selbst wahrhaft zu erkennen, wenn er nicht zuvor Gottes Angesicht geschaut hat und dann von

---

[4] Johannes Calvin [1559], *Institutio Christianae Religionis*, in: *Joannis Calvini Opera Selecta*, Bd. 3, hg. v. Petrus Barth und Guilelmus Niesel, München 1928, 1.1.1. Hier wird die folgende Übersetzung der *Institutio* benutzt: Otto Weber, *Unterricht in der christlichen Religion = Institutio Christianae Religionis*, Neukirchen-Vluyn 1955.
[5] Calvin [1559] 1955, *Inst.*, 1.1.1.

dieser Schau aus dazu übergeht, sich selbst anzusehen."⁶ Calvin schließt das erste Kapitel mit folgender Zusammenfassung ab: "Gotteserkenntnis und Selbsterkenntnis sind fest miteinander verknüpft. Aber die rechte Ordnung für den Unterricht (*ordo recte docendi*) verlangt, dass wir zunächst die Gotteserkenntnis und dann die Selbsterkenntnis behandeln."⁷

Calvin betrachtete dieses Einsetzen bei der Korrelation von Gotteserkenntnis und Selbsterkenntnis als charakteristisch für sein ganzes theologisches Unternehmen. Als Albert Pighius aus Kampen ihn bei diesem Punkt plagiierte, reagierte Calvin wütend.⁸ Gottes- und Selbsterkenntnis sind für ihn wie zwei Brennpunkte einer Ellipse, und deswegen ist die Erkenntnis Gottes streng an konkretes menschliches Leben gebunden. Gotteserkenntnis habe also durchaus einen praktischen Charakter. In diesem Zusammenhang ist es beachtenswert, dass Calvin im ersten Satz seiner *Institutio* die Theologie keine Wissenschaft (*scientia*), sondern eine Weisheit (*sapientia*) nennt.

Für Calvin passt der korrelative Zusammenhang von Gottes- und Selbsterkenntnis zu seinem Verständnis dieser Welt als Theater für die Herrlichkeit Gottes.⁹ Die Erkenntnis Gottes ist für ihn eigentlich offensichtlich. Trotz des Elends, des Leidens und Sterbens in der Welt sei sie der Platz, wo der Mensch Gottes Herrlichkeit problemlos sehen kann. Aufgrund der Sünde seien wir aber blind, und der Geist sei nötig, um uns unsere blinden Augen zu öffnen. Aber das tue er auch und wir dürften darauf vertrauen. "[Gott] hat sich [...] derart im ganzen Bau der Welt offenbart und tut es noch heute, dass die Menschen ihre Augen nicht aufmachen können, ohne ihn notwendig zu erblicken."¹⁰

Es ist bemerkenswert, dass Calvin seine Korrelation von Gottes- und Selbsterkenntnis gegen die Front der scholastischen Theologie entwickelte, die nach Calvins Meinung allzu spekulative und theoretische Erkenntnisse über Gott, Mensch und Welt sammelte und diese losgelöst von der Korrelation zwischen Gott und Mensch nebeneinanderstehen ließ. Calvins Anliegen ist der praktische Charakter der Theologie, was sich z. B. in seinen Ausführungen über die Trinitätslehre zeigt: Er konzentriert sich auf die Heilsökonomie und ist kaum an klassischen, terminologischen Diskussionen interessiert, weil der eigentliche Sitz

---

6 Calvin [1559] 1955, *Inst.*, 1.1.2.
7 Calvin [1559] 1955, *Inst.*, 1.1.3. Statt „für Unterricht" übersetzt O. Weber „in der Lehre".
8 Johannes Calvin [1543], „Defensio sanae et orthodoxae doctrinae de servitute et liberatione humani arbitrii adversus calumnias Alberti Pighii Campensis", in: *Ioannis Calvini Opera quae supersunt omnia* [=CO], Bd. 6, hg. v. Guilielmus Baum/Eduardus Cunitz/Eduardus Reuss, Braunschweig 1867, 246–247.
9 Siehe Calvin [1543] 1867, *Comm. Ps.* 135:13–14, CO Bd. 32, 361.
10 Calvin [1559] 1955, *Inst.*, 1.5.1.

im Leben der Trinitätslehre die konkrete Kommunikation zwischen Gott und Mensch ist.[11]

Im Zusammenhang der Korrelation zwischen Gottes- und Selbsterkenntnis spricht Calvin (wir sind noch immer am Anfang der *Institutio*) von einer „Empfindung für die Gottheit (*sensus divinitatis*)", die der menschliche Geist „durch natürliches Ahnvermögen" besitze.[12] Calvin zitiert Cicero, der sagte, dass „kein Volk […] so barbarisch [ist], kein Stamm so verwildert, dass nicht die Überzeugung fest eingewurzelt wäre: es ist ein Gott."[13] Sogar Völker, die sich „kaum von den Tieren abzuheben scheinen, behalten doch stets wenigstens eine Art Keim der Religion (*semen religionis*)."[14] Sogar Götzendienst beweise, dass Menschen doch eine Ahnung von Gott haben. Deshalb sei auch Religion keine willkürliche Erfindung, sondern ein Hinweis auf eine eingepflanzte Gotteserkenntnis. Religion und Gotteserkenntnis gehören zur inhärenten Rüstung des Menschen als Mensch; sie seien anthropologisch fundamental.

Für Calvin hat dieser *sensus divinitatis* zuerst eine negative Funktion: Es gäbe für keinen Menschen eine glaubwürdige Entschuldigung, warum er Gott nicht diene. Nach Calvin unterstreicht das *semen religionis* unsere menschliche Verdorbenheit und Schuld, denn wir sündigten bereitwillig und wissentlich. Diese Schuld wird umso größer, wenn Gott noch immer diese Kenntnis „auffrischt" und „benetzt […] mit neuen Tröpflein."[15] Außerdem werden Menschen die Empfindung für die Gottheit gerade nicht benutzen, um sich Gott anzunähern, sondern, um sich von ihm abzuwenden. Wegen des religiösen Bewusstseins werde unser Herz gerade zu einer Manufaktur von Abgöttern, die im Herz hergestellt werden.[16] Für Calvin ist „Religion" zugleich ein gefüllter und ein leerer Begriff: gefüllt, weil kein Mensch in diesem Leben seinen Schöpfer ganz los werde, und es also um eine Bindung (im Lateinischen stammt *religio* von *religare*, binden) an Gott gehe. Trotzdem ein leerer Begriff, weil *religio* ohne Glauben und ohne *pietas* immer zu Abgötterei werde, sodass irgendeine Religion nur die Abwesenheit von wahrem Glauben indiziere, und deswegen unter einem negativen Vorzeichen stehe.

Atheismus ist für Calvin keine rationale Möglichkeit. Calvin weiß, dass es Leute gibt, die ohne Gott leben, in einer Art praktischem Atheismus. Einen theoretischen (oder reflektierten) Atheismus könne es aber nicht geben, denn

---

11 A. Baars, *Om Gods verhevenheid en Zijn nabijheid: De Drie-eenheid bij Calvijn*, Kampen 2004, 672–677.
12 Calvin [1559] 1955, *Inst.*, 1.3.1.
13 Calvin [1559] 1955, *Inst.*, 1.3.1.
14 Calvin [1559] 1955, *Inst.*, 1.3.1.
15 Calvin [1559] 1955, *Inst.*, 1.3.1.
16 Calvin [1559] 1955, *Inst.*, 1.4.1.

jeder fühle, dass Gott existiere. Calvin knüpft an die christlich-humanistische Tradition an, die gegen das moralisch minderwertige Pantheon der klassischen Antike und für die Religion im Herzen argumentiert, die auf den Gott des christlichen Glaubens verweist. Es fällt aber auf, dass Calvins Argument gegen den theoretischen Atheismus selbst ziemlich theoretisch ist, und dass er sich ziemlich viel Mühe gibt, Argumente gegen ein – laut Calvins Meinung – nicht kontroverses Thema zu finden.

1.2 Schleiermacher

Ganz anders ist der Problemhorizont bei Friedrich D. E. Schleiermacher. Für das Publikum der Berliner Salons will er in seinen *Reden über die Religion. An die Gebildeten unter ihren Verächtern* (1799) plausibel machen, dass der christliche Glaube nicht nur zur Vergangenheit gehört, sondern gerade für seine frühromantischen Zeitgenossen fundamental, relevant und erneuernd sei. Wie bekannt, markierte Kants Transzendentalphilosophie den Abschied vom traditionellen metaphysischen Zugang zu Gott (oder zumindest zum Gottesbegriff), während Kant selber Gott noch als Postulat der praktischen Vernunft, also für die Moral, brauchte. Schleiermacher sah, dass die Gebildeten immer mehr dazu neigten, Religion für überflüssig zu erklären, als ob mit dem Abschied der traditionellen Metaphysik auch Gott und die Religion obsolet geworden wären. Das Geniale an Schleiermachers Religionsbegriff besteht darin, dass er die Eigenständigkeit der Religion gegenüber Metaphysik (mit Kant) und Moral (gegen Kant) behauptet. Die Religion sei entartet, und werde deswegen von den Gebildeten missverstanden, weil sie mit der Metaphysik vermischt war oder nur als Stütze der Sittlichkeit präsentiert wurde. Schleiermacher behauptet die Eigenständigkeit der Religion als „Sinn und Geschmack fürs Unendliche",[17] als „eine eigne Provinz im Gemüthe."[18] Damit meint er alles andere als einen Rückzug ins Ghetto der Religion: Es „soll die wahre Quelle ihrer Ausstrahlung auf das Lebensganze erschließen."[19] Die menschliche Natur sei ohne Religion einfach nicht komplett.

In der zweiten Rede kann Schleiermacher die Relevanz des Gottesgedankens noch relativieren, bis zu der Äußerung, dass „eine Religion ohne Gott besser sein

---

17 Friedrich Schleiermacher [1799], *Über die Religion*, KGA I/2, hg. v. Günter Meckenstock, Berlin/New York 1984, 212.
18 Schleiermacher [1799] 1984, 204 (Anm. 17).
19 Gerhard Ebeling, *Wort und Glaube, Bd. 3, Beiträge zur Fundamentaltheologie, Soteriologie und Ekklesiologie*, Tübingen 1975, 87.

kann, als eine andre mit Gott."[20] Schleiermacher pflichtet hier Fichtes Kritik am traditionellen Gottesbegriff bei, durch den er im sog. „Atheismusstreit" in Probleme geraten war. In der Glaubenslehre finden wir derart weitgehende Äußerungen jedoch nicht mehr. Der Gottesgedanke ist dort fundamental, nicht nur für Schleiermachers Argumentationsweise, sondern die Gotteserkenntnis ist auch anthropologisch fundamental gedacht. Außerdem steht in der Glaubenslehre der Frömmigkeitsbegriff an der Spitze, an welcher zuvor der Religionsbegriff stand. Das hat offensichtlich mit sich verschiebenden Fronten zu tun, einer anderen und reiferen Phase im Leben Schleiermachers, wenn er nicht mehr die Berliner Gebildeten überzeugen möchte, sondern eher den kirchlichen Kontext im Auge hatte.

Ein Vergleich von zwei Sätzen hilft, um die Eigenart der Glaubenslehre gegenüber den Reden zu zeigen. Den Religionsbegriff der Reden kann man wie folgt zusammenfassen: „Religion ist weder Denken noch Handeln, sondern Anschauung und Gefühl des Universums."[21] In der Glaubenslehre finden wir als Leitsatz des dritten Paragraphen: „Frömmigkeit ist weder ein Wissen noch ein Tun, sondern eine Bestimmtheit des Gefühls oder des unmittelbaren Selbstbewusstseins."[22] Was die verschiedenen Begriffe dieses Leitsatzes betrifft: Der Frömmigkeitsbegriff wird nachher besprochen werden, „Denken und Handeln" sind fast synonym mit „Wissen und Tun", der Unterschied liegt in der stärkeren Betonung des Gefühls und des unmittelbaren Selbstbewusstseins, während „Anschauung" und „Universum" weggelassen sind.

Wenn wir uns jetzt auf den dritten Paragraphen der Glaubenslehre konzentrieren, zeigt sich, dass Schleiermacher zuerst die Eigenständigkeit der Kirche gegenüber dem Staat und der Wissenschaft, d.h. die Eigenständigkeit des Gefühls gegenüber dem Tun (dem Staat) und dem Wissen (der Wissenschaft) betont. Schleiermacher stellt Gefühl und unmittelbares Selbstbewusstsein nebeneinander, weil es sich hier nicht um irgendwelche Gefühle handle: Keine Gefühle eines unbewussten, vorbewussten, oder ekstatischen Zustands, sondern Gefühle in denen das Ich bei sich selbst ist, also Selbstbewusstsein. Aber auch das Selbst-

---

20 Siehe Jörg Dierken, „Daß eine Religion ohne Gott besser sein kann als eine andre mit Gott". Der Beitrag von Schleiermachers ‚Reden' zu einer nichttheistischen Konzeption des Absoluten", in: *200 Jahre „Reden über die Religion"*, hg. v. Ulrich Barth und Claus-Dieter Osthövener, Berlin/New York 2000, 668–684.
21 Friedrich Beisser, *Schleiermachers Lehre von Gott dargestellt nach seinen Reden und seiner Glaubenslehre*, Göttingen 1970, 57.
22 Friedrich Schleiermacher [1830], *Der christliche Glaube. Nach den Grundsäzen der evangelischen Kirche in Zusammenhange dargestellt*, Bd. 1, hg. v. Martin Redeker, Berlin ⁷1960, § 3, 6–14, hier 6.

bewusstsein müsse abgegrenzt werden: Hier handle es sich nicht um ein „gegenständliches Bewusstsein", also nicht um ein Bewusstsein, das sich auf Gegenstände richtet. Auch das Selbstbewusstsein als „das Bewusstsein von sich selbst", worin das Ich sich selbst objektiviert, ist hier nicht gemeint. Das wäre immer noch ein Bewusstsein, das nicht unmittelbar, sondern begleitend sei: Es begleite einen Akt des Denkens oder Wollens. Es handelt sich für Schleiermacher beim unmittelbaren Bewusstsein um das Bewusstsein, das vor dem gegenständlichen Bewusstsein liegt, das keine Vorstellung ist, sondern ein Gefühl. Alles Denken, Analysieren und Wollen tritt hier zurück.[23]

In einem nächsten Schritt betont Schleiermacher, dass Gefühl, im Gegensatz zu Wissen und Tun, völlig durch Empfänglichkeit charakterisiert werde. „Das Leben ist aufzufassen als ein Wechsel von Insichbleiben und Aussichheraustreten des Subjekts."[24] Dabei sei Tun ein Aussichheraustreten, während Gefühl und Wissen ein Insichbleiben seien. Das Erkennen werde aber „nur durch ein Aussichheraustreten desselben wirklich", und insofern sei es ein Tun, oder zumindest tendiere es zum Tun, während Gefühl das pure Insichbleiben sei, weil es ganz und gar der Empfänglichkeit angehöre.[25] Schleiermacher betont, dass er hiermit nicht die Frömmigkeit in der Innerlichkeit einsperren will: Gefühl verbinde sich in der Ganzheit des menschlichen Lebens freilich immer mit Wissen und Tun.[26] Aber nur das reine Insichbleiben könne ungegenständlich sein; das sei der Ort des religiösen Gefühls. Hier formuliert Schleiermacher schärfer als in den Reden, wo das Erlebnis des Universums in Anschauung und Gefühl aufgespalten wurde, womit das religiöse Leben eine Analogie zu Wissen und Tun bildet. In der Glaubenslehre steht das Gefühl aber wirklich im religiösen Mittelpunkt. Dieses Gefühl ist letztlich unbestimmt und ungegenständlich, raumlos und zeitlos. Nur so, im Bereich des Nichtobjektivierbaren und Nichtkonkreten kann das Gefühl Organ für Gotteserkenntnis sein.

In Paragraph 4 definiert Schleiermacher klassisch, wie sich Frömmigkeit von anderen Gefühlen unterscheide, nämlich als Gefühl schlechthinniger Abhängigkeit, d. h. Abhängigkeit in Bezug auf Gott. Im Selbstbewusstsein sei das Gottesbewusstsein anwesend. Nochmals argumentiert Schleiermacher, dass es sich hier um ein Selbstbewusstsein handle, das unbestimmt und ungegenständlich sei. Das Ich finde, dass es immer in einer Bestimmtheit existiere.[27] Ein bestimmtes Sosein müsse also vom Ich selbst unterschieden werden. Zwei Perspektiven

---

23 Schleiermacher [1830] 1960, § 3.2 (Anm. 22).
24 Schleiermacher [1830] 1960, § 3.3 (Anm. 22).
25 Schleiermacher [1830] 1960, § 3.3 (Anm. 22).
26 Schleiermacher [1830] 1960, § 3.4 (Anm. 22).
27 Schleiermacher [1830] 1960, § 4.1 (Anm. 22).

treffen auf das Ich, das Subjekt, zu: Einerseits das „Sichselbstsetzen", d.h. die Selbsttätigkeit und die Freiheit; andererseits das „Sichselbstnichtsogesetzthaben", d.h. die Empfänglichkeit und die Abhängigkeit.[28] Beide Seiten seien mit dem konkreten Existieren des Ich vermischt: Unsere Freiheit und Abhängigkeit seien in der Welt immer relativ. Absolute Freiheit sei unmöglich, weil es auch andere Seiende und andere Gegenstände in der Welt gebe: wir können nicht die Welt aus dem Nichts erschaffen. Schlechthinnige Abhängigkeit finde man auch nicht in den vielen Bezügen der Welt, denn die Abhängigkeit in der Welt sei immer relativ, nicht absolut, und deswegen gebe es keine absolute Abhängigkeit in dem weltlichen Bereich. Andererseits indiziere die relative Freiheit (oder die Abwesenheit der schlechthinnigen Freiheit) eine schlechthinnige Abhängigkeit. Schleiermacher schreibt:

> Allein eben das unsere gesamte Selbsttätigkeit, also auch, weil diese niemals Null ist, unser ganzes Dasein begleitende, schlechthinnige Freiheit verneinende Selbstbewußtsein ist schon an und für sich ein Bewußtsein schlechthinniger Abhängigkeit; denn es ist das Bewußtsein, daß unsere ganze Selbsttätigkeit ebenso von anderwärts her ist, wie dasjenige ganz von uns her sein müßte, in Bezug worauf wir ein schlechthinniges Freiheitsgefühl haben sollten. Ohne alles Freiheitsgefühl aber wäre ein schlechthinniges Abhängigkeitsgefühl nicht möglich.[29]

Nun stellt Schleiermacher im Leitsatz des vierten Paragraphen die schlechthinnige Abhängigkeit gleich mit der „Beziehung mit Gott." Er erklärt das so, „daß eben das in diesem Selbstbewußtsein mitgesetzte Woher unseres empfänglichen und selbsttätigen Daseins durch den Ausdruck Gott bezeichnet werden soll."[30] Also durch den Ausdruck „Gott", denn es geht hier um den Gottes*begriff* und nicht um Gott als Person. Auf den ersten Blick scheint Schleiermacher hier völlig angreifbar zu sein für die Kritik Ludwig Feuerbachs, dass dieser Gott nur Projektion des menschlichen Geistes sei. Schleiermacher meint aber nicht, dass Gott ein Seiender sei wie andere Seienden, sondern, dass er kein bestimmtes existierendes Wesen sei. Das würde die Göttlichkeit Gottes zerstören. Also, Gott müsse nicht objektivierbar, nicht gegenständlich, sein. Er sei keine eigene Größe in der Welt oder im Weltall (so wie das Universum es in den Reden noch hätte sein können), sondern er sei das „Woher" des Abhängigkeitsgefühls.[31] Das Woher unserer Abhängigkeit könne kein Stück der Welt sein.

---

[28] Schleiermacher [1830] 1960, § 4.1 (Anm. 22).
[29] Schleiermacher [1830] 1960, § 4.3 (Anm. 22).
[30] Schleiermacher [1830] 1960, § 4.4 (Anm. 22).
[31] Schleiermacher [1830] 1960, § 4.4 (Anm. 22).

Positiv ist der Begriff Gott „das unmittelbare innere Aussprechen des schlechthinnigen Abhängigkeitsgefühls."³² Wenn das Gefühl zu einer gewissen Klarheit kommt, wird es „von einem solchen Aussprechen begleitet." Gerhard Ebeling hat dies als eine „Bewegung in die Sprache hinein" bezeichnet. Wo also das schlechthinnige Abhängigkeitgefühl zur Sprache kommt, noch nicht in der Äußerlichkeit, sondern nur im Innersten des Ichs, da findet man den Begriff „Gott". Auf einem Formel gebracht: „Sich-schlechthin-abhängig-Fühlen und Sich-seiner-selbst-als-in-Beziehung-mit-Gott-bewußt-sein [ist] einerlei", und das Gottesbewusstsein liegt im Selbstbewusstsein eingeschlossen.³³

Schleiermacher leitet also das Gottesbewusstsein aus dem Selbstbewusstsein ab, in das es eingeschlossen ist. Vor dem Wissen und dem Tun des Menschen liege das Gefühl. Im Bewusstsein unserer schlechthinnigen Abhängigkeit sei uns unsere Beziehung zu Gott bewusst.

1.3 Vergleich

Wenn wir Calvin und Schleiermacher vergleichen, weisen sie einige Gemeinsamkeiten auf.

Erstens sprechen beide ihren eigenen Kontext an. Die Kontexte sind aber selbstverständlich völlig unterschiedlich. Calvin befindet sich in einem breiten humanistische Strom, wenn er die Empfindung Gottes befürwortet. Er argumentiert für etwas, was zur *communis opinio* gehört. Schleiermacher dagegen versucht, die Gebildeten für die Religion und die Religion für die Gebildeten zu retten. Auch in der Glaubenslehre ist der Problemhorizont durch die Herausforderungen der Modernität bestimmt, besonders durch die der Philosophie Immanuel Kants. Ebenso durch den Kontext bedingt ist Calvins negativer Gebrauch des *sensus divinitatis* als Befestigung der Schuldhaftigkeit aller Menschen. Diese wissen wohl, dass Gott ist, wenden sich aber trotzdem von ihm ab. Schleiermacher dagegen versucht, den christlichen Glauben auf eigene Füße zu stellen, damit er nicht länger der Metaphysik oder der Moral zugeordnet wird.

Zweitens suchen Calvin und Schleiermacher nach einer Vereinbarung mit der zeitgenössischen Philosophie. Für Calvin bedeutet das, dass er Cicero zitiert und dass er seine Anthropologie leicht platonisch färbt, damit seine Theologie für andere Humanisten akzeptabel bleibt. Überaus wichtig ist ihm dieser Vorgang aber nicht: Er sieht einfach eine Übereinstimmung mit der antiken Philosophie,

---

32 Schleiermacher [1830] 1960, § 5 Zusatz (Anm. 22).
33 Ebeling 1975, 133 (Anm. 19).

auf die er gerne aufmerksam macht, aber auch ohne diese Übereinstimmung kann er seine Theologie treiben. Für Schleiermacher hängt an der Übereinstimmung mit der Philosophie ein viel größeres Gewicht. Ihm ist sehr wichtig, dass Theologie und Philosophie sich positiv zueinander verhalten, und er ist – mehr noch in den Reden als in der Glaubenslehre – bereit, dafür seine Theologie in Bewusstseinsbegriffen zu gestalten. Für Schleiermacher hängt alles daran, dass Glaube und Wissenschaft nicht auseinandergehen. Exemplarisch zeigt sich das in Schleiermachers famoser Aussage: „Soll der Knoten der Geschichte so auseinander gehn? Das Christenthum mit der Barbarei, und die Wissenschaft mit dem Unglauben?"[34]

Es gibt auch zwei wichtige Unterschiede. Calvin unterstellt ziemlich naiv, dass Gott ist und dass die Menschen deshalb eine Ahnung von ihm haben. Schleiermacher bietet dagegen eine Phänomenologie und Analyse des Selbstbewusstseins als Gottesbewusstsein. Man könnte fragen, ob Schleiermacher hier dem reformierten Erbe gerecht wird, oder ob er sich vom Kern des reformierten Glaubens zu weit entfernt. Karl Barth hat in Bezug hierauf ein hartes Urteil über Schleiermacher gefällt: „Das christliche fromme Selbstbewusstsein betrachtet und beschreibt sich selbst: das ist grundsätzlich das Eins und Alles dieser Theologie." Und: „wo die reformatorische Theologie ‚Evangelium' oder ‚Christus' gesagt hatte, heißt es jetzt, dreihundert Jahre nach der Reformation, *Religion* oder *Frömmigkeit*."[35] Obwohl der Gegensatz nicht so scharf ist wie Barth ihn beschreibt, denn auch Calvin schreibt über den *semen religionis* und *pietas*, fällt es trotzdem auf, dass Schleiermacher eine derart lange Einleitung braucht, um die Eigenständigkeit des Gefühls darzulegen. Wie weit geht diese Eigenständigkeit, wenn sie einer derartigen Verantwortung bedarf? Wie man Schleiermachers Einleitung beurteilt, hängt davon ab, in welchem Maße man von modernen Einwänden gegen die Religion überhaupt und von Bedenken der Gebildeten gegen den christlichen Glauben beeindruckt ist.

Ein zweiter Unterschied zwischen Calvin und Schleiermacher liegt in ihrem Gottesverständnis. Es ist selbstverständlich, dass Schleiermachers absoluter Gott, das „Woher" unseres Gefühls schlechthinniger Abhängigkeit, keine Person sein kann. Im Licht seiner Ausführungen in der Einleitung seiner Glaubenslehre kann auch die Trinitätslehre nicht mehr als ein zum Polytheismus neigendes Relikt der

---

34 Friedrich Schleiermacher [1829], *Zweites Sendschreiben an Lücke*, KGA I/10, hg. v. Hans-Friedrich Traulsen unter Mitwirkung von Martin Ohst, Berlin/New York 1990, 347.
35 Karl Barth, *Die protestantische Theologie im 19. Jahrhundert. Ihre Vorgeschichte und ihre Geschichte*, Zürich 1947, 409–410.

Dogmengeschichte sein.³⁶ Damit werden Gottes Heilstaten in der Geschichte, vor allem (aber nicht ausschließlich) die Inkarnation, problematisch. Auch wenn Schleiermacher diese beiden in seiner Glaubenslehre zusammenbringen kann, sind Gottes Geschichtstaten trotzdem nicht entscheidend. Es ist verständlich, dass Schleiermacher unter Pantheismusverdacht geriet, obwohl er kein Pantheist sein will.³⁷ Calvins Gottesverständnis sieht anders aus. Obwohl er seine Trinitätslehre nicht-spekulativ gestaltet (und auch wegen seiner lockeren Haltung altkirchlicher Terminologie gegenüber attackiert wurde),³⁸ ist Gott für ihn sicherlich der drei-einige Gott, der sich in der Geschichte Israels schon offenbart hat. Ein Beispiel: Calvins Anthropologie ist trinitarisch gegliedert; Menschen sind Geschöpfe im Lichte des Vaters, Sünder, die vom Sohn gerettet werden und Gläubige, die vom Geist geführt werden. Dass Menschen nach dem Bild Gottes geschaffen sind, reflektiert das dreifaltige Amt (*munus triplex*) Christi.³⁹

Andererseits verweist Calvin auf Gott nicht nur mit personalen Begriffen. Offenbarung ist für ihn nicht streng Selbstoffenbarung, so wie es später für Karl Barth sein wird. Calvin wechselt personale Terminologie (Gott als Vater, Richter) in der Sprache der Liebe ab mit den nichtpersonalen Bezeichnungen Gottes und seiner Offenbarung als Tröpfe, Licht und Kraft. Sowohl Gottes Personalität als auch seine Überpersonalität zu behaupten, scheint mir eine wichtige Aufgabe für die heutige Theologie zu sein.

---

36 Schleiermacher betrachtet die Trinitätslehre deswegen am Schluß seiner Glaubenslehre vor allem als Garantie der Gleichstellung des göttlichen Wesens in der Inkarnation und in der Kirche mit dem göttlichen Wesen an sich; Schleiermacher [1830], *Der christliche Glaube. Nach den Grundsätzen der evangelischen Kirche in Zusammenhange dargestellt*, Bd. 2, hg. v. Martin Redeker, Berlin/New York ⁶2018, § 170, 496–501.
37 Schon H. Scholz, *Christentum und Wissenschaft in Schleiermachers Glaubenslehre*, Berlin 1909, 147: „Schleiermacher ist nicht Spinozist gewesen; aber er hat die Spinozistische Stimmung geteilt."
38 Richard C. Gamble, „Calvin's Theological Method. The Case of Caroli", in: *Calvin. Erbe und Auftrag. Festschrift für Wilhelm Neuser*, hg. v. Willem van 't Spijker, Kampen 1991, 130–137.
39 Arnold Huijgen, „John Calvin's Trinitarian Theological Anthropology Reconsidered", in: *T. & T. Clark Handbook to Theological Anthropology*, hg. v. Mary Ann Hinsdale und Stephen Okey, London 2019, i. E.

2 Frömmigkeit

2.1 Calvin

Jetzt vergleichen wir die Frömmigkeitsbegriffe (*pietas*) von Calvin und Schleiermacher. Vorher sollte bemerkt werden, dass die in Calvins Theologie oft verwendete Übersetzung vom Lateinischen Begriff *pietas* durch „Frömmigkeit" fragwürdig ist. Für Calvin hat *pietas* nicht nur mit innerlichen religiösen Lebenshaltungen und frommen Gemütszuständen zu tun, aber zuerst sei *pietas* die richtige, gehorsame Ausrichtung des ganzen Lebens auf Gott. Pietas bezeichnet nicht nur einen Weg in die Innerlichkeit hinein (die meint übrigens Schleiermacher auch nicht), sondern zuallererst eine Ehrfurcht vor Gott. Auch wenn Calvin Frömmigkeit mit Religion verbindet, verwendet er Religion vor allem in der Bedeutung von „Ehrfurcht": „[E]s kann von einem eigentlichen Erkennen Gottes keine Rede sein, wo Ehrfurcht und Frömmigkeit (*religio nec pietas*) fehlen." Calvin definiert *pietas* wie folgt: „Frömmigkeit nenne ich die mit Liebe verbundene Ehrfurcht (*coniunctam cum amore Dei reverentiam*) vor Gott, welche aus der Erkenntnis seiner Wohltaten herkommt."⁴⁰ Man lerne diese Frömmigkeit durch die Wahrnehmung der Macht und Güte Gottes in der Schöpfung aller Dinge. „Wahrnehmung", das heißt auf Lateinisch *sensus*, man könnte auch übersetzen: „Gefühl", mit dem *disclaimer*, dass es sich hier um ein Gefühl im 16. Jahrhundert handelt und nicht um ein frühromantisches Gefühl. Menschen sollten fühlen wie Gott für sie sorgt, sonst werden sie sich Gott niemals „in freiwilliger Dienstbereitschaft" (*voluntaria observantia*) unterwerfen.⁴¹

Pietas ist also für Calvin kein leerer, sondern ein theologisch gefüllter Begriff: Frömmigkeit gehe immer Hand in Hand mit der Erkenntnis, d. h. die Erkenntnis Gottes des Schöpfers in seiner Güte, die sich im Theater seiner Schöpfung zeigt. Für Calvin gibt es keine wahrhafte Religiosität, die nicht sowieso schon auf den sich offenbarenden Gott hin ausgerichtet ist. Man könnte sich fragen, ob Calvin das als exklusiv (*pietas* könne es nicht geben ohne Orientierung auf den lebendigen Gott), oder inklusiv (auch Formen von *pietas*, die von uns Menschen nicht als auf Gott orientiert erkennbar sind, seien es trotzdem) betrachtet. Ganz klar macht er das nicht, weil nur der christliche Glaube und nicht Atheismus oder andere Arten von Glauben für Calvin als Möglichkeiten vorhanden sind. Das exklusive Element scheint stärker zu sein, weil Calvin *pietas* als *observantia* erklärt, die zu *oboedientia* (Gehorsamkeit) tendiere. Calvins Verständnis von *pietas* ist

---

40 Calvin [1559] 1955, *Inst.*, 1.2.1.
41 Calvin [1559] 1955, *Inst.*, 1.2.1.

einerseits für irgendwelche Religiosität offen, wird aber andererseits von einem normativen Verständnis des intendierten Verhältnisses zwischen Gott und Mensch erklärt: Gehorsam und Liebe seien konstitutiv für *pietas*. Diese beiden bilden für Calvin keinen Gegensatz, sondern – um dieses Bild noch einmal anders zu benutzen – verhalten sich wie zwei Brennpunkte einer Ellipse. Wie Kees van der Kooi in seinem Buch über Calvin und Barth behauptet, zeigt das Ganze auch die praktische Ausrichtung der Theologie Calvins. Seine Theologie ist keine Theorie, keine Lehre, in der es sich nur um die Orthodoxie als solche handelt, sondern die Lehre steht im Dienst des großen Ziels, um die Menschen wieder gerecht vor Gott zu stellen, damit sie in seinem Licht leben. Alles in Calvins Theologie ist auf den zu den Menschen niederbeugenden Gott konzentriert und der korrespondierenden menschlichen Antwort in Frömmigkeit, Gehorsamkeit und Liebe.[42]

Wie kommt es zur richtigen Frömmigkeit? In Calvins Definition der Frömmigkeit, die wir aus der Übersetzung Otto Webers übernommen haben, gibt es noch ein wichtiges Element: *Pietas* sei Ehrfurcht, „welche aus der Erkenntnis seiner Wohltaten herkommt (*conciliat*)." Das Wort *conciliat* passt zu einer Tendenz in Calvins Theologie, die Gottes Wirksamkeit als das Ziehen, Einladen, Herausfordern des Menschen denkt. In der Welt umgebe Gott die Menschen mit mancherlei Zeichen seiner Güte und Gnade und mit vielerlei Mitteln, die die Menschen stimulieren zu lernen und zu lieben. Frömmigkeit und Glaube funktionieren deshalb als Lernprozesse, die lebenslang andauern.[43] Gottes Verhalten habe einen väterlichen Charakter, und *pietas* fange mit der Anerkennung Gottes väterlicher Güte an: „Der erste Schritt zur [Gottesfurcht] (*pietas*) ist es, Gott als unseren Vater anzuerkennen, der uns schützt, lenkt, und erhält, und uns schließlich zur ewigen Erbschaft seines Reiches versammelt."[44] Calvin beschreibt ausführlich, wie sich der Fromme zu Gott und dessen Offenbarung verhalte: Der Fromme erträumt sich nicht irgendeinen Gott, sondern richtet sich auf den Einzigen und Wahren aus.[45] *Pietas* mache *docilis:* Frömmigkeit mache bereit zu lernen; sie sei eine gehorsame Einstellung.

Zusammenfassend ist *pietas* für Calvin Ehrfurcht, ein gefüllter Begriff, normiert an Gehorsam und Liebe gegenüber Gott dem Vater. Frömmigkeit sei eine ehrfürchtige Einstellung gegenüber dem wahren Gott.

---

42 Cornelis van der Kooi, *Als in een spiegel. God kennen volgens Calvijn en Barth. Een tweeluik*, Kampen 2002, 26–33.
43 Van der Kooi 2002, 31 (Anm. 42).
44 Calvin [1559] 1955, *Inst.*, 2.6.4.
45 Calvin [1559] 1955, *Inst.*, 1.2.2.

2.2 Schleiermacher

Auch für Schleiermacher ist Frömmigkeit weit mehr als eine rein subjektive Einstellung. Im Gefühl schlechthinniger Abhängigkeit drehe es sich freilich nicht um das Subjekt, sondern um das Woher der menschlichen Existenz in der Welt. Das Selbst sei allerdings vorgegeben, aber Frömmigkeit sei mehr als nur das Selbst; sie sei die Frucht des Selbstbewusstseins als schlechthinnige Abhängigkeit. Nochmals kommen wir zum Leitsatz des dritten Paragraphen der Glaubenslehre: „Die Frömmigkeit, welche die Basis aller kirchlichen Gemeinschaften ausmacht, ist rein für sich betrachtet weder ein Wissen noch ein Tun, sondern eine Bestimmtheit des Gefühls oder des unmittelbaren Selbstbewusstseins."

Zunächst fällt auf, dass Schleiermacher die Frömmigkeit mit der Gemeinschaft der Kirche (besser: der Kirchen) verbindet und so zeigt, dass die Gemeinschaft immer mitbedacht ist, obwohl sie erst in Paragraph 6 eigens thematisiert wird. Frömmigkeit umfasse nicht nur die fromme Seele des einzelnen Individuums, sondern tendiere zur kirchlichen Gemeinschaft. Für Schleiermacher ist das wichtig, weil er seine Theologie nicht an einem Gottesverständnis orientiert, sondern an der Gefühlserfahrung, die in den Kirchen zur Geltung kommt.

Frömmigkeit ist eine Bestimmtheit des Gefühls. Man kann beobachten, dass Schleiermacher sich gerade hier, wie er selbst sagte, als Herrnhuter zeigt, „nur von einer höheren Ordnung".[46] Es sollte aber klar sein, dass es sich bei Frömmigkeit für Schleiermacher nicht nur um akzidentelle Gefühle handelt, sondern um das ganze religiöse Leben in ihrer Eigenständigkeit. Auf den ersten Blick könnte man Subjektivismus in Schleiermachers Frömmigkeitsbegriff vermuten, aber derartige Kritik wird Schleiermachers Anliegen und Ausarbeitung seiner Theologie nicht gerecht. Frömmigkeit sei nicht isoliert, sondern durchzieht das ganze Leben. Sie sei nicht nur momentan, weder theoretisch noch praktisch, sondern sie sprenge diesen Gegensatz. Frömmigkeit sei das religiöse Leben in seiner Totalität, das auch dasjenige, was auch nicht-religiös ausgerichtet ist, in sich aufnimmt. „Die Frömmigkeit wäre nicht Frömmigkeit, wenn sie ‚etwas für sich' bliebe, ‚ohne allen Einfluss auf die übrigen geistigen Lebensverrichtungen.'"[47]

Letztes ist Schleiermacher wichtig, denn hier zeigt sich die Frömmigkeit tatsächlich integrativ und nicht nur in einem einfachen Übergang von der Theorie in die Praxis wirkend. Der Lebensbezug der Frömmigkeit zeigt sich im fünften Paragraphen der Glaubenslehre, wo Schleiermacher eine Stufung des Selbstbe-

---

[46] Friedrich Schleiermacher, *Brief an Reimer (30.4.1802)*, Briefwechsel 1801–1802 (Briefe 1005–1245), KGA V/5, hg. v. Andreas Arndt/Wolfgang Virmond, Berlin/New York 1999, 392.
[47] Ebeling 1975, 124 (Anm. 19).

wusstseins entwirft. Diese Stufung zeigt, welche Stellung Schleiermacher dem Gottesbewusstsein im ganzen Gefüge des menschlichen Selbstbewusstseins zuweist. Die unterste Stufe sei das tierartig verworrene Selbstbewusstsein. Dieses animalische Selbstbewusstsein passe zu der ersten Lebensphase des Menschen, wo das geistige Leben noch nicht sichtbar ist und Subjekt und Objekt noch nicht unterschieden werden. Die zweite, mittlere Stufe sei die des sinnlichen Selbstbewusstseins. Hier gehe es auf den Wegen der Anschauung gegenständlich zu: Der Mensch erfährt seine Zeitlichkeit, Endlichkeit, Subjektivität, und die Objektivität aller weltlichen Gegenstände. Die dritte Stufe überbiete die beiden ersten, da sie das Ganze in einer höheren Einheit aufnimmt. Sie ist die Stufe des unmittelbaren Selbstbewusstseins, wo der Gegensatz zwischen partieller Abhängigkeit und partieller Freiheit aufgehoben werde. Diese Frömmigkeit als höchste Stufe des Selbstbewusstseins sei auf das ganzen Leben bezogen.[48] Die verschiedenen Stufen verschmelzen nicht miteinander und heben sich nicht gegenseitig auf.

Calvin und Schleiermacher stimmen einander also im Lebens- und Gottesbezug der Frömmigkeit zu. Trotzdem gibt es einen wichtigen Unterschied. Während Frömmigkeit für Calvin nie leer und formal wird, sondern nur durch die Erkenntnis des wahren Gottes im Gehorsam gegenüber seinen Geboten charakterisiert wird, ist Schleiermachers Frömmigkeitsbegriff ziemlich formal. Es liegt in der menschlichen Existenz, dass das Gefühl schlechthinniger Abhängigkeit zum Selbstbewusstsein gehört; Frömmigkeit ist das Bewusstsein der schlechthinnigen Abhängigkeit, der Bezug auf das Woher „unseres empfänglichen und selbsttätigen Daseins" hat, das „durch den Ausdruck Gott bezeichnet werden soll."[49] Sicherlich ist die Bezeichnung *Gott* nicht beliebig oder freibleibend; es handelt sich in diesem Zitat nicht nur um „werden kann," sondern um „werden soll." Aber der Ausdruck „Gott" ist noch nicht identifizierbar mit Gott selbst. Dass Schleiermachers Trinitätslehre schwach entwickelt ist, ist eine weitere Indikation für einen relativ unklaren Gottesbegriff und einen formellen Frömmigkeitsbegriff. In der Einleitung ist Schleiermacher aber gar nicht an einem klaren Gottesbegriff interessiert. Er hat erfolgreich behauptet, dass Religion und Frömmigkeit nicht zur Kindheitsphase der Menschheit gehören, sondern zu derer Erwachsenenphase. Schleiermacher hat „die Kreatürlichkeit als Existential des Menschen" demonstriert, und das reicht für ihn.[50] Gott sei das Sein der Seienden, das Unendliche des Endlichen – aber ist der lebendige Gott, Vater, Sohn und Heiliger Geist, nicht

---

48 Schleiermacher [1830] 1960, § 5.1–2 (Anm. 22).
49 Schleiermacher [1830] 1960, § 4.4 (Anm. 22).
50 Beisser 1970, 67 (Anm. 21).

weitaus konkreter? Auf der anthropologischen Ebene siegt Schleiermacher über seine Opponenten, aber über Gott kann er praktisch nichts Positives aussagen. Gerade darin liegt der Unterschied zu Calvin.

Dieser Unterschied korrespondiert mit dem soeben erwähnten Unterschied zwischen dem primär personalen Gottesverständnis bei Calvin und dem unpersönlichen Gottesverständnis bei Schleiermacher. Während für Calvin *pietas* fast selbstverständlich auf den Vater von Jesus Christus bezogen ist, ist es Schleiermacher wichtig, in den Prolegomena den Gottesbegriff so formal wie möglich und deswegen unpersönlich zu halten. Wenn Calvin ausarbeitet, was *pietas* ist, kommt er auch ziemlich schnell auf die Heilige Schrift als Maßstab für Glauben und Leben zu sprechen. In Schleiermachers „Einleitung" findet man derartiges nicht, weil er ein anderes Ziel hat und weil er sich in der Glaubenslehre weniger als Calvin durch die Bibel stören lässt. Der reformatorischen Idee, dass die Kirche aus dem Wort Gottes geboren ist, widerspricht er in seiner Einleitung nicht explizit, aber er scheint trotzdem der Meinung zu sein, dass die Kirche letztlich die Legitimität des Wortes liefern müsse, statt umgekehrt. Im Leitsatz des Paragraphen 15 heißt es also: „Christliche Glaubenssätze sind Auffassungen der christlich frommen Gemütszustände in der Rede dargestellt." Die Glaubenserfahrung der christlichen Gemeinde wird bei Schleiermacher zum Kriterium für die Legitimität christlicher Glaubenssätze. Damit ist ein hermeneutischer Zirkelgang gegeben, der verständlich macht, dass Schleiermacher nicht nur als Kirchenvater des 19. Jahrhunderts, sondern auch als einer der Väter der modernen Hermeneutik gelten kann.

Zusammenfassend lässt sich sagen: Calvins und Schleiermachers Frömmigkeitsbegriffe sind gleichermaßen auf das Leben, aber ungleich auf Gott bezogen. Es ist der Unterschied zwischen Ehrfurcht und Gehorsam einerseits, gegenüber Selbstbewusstsein und Dasein in der Spannung vom Empfänglichen und Selbsttätigen andererseits.

3 Der Anknüpfungspunkt

Man könnte Schleiermachers Anliegen grob gesagt als das Herausarbeiten eines Anknüpfungspunkts zusammenfassen. In den Reden versucht er bei den Interessen und Einwänden der Gebildeten anzuknüpfen, in der Glaubenslehre will er dem christlichen Glauben einen eigenen Platz gewähren, der nicht im Wissen oder Tun fundiert ist, sondern ein eigenes Fundament im Gefühl hat, an das seine ganze Glaubenslehre angeknüpft werden kann. Alles andere sei abhängig vom Verständnis des schlechthinnigen Abhängigkeitsgefühls und der Frömmigkeit.

Im vorletzten Schritt dieses Beitrags kommen wir zu Schleiermachers Besprechung der Bekehrung, die mit der Rechtfertigung der Wiedergeburt untergeordnet sei. Bekehrung sei „der Anfang des neuen Lebens in der Gemeinschaft mit Christo," die sichtbar werde „durch die Busse, welche besteht in der Verknüpfung von Reue und Sinnesänderung und durch den Glauben, welcher besteht in der Aneignung der Vollkommenheit und Seligkeit Christi."[51] Mit der reformierten Orthodoxie und gegen Luther und die Lutheraner lehnt Schleiermacher den Begriff der Buße als Oberbegriff zu Reue und Glaube ab. Er geht hier in den Spuren Calvins: „Schon Calvin problematisiert – vor dem biblischen Hintergrund – den Gedanken, dass der Glaube in der Buße enthalten sein soll."[52]

In diesem Zusammenhang behandelt Schleiermacher eine Frage, die für die reformierten Strömungen des Protestantismus typisch ist: Die Frage nach dem Verhältnis zwischen der Tätigkeit des Erlösers und dem Zustand der Erlösten in der Bekehrung. Schleiermacher will, wie Calvin und andere reformierte Theologen, den Synergismus, also die Idee, dass Menschen zur Erlösung mit dem Erlöser zusammenarbeiten, ablehnen.

Schleiermacher arbeitet in diesem Kontext mit den zwei Begriffen von „lebendiger Empfänglichkeit" und „belebter Selbsttätigkeit". Diese Begriffe entsprechen den zwei Elementen im Selbstbewusstsein, die Schleiermacher bereits in Paragraph 4 nannte. Empfänglichkeit, schrieb er dort, ist „in jedem für sich hervortretenden Selbstbewusstsein [...] das erste."[53] Die Priorität der Empfänglichkeit war für Schleiermacher ein wichtiger Schritt in der Argumentation für die schlechthinnige Abhängigkeit, denn Empfänglichkeit impliziere Abhängigkeit, so wie Selbsttätigkeit Freiheit impliziere. Diese Begriffe benutzt Schleiermacher in Paragraph 108, um den Verlauf der Bekehrung zu beschreiben. Bekehrung bedeute, dass Menschen in der gläubigen Lebensgestaltung aktiv sind, ohne damit von Gott unabhängig zu werden. Schleiermacher beschreibt Bekehrung folgendermaßen: „Die lebendige Empfänglichkeit geht über in belebte Selbsttätigkeit."[54] Zuvor hatte Gottes vorbereitende Gnade in der Empfänglichkeit gewirkt, die deshalb in Selbsttätigkeit übergeht.

Warum spricht Schleiermacher hier nicht einfach von Passivität und Aktivität? Weil sich lebendige Empfänglichkeit von der Passivität unterscheide, da „das, wenn auch noch so sehr an die Grenze der Bewusstlosigkeit zurückgedrängt, doch nie gänzlich erloschene Verlangen nach der Gemeinschaft mit Gott, welches mit

---

51 Schleiermacher [1830] 1960, § 108 Leitsatz (Anm. 36).
52 Sabine Schmidtke, *Schleiermachers Lehre von Wiedergeburt und Heiligung. ‚Lebendige Empfänglichkeit' als soteriologische Schlüsselfigur der ‚Glaubenslehre'*, Tübingen 2015, 216.
53 Schleiermacher [1830] 1960, § 4.1 (Anm. 22).
54 Schleiermacher [1830] 2018, § 108.6 (Anm. 36).

zur ursprünglichen Vollkommenheit der menschlichen Natur gehört" im Hintergrund stehe.[55] Das sei der erste „Anknüpfungspunkt für alle göttlichen Gnadenwirkungen."[56] Hier umschreibt Schleiermacher also, was er am Anfang der Glaubenslehre in philosophischen Begriffen beschrieben hat.

Die Spannung zwischen Gefühl, Wissen und Tun spiegelt sich in der Würdigung des Verlangens. Verlangen sei selbstverständlich keine reine Passivität, sondern Abhängigkeit und Empfänglichkeit. Andererseits sei das „bloße Verlangen [auch] keine Tat, sondern nur das Vorgefühl einer unter Voraussetzung einer von anderswärts her kommenden Aufregung möglichen Tat."[57] Hier zeigt sich, dass das, was in der Einleitung „Gefühl schlechthinniger Abhängigkeit" heißt, in der Bekehrung praktisch als Verlangen nach Gott funktioniert. Die Lebendigkeit der Empfänglichkeit ist also die „Erlösungsbedürftigkeit", die Subjektivität des Menschen als Ausrichtung auf Gott.

Der Anknüpfungspunkt im Verlangen nach Gott, in der lebendigen Empfänglichkeit, bietet also einen anthropologischen Angelpunkt, sowohl in den Prolegomena als auch in der Bekehrung. Weiterhin verknüpft Schleiermacher diese soteriologischen Gedanken mit der Christologie. Das Verhältnis zwischen lebendiger Empfänglichkeit und belebter Selbsttätigkeit in der Bekehrung, also das „Entstehen des göttlichen Lebens in uns" habe eine Parallele in „der Menschwerdung des Erlösers." Die menschliche Natur wäre lebendig empfänglich „für ein absolut kräftiges Gottesbewusstsein." Die Empfänglichkeit, die dieses Verlangen bildet, wurde „durch jenen schöpferischen Akt in personbildende Selbsttätigkeit verwandelt."[58] Dieser Anknüpfungspunkt reicht also weit: er macht es denkbar, „wie eine anfangende göttliche Tätigkeit als etwas übernatürliches [...] ein geschichtlich natürliches werden kann."[59] Hier werden das Absolute und das Relative, das Göttliche und das Zeitliche, miteinander verknüpft ohne irgendwie abgeschwächt zu werden.

Es ist positiv zu bewerten, dass Schleiermacher mit dem Begriff der „lebendigen Empfänglichkeit" alte Gegensätze im Sinne der Aktivität oder Passivität des Menschen in der Bekehrung überbietet. Es fällt aber auf, dass er den biblischen Begriff des Glaubens hier nicht benutzt und die Verhältnisse zwischen lebendiger Empfänglichkeit und dem Glauben nicht klärt. Auch gibt die Art und Weise, in der Soteriologie und Christologie miteinander verknüpft werden, Anlass zu einigen Bedenken. Offensichtlich ist nicht die Sünde das Problem zwischen Gott und

---

55 Schleiermacher [1830] 2018, § 108.6 (Anm. 36).
56 Schleiermacher [1830] 2018, § 108.6 (Anm. 36).
57 Schleiermacher [1830] 2018, § 108.6 (Anm. 36).
58 Schleiermacher [1830] 2018, § 108.6 (Anm. 36).
59 Schleiermacher [1830] 2018, § 89.4 (Anm. 36).

Mensch, sondern das Verhältnis zwischen Empfänglichkeit und Selbsttätigkeit. Erlösung knüpft an ein ursprüngliches Verlangen an, aber bedeutet das nicht, dass Erlösung vor allem in pädagogischen Begriffen verstanden wird? Sicherlich verbindet Schleiermacher die Bekehrung mit dem Wort und mit Christus, aber er tut das vor allem im Licht der Genese der religiösen Persönlichkeit. Das passt zu Schleiermachers Christologie, in der Jesu Gottesbewusstsein die zentrale Stelle einnimmt. Bestimmte Akzente der reformierten Tradition, wie das Verständnis der Inkarnation im Licht von Gottes eschatologischen Taten, fehlen völlig.

4 Fazit

Einige Schlussbemerkungen: Dieser Band ist Schleiermacher als reformiertem Theologen gewidmet. Reformiert war Schleiermacher nicht nur wegen der Tradition, in der er sich befand, sondern auch aufgrund des Inhalts seiner Theologie. Bekanntlich hat Alexander Schweizer den absoluten Primat Gottes und die absolute Abhängigkeit des Menschen von Gott als Charakteristika der reformierten Theologie hervorgehoben, und anhand dieser Definition ist Schleiermachers Theologie sicherlich als reformiert einzuschätzen.[60] Trotzdem, wenn fundamentale Elemente seiner Theologie aus der Perspektive historisch-reformierter Theologie beleuchtet werden, zu der auch Calvins Theologie zählt, zeigen sich Eigenheiten, die Bedenken hervorrufen. Obwohl es im Licht seines Kontextes verständlich ist, dass er Gott nur unpersönlich und in stetiger Verbindung mit dem Bewusstsein zur Sprache bringt, mangelt es seiner Theologie doch an trinitarischem Gehalt in der Gotteslehre. Schleiermacher hat uns zurecht exemplifiziert, dass der lebendige Herr Jesus Christus auch der universale Herr aller Wirklichkeit ist und dass man weit gehen muss, um Theologie und Philosophie zusammen halten zu können und um sich so weit wie möglich mit den Gebildeten unter den Verächtern der Religion zu verständigen. Doch scheint mir Calvins Korrelation von Gotteserkenntnis und Selbsterkenntnis direkter ins Herz der Theologie zu führen als Schleiermachers Gefühl schlechthinniger Abhängigkeit, weil es sich um eine *persönliche* Erkenntnis Gottes handelt. Schleiermacher hatte eine schwierigere Aufgabe als Calvin, einen zeitgenössischen Anknüpfungspunkt für den christlichen Glauben zu finden, und er hat dazu alle theologischen und philosophischen Mittel eingesetzt. Was er aber auf der einen Seite der Anknüpfung gewinnt, droht er auf der Seite der Offenbarung Gottes in seinen Taten zu verlieren. Der refor-

---

[60] Kevin W. Hector, „Friedrich Schleiermacher", in: *The Cambridge Companion to Reformed Theology*, hg. v. Paul T. Nimmo/David A. S. Fergusson, Cambridge 2016, 164–165.

mierten Theologie heutzutage ist die Aufgabe gegeben, im Lichte des Plausibilitäts- und Relevanzverlustes des christlichen Glaubens die Verbindung mit anderen zu suchen, ohne die Eigenheit der Gotteserkenntnis durch Offenbarung loszulassen, um sowohl Gottes Personalität als auch Gottes Überpersönlichkeit zu denken und sich lebendig empfänglich zu dem lebenden Gott zu verhalten.

Anne Käfer
Von der Vorhersehung Gottes und der Evolution der Seele

> Alles in unserer Welt [...], zunächst die menschliche Natur und dann alles andere um desto gewisser, je inniger es mit ihr zusammenhängt, würde anders sein eingerichtet gewesen, und so auch der ganze Verlauf der menschlichen Begebenheiten und der natürlichen Ereignisse ein anderer, wenn nicht die Vereinigung des göttlichen Wesens mit der menschlichen Natur in der Person Christi, und in Folge dieser auch die mit der Gemeinschaft der Gläubigen durch den heiligen Geist, der göttliche Rathschluß gewesen wäre.[1]

So schreibt Friedrich Schleiermacher in seiner Dogmatik, die 1830/31 in zweiter Auflage mit dem Titel „Der christliche Glaube nach den Grundsätzen der evangelischen Kirche im Zusammenhange dargestellt" erschien. Schleiermacher hält fest, Gott sei von Ewigkeit her darauf aus, sich mit den menschlichen Geschöpfen zu vereinigen. Solche Vereinigung werde schließlich in einer ewigen Gemeinschaft von Gott und Menschen vollendet werden. Auf diese Gemeinschaft hin ziele Gottes Schöpferhandeln.

Damit dieses Ziel erreicht werde, sei Gott selbst Mensch geworden. In Christus, dem Erlöser, sei vollkommene Gemeinschaft von Mensch und Gott realisiert. Und aufgrund dieser Gemeinschaft von Gott und Mensch könnten auch die menschlichen Geschöpfe im Glauben an Christus mit Gott vereinigt werden.[2]

Schleiermacher nimmt an, dass zur Realisation dieser Gemeinschaft eine Entwicklung vor sich gehe, die vornehmlich die menschliche Seele betreffe. Denn die Seele wird als das Organ verstanden, in dem sich ein Mensch als Glaubender und in Gemeinschaft mit Gott erleben kann. Die Evolution der Seele bis hin zu ihrer Vollendung, bei der sich der jeweilige Mensch in ewiger Gemeinschaft mit Gott befinden wird, nimmt keinesfalls einen gleichmäßigen und ebenmäßigen Verlauf. Vielmehr entwickelt sich die Gottesbeziehung in der Seele zwar hin zu steter Festigkeit, jedoch auf einem Weg, der durch den unbeeinflussbaren Wechsel von Leid und Freude, Sünde und Gottvertrauen geprägt ist.[3]

---

1 Friedrich Schleiermacher, *Der christliche Glaube nach den Grundsätzen der evangelischen Kirche im Zusammenhange dargestellt*, 2. Aufl. 1830/31, hg. v. Rolf Schäfer (= KGA I/13, 1 und 2; in den weiteren Fußnoten wird, weil das Werk in diesem Beitrag vielfach zitiert wird, auf Schleiermachers Glaubenslehre nur mit diesen abgekürzten Angaben hingewiesen: *CG* unter Angabe des Paragraphen, des Abschnitts und der Seitenzahl), 164, 1, 496.
2 S. u. a. *CG* 109, 3, 198.
3 S. dazu *CG* 5, 4, 49/50.

https://doi.org/10.1515/9783110633573-005

Um über die Evolution der Seele näher Auskunft geben zu können, ist es zunächst nötig, Schleiermachers Schöpfungsverständnis darzulegen. Nach Schleiermacher vermag sich im Verlauf eines Menschenlebens ein unmittelbares Bewusstsein davon auszubilden, dass das je eigene Leben verdankt und keinesfalls durch den Menschen selbst gesetzt ist.[4] Dass jedoch hinter der gegebenen Existenz der Wille des in Christus geoffenbarten Schöpfers steht und welchen Inhalts dieser ist, das werde erst durch das Erlösungswerk Christi offenbar. Wer sich durch Christus erlöst wisse, dem seien damit auch Wesen und Wille des Schöpfers bewusst (1.). Von Relevanz ist nun, bei welchen Menschen dieses Gottesbewusstsein ausgebildet wird und lebensbestimmend ist. Schleiermacher verweist auf Gottes „Vorhersehung". Was er darunter versteht, dem wird nachgegangen und dabei nicht außerachtgelassen, dass eine umfassende Vorhersehung auch Übel, Leid und Sünde betreffen muss. Welche Bedeutung Schleiermacher Übel, Leid und Sünde zumisst und welche Rolle Übel, Leid und Sünde bei der Evolution einer menschlichen Seele spielen, auch davon wird die Rede sein (2.).

Schließlich darf nicht vergessen werden, in Anbetracht der Vorhersehung Gottes die Frage nach der Freiheit des Menschen zu stellen (3.).

1 Gottes Schöpfertätigkeit und seine Schöpfung

Schleiermacher beschreibt den Menschen als ein Wesen, dem das Bewusstsein davon eigen sei, dass er sich selbst nicht geschaffen habe. Dieses Bewusstsein sei ein unmittelbares, ein unreflektiert vorhandenes. Seinetwegen könne ein Mensch auf den Grund seines Seins hin angesprochen werden.[5]

Gegenüber der Welt als dem Inbegriff allen Seins, finde sich der Mensch relativ abhängig, aber auch relativ frei.[6] Im Unterschied hierzu könne er sich zudem einer schlechthinnigen Abhängigkeit bewusst sein, die gegenüber dem „Woher" seiner eigenen Existenz bestehe.[7] Denn sämtliches Sein befinde sich in absoluter Angewiesenheit auf den einen Grund, dem alles Sein entstammt. Dieser Grund werde „Gott" genannt.[8]

Das unmittelbare Bewusstsein von diesem Grund abhängig zu sein, dieses „Bewußtsein schlechthiniger Abhängigkeit", auch „schlechthiniges Abhängig-

---

[4] Schleiermacher hält fest, dass „unser ganzes Dasein uns nicht als aus unserer Selbstthätigkeit hervorgegangen zum Bewußtsein kommt." (CG 4, 3, 38).
[5] S. dazu CG 6, 1, 53/54.
[6] S. CG 4, 2, 36.
[7] CG 4, 4, 39.
[8] S. CG 4, 4, 38–49.

keitsgefühl" genannt,⁹ ist nach Schleiermacher nur und eben deshalb einem Menschen gewährt, weil der Ursprung allen Seins den menschlichen Geschöpfen mit der Seele auch die Möglichkeit seiner Erkenntnis geschaffen habe.¹⁰ Es kann einzig und allein Gott selbst sein, der diese Möglichkeit geschaffen hat und auch verwirklicht. Denn er ist es, dem, wie es das Abhängigkeitsbewusstsein erkennen lässt, alles Sein und Bewusstsein entstammt.

1.1 Wirken und Wesen des Schöpfers

Indem das Bewusstsein schlechthinniger Abhängigkeit ernstgenommen wird, muss nach Schleiermacher auch ausgeschlossen werden, dass überhaupt etwas existiere, das nicht grundsätzlich durch Gottes Handeln bedingt sei.¹¹ Vor allem aber sei daran festzuhalten, dass Gottes schöpferische Tätigkeit niemals durch eine andere Macht oder ein anderes Wesen beeinflusst oder eingeschränkt worden sei. Eben diese Überzeugung sei in der christlichen Tradition mit der Rede von der creatio ex nihilo formelhaft zum Ausdruck gebracht. Creatio ex nihilo, das bedeutet nach Schleiermacher, dass vor der Entstehung der Welt nichts war außer Gott; die Schöpfung sei also aus nichts außer Gott entstanden.¹²

Da nichts außer Gott als Ursprung allen Seins angenommen wird, könne dementsprechend davon ausgegangen werden, dass Gott allmächtig sei. Mit der Annahme der *Allmacht* Gottes sei aber nicht nur ausgesagt, dass alles, was ist, Gottes Macht entstammt und also „in der göttlichen [...] Ursächlichkeit gegründet ist".¹³ Es werde auch alles realisiert, was in Gottes ursächlichem Wollen begründet liege. Nicht nur alles, was ist, sei von Gott gewirkt, sondern alles, was Gott zu verwirklichen vermöge, werde wirklich.¹⁴

---

9 *CG* 4, 3, 38.
10 S. *CG* 4, 4, 40: Schleiermacher nimmt an: „Gott sei uns gegeben im Gefühl auf eine ursprüngliche Weise; und wenn man von einer ursprünglichen Offenbarung Gottes an den Menschen oder in dem Menschen redet, so wird immer eben dieses damit gemeint sein, daß dem Menschen mit der allem endlichen Sein nicht minder als ihm anhaftenden schlechthinigen Abhängigkeit auch das zum Gottesbewußtsein werdende unmittelbare Selbstbewußtsein derselben gegeben ist."
11 S. *CG* 54, Leitsatz, 324.
12 S. *CG* 40, 3, 234.
13 *CG* 54, Leitsatz, 324.
14 Zum Verständnis von Gottes Allmacht nach Schleiermacher s. auch Anne Käfer, „Gottes Allmacht und die Frage nach dem Wunder. Ein Beitrag zum Vergleich der Positionen Friedrich Schleiermachers und Karl Barths", in: *Karl Barth und Friedrich Schleiermacher. Auf dem Weg zu*

Schleiermacher setzt Gottes Allmacht mit *Allwirksamkeit* gleich.[15] Es gebe nichts, was in Gott als Möglichkeit vorhanden wäre, jedoch niemals wirklich würde. Schleiermacher verneint solche Möglichkeit von Möglichkeiten, die Gott nicht verwirklichen wolle oder könne. Gott wähle nicht aus möglichen Möglichkeiten manche aus und realisiere diese, verwerfe aber alle anderen. Er verwirkliche alle seine Möglichkeiten. Denn er wolle, was ihm zu wirken möglich sei, auch wirken und verwirkliche eben dies.

Schleiermacher hält fest: „Ein Unterschied zwischen Können und Wollen ist […] in Gott eben so wenig, wie der zwischen wirklich und möglich."[16] Es könne zwischen Gottes Können, Wollen und auch Tun weder ein quantitativer noch ein inhaltlicher Unterschied bestehen. Denn wer oder was sollte Gott daran hindern, das, was er zu tun vermag, auch zu verwirklichen; wer sollte den Willen und die Macht des Allmächtigen verändern und beschränken können?

Nach Schleiermacher sind nichts und niemand vorhanden, ehe Gott seine Möglichkeiten realisiert. Alles, was Gott verwirklicht und erschaffen hat, ist deshalb allein und schlechthin abhängig von ihm. Auch das menschliche Geschöpf in all seinem Wollen und Tun kann nicht nicht abhängig gedacht werden, wenn Gottes alles begründende Allmacht berücksichtigt wird. Und also kann nichts Geschaffenes, das doch stets nach dem Willen des Schöpfers geschaffen ist, jemals fähig sein, sich Gottes Wollen, Können und Wirken entgegenzustellen oder gar derart zu widersetzen, dass Gott seinen Willen ändern oder seine Schöpfung umgestalten müsste.

Dass der Allmächtige aus nichts außer sich selbst alles, was ist und sein wird, geschaffen habe, das verdankt sich nach Schleiermacher auch den göttlichen Eigenschaften *Allgegenwart* und *Ewigkeit*. Gott sei weder abhängig von anderen Wesen und Mächten noch von Raum und Zeit. Gott, der selbst zeit- und raumlos, also ewig und allgegenwärtig sei,[17] begründe vielmehr auch das Sein von Raum und Zeit. In Raum und Zeit bedinge er das Sein und Werden und Gewesensein alles Seienden, das war und ist und werden wird. Dabei sei Gottes Wirken jedoch keinesfalls an Raum und Zeit gebunden. Vielmehr sei alles, was ist und wird, durch den Allmächtigen von Ewigkeit her schon gesetzt und zu bestimmter Entwicklung vorhergesehen. „[I]ndem die göttliche Allmacht nur ewig und allgegenwärtig gedacht werden kann, so ist eines Theils unstatthaft, daß zu irgend

---

einer Neubestimmung ihres Verhältnisses, hg. v. Martin Leiner/Matthias Gockel, Göttingen 2015, 89–112, hier v. a. 92–101.
15 S. *CG* 54, 3, 329: Gottes Allmacht sei „ungetheilt und unverkürzt die alles thuende und bewirkende".
16 *CG* 54, 3, 328.
17 S. dazu *CG* 52 und *CG* 53.

einer Zeit etwas durch dieselbe erst werden soll, sondern durch sie ist immer alles schon gesetzt, was durch die endliche Ursächlichkeit freilich in Zeit und Raum erst werden soll."[18]

Mit Gottes ewiger und allgegenwärtiger Allmacht muss nach Schleiermacher viertens auch *Allwissenheit* als Eigenschaft Gottes angenommen werden. Denn nur der Allwissende weiß von Ewigkeit her, was er in Ewigkeit realisiert wissen will. Gott ist als Allmächtiger auch allwissend, weil er nur dann wirken kann, was er will, wenn er auch weiß, wie sich das Gewirkte in Raum und Zeit entwickeln wird und welche Folgen es haben wird.

Nach Schleiermacher ist Gott der allwissende Allmächtige vor allem in Ewigkeit einig mit sich selbst. Er sei sich selbst unwandelbar treu und bestimme also in einheitlicher Weise sein gesamtes Wollen und Wirken, und zwar in bester Kenntnis seines ewigen Wesens. Niemals gerate er in Widerspruch mit sich selbst. Vielmehr begründe seine ihm wesenhafte Liebe durchgängig, uneingeschränkt, in gleichbleibender Weise all sein Tun.[19]

Von Gottes Liebe sind nach Schleiermacher sämtliche Eigenschaften Gottes gänzlich bestimmt. Es sei nicht irgendeine Allmacht, gar die Allmacht eines boshaften Wesens, in der Gott wirke, sondern vielmehr die Allmacht seiner Liebe.[20] Gott wisse, wolle und verwirkliche dementsprechend nicht irgendwelche Möglichkeiten, sondern genau diejenigen, die ihm und also seiner Liebe entsprechen. Und so bringe er mit seiner Schöpfung, die aus nichts außer ihm selbst gewirkt sei, sich selbst als ewig Liebenden zum Ausdruck. Die ewige Schöpfung sei seine Liebesmanifestation. Sie sei Ausdruck seiner allmächtigen Liebe und Weisheit, weshalb sie ursprünglich vollkommen beschaffen sei und weshalb ihr Entwicklungsprozess in Raum und Zeit auf die Vervollkommnung der Gemeinschaft des Schöpfers mit seinen Geschöpfen ziele.[21]

> Denn Liebe ist doch die Richtung, sich mit andern vereinigen und in anderem sein zu wollen; ist daher der Angelpunkt der Weltregierung die Erlösung und die Stiftung des Reiches Gottes,

---

18 *CG* 54, 1, 325.
19 Vgl. *CG* 55, 3, 347.
20 S. *CG* 167, 2, 505 und 169, 3, 512/513.
21 S. hierzu v. a. *CG* 168, 1, 507; als Gottes Weisheit bezeichnet Schleiermacher hier im Unterschied zu Gottes Allwissenheit das schöpferische Wort, dem die Allwissenheit nachfolge, wobei sie keinen anderen Inhalt habe als die Weisheit. Zur ursprünglichen Vollkommenheit der Schöpfung Gottes, die Schleiermacher auch als das „schlechthin zusammenstimmende göttliche Kunstwerk" beschreibt (ebd.), s. Anne Käfer, „Kant, Schleiermacher und die Welt als Kunstwerk Gottes", in: *ZThK 101* (2004) 1, 19–50.

> wobei es auf Vereinigung des göttlichen Wesens mit der menschlichen Natur ankommt, so kann die dabei zum Grunde liegende Gesinnung nur als Liebe vorgestellt werden.[22]

Die Liebe ist es, die nach Schleiermacher die sehr gute Beschaffenheit der Schöpfung begründet und die bewirkt, dass die Entwicklung des Geschaffenen in Raum und Zeit zum Ziel gelangt. Das Ziel des Schöpfungsprozesses aber ist die Verwirklichung ewiger Gottesgemeinschaft und damit die Realisation des Reiches Gottes. Diese Realisation werde durch die erlösende Vereinigung Gottes mit den Menschen vollzogen.[23]

1.2 Die Beschaffenheit des menschlichen Geschöpfs

Damit diese Verwirklichung überhaupt möglich sei, habe Gott das menschliche Geschöpf entsprechend geschaffen. Die Beschaffenheit des menschlichen Geschöpfs zeichne sich dadurch aus, dass es sich unmittelbar schlechthinniger Abhängigkeit bewusst zu sein vermöge und in seiner Seele Sehnsucht nach dem Woher dieser Abhängigkeit verspüre. Es trage in sich das

> nie gänzlich erloschne Verlangen nach der Gemeinschaft mit Gott [...]. Indem wir dieses also als den ersten Anknüpfungspunkt für alle göttlichen Gnadenwirkungen aufstellen: so schließen wir nur jene gänzliche der menschlichen Natur durchaus nicht angemessene Passivität aus, vermöge deren der Mensch in dem Bekehrungsgeschäft den leblosen Dingen gleichen soll, sezen aber dadurch nichts von dem, was wir in unserm christlichen Selbstbewußtsein schon der Gnade Gottes in Christo zuschreiben [...].[24]

Zwar sei der Mensch für Gottes Gnade empfänglich geschaffen. Doch allein durch Christus, der Gottes Wesen und die menschliche Natur in sich vereinigt, könne das Verlangen des Menschen nach Gottesgemeinschaft gestillt werden und Gottes Liebe ihre Erfüllung finden. Ausschließlich das Erlösungswerk Christi befreie die menschliche Seele zur Gemeinschaft mit Gott und gewähre ihr so die Evolution hin zu ihrer Vollendung.[25]

---

22 *CG* 165, 1, 499.
23 S. das Eingangszitat.
24 *CG* 108, 6, 190. Zum Verständnis des Anknüpfungspunktes bei Schleiermacher vgl. den Beitrag von Arnold Huijgen in diesem Band.
25 S. dazu v. a. *CG* 166, 2, 502/503 und *CG* 100, 2, 108: Es ist nach Schleiermacher einzig der Erlöser, der einen Menschen zur Erkenntnis Gottes und zur Gemeinschaft mit Gott zu führen vermag.

Diese heilsrelevante Einzigartigkeit des Erlösungswirkens Christi wirft eine entscheidende und drängende Frage auf: Welche Menschen werden der Gnade Gottes teilhaftig und schließlich zur Vollendung gelangen? Hat Gott eine bestimmte Auswahl getroffen? Wie diese Frage von Schleiermacher unter Verweis auf die Vorherversehung Gottes beantwortet wird, davon soll nun im zweiten Abschnitt die Rede sein.

2 Gottes Vorherversehung und das menschliche Geschöpf

Dass Gott in Christus Mensch geworden ist, um Menschen zu erlösen, das ist nach Schleiermacher von Ewigkeit her durch Gott vorherbestimmt und vorherversehen. Das Inkarnationsgeschehen sei bereits mit der Schöpfung von Ewigkeit her Gottes Wille, der sich zu bestimmter Zeit an bestimmtem Ort realisiert habe. Um deutlich zu machen, dass Gottes ewiger Wille dieses Ereignis wie auch alle anderen Ereignisse im Weltgeschehen sämtlich und in ihrem Zusammenhang zur Verwirklichung vorherbestimmt habe, zieht Schleiermacher das Wort „Vorherversehung" dem Ausdruck „Vorsehung" vor.

Mit „Vorherversehung" werde ausgesagt, dass alles Einzelne, alle einzelnen Geschöpfe und Geschehnisse im Weltganzen in Gottes Willen und durch sein Wirken aufeinander bezogen seien. Alles Einzelne befinde sich in *einem* Gesamtzusammenhang, der in Gottes allmächtiger Weisheit und Liebe begründet liege und in dieser ewigen Liebe von Gott erhalten und in seiner Entwicklung geleitet werde.[26] Gott sehe also nicht Einzelnes gesondert vor, sondern vorhersehe den Gesamtzusammenhang in Raum und Zeit, in dem das Einzelne sich ereigne. Die Ausdrücke „Vorherversehung" oder „Vorherbestimmung" sprechen nach Schleiermacher deutlich „die Beziehung jedes einzelnen Theiles auf den Zusammenhang des Ganzen aus, und stellen das göttliche Weltregiment als eine innerlich zusammenstimmende Anordnung dar."[27]

Wenn das gesamte Weltgeschehen vorherversehen ist, muss allerdings ebenso wie das Christusereignis zur Erlösung der Menschen auch die Sünde des Menschen, die den geschaffenen Gesamtzusammenhang entscheidend prägt, von Ewigkeit her vorherversehen sein.[28] Nach Schleiermacher ist das Kommen des Erlösers, damit er die Menschen aus Sünde erlöse, ewig schon von Gott vorher-

---

26 S. v. a. *CG* 46, 2, 271.
27 *CG* 164, 3, 497.
28 S. *CG* 164, 3, 498.

bestimmt. Und gleich wie das Kommen des Erlösers gehe also auch die erlösungsbedürftige Verfasstheit der menschlichen Geschöpfe zurück „auf Einen ungetheilten ewigen göttlichen Rathschluß".[29]

Schleiermachers Annahme, dass mit der Erlösung zugleich die Sünde von Gott geordnet sei, ist konsequent gedacht. Jedoch fordert sie dazu heraus, nachzufragen, wie Sünde und das durch sie bedingte Übel und Böse mit Gottes allmächtigem *Liebes*wirken zusammengedacht werden können.

2.1 Erlösung und Sünde

Mit Blick auf die Sünde wirft Schleiermacher selbst die Frage auf, „ob und in wiefern Gott für den Urheber der Sünde als solcher zwar [...] jedoch immer zugleich mit der Erlösung könne angesehen werden."[30] Weil mit dem schlechthinnigen Abhängigkeitsgefühl bewusst sei, dass alles, was ist, letztlich in Gottes allmächtigem Wirken begründet liegt, muss dies konsequenterweise auch für die Sünde gelten. Doch gibt nach Schleiermacher das Christusereignis zu erkennen, dass Gott außer der Sünde auch die Erlösung oder vielmehr: die Sünde nur in Bezogenheit auf die Erlösung geordnet habe.

Gott habe nicht die Sünde als solche vorhergesehen, sondern die Sünde, die durch die Erlösung überwunden wird. Eben dies werde demjenigen bewusst, der selbst die Gnade der Erlösung erlebt. Denn hierbei werde einem Menschen offenbar, dass Gottes Allmacht, in der auch die Sünde grundsätzlich gründe, die Allmacht der Liebe sei.

Mit diesem Bewusstsein der Liebe und Gnade Gottes, das der Erlöser in einem Menschen wirke, werde diesem Menschen zugleich bewusst, dass er sich, ehe er erlöst wurde, in Sünde befand. Schleiermacher hält fest: „Sofern wir [...] nie ein Bewußtsein der Gnade haben ohne Bewußtsein der Sünde, müssen wir auch behaupten, daß uns das Sein der Sünde mit und neben der Gnade von Gott geordnet ist."[31]

Mit dem Gnadenbewusstsein werde dem erlösten Menschen deutlich, dass das eigene bisherige Leben hinter der von Gott intendierten Liebesgemeinschaft zurückgeblieben ist. Dieser Mangel an Gottesgemeinschaft, dieser Mangel an Gottvertrauen zeichnet nach Schleiermacher die Sünde aus.[32]

---

29 *CG* 94, 3, 58.
30 *CG* 79, 2, 487.
31 *CG* 80, Leitsatz, 488.
32 S. u. a. *CG* 81, 3, 503.

Dass menschliches Leben ohne Gottesgemeinschaft als defizitär empfunden und das Zurückbleiben hinter dem Willen des Schöpfers als Sünde erkannt wird, dies gelte für den Erlösten unabweisbar. Für einen jeden Menschen allerdings nimmt Schleiermacher an, dass dieser immer schon, mehr oder weniger bewusst, von einer unerfüllten Sehnsucht nach Gott angetrieben sei. Es gebe „eine dunkle Ahndung des wahren Gottes" in allen Menschen.[33]

Entsprechend seien die menschlichen Geschöpfe allesamt daraufhin angelegt, dass „in jedem das Bewußtsein der Erlösungsbedürftigkeit entwikkelt werden kann".[34] Dieses Verlangen oder vielmehr diese Erlösungsbedürftigkeit werde jedoch erst dann einem Menschen tatsächlich als solche und umfassend bewusst, wenn dieser Mensch durch Christus erlöst und versöhnt worden sei. Auf dem Weg der Erlösung durch Christus werde dies Verlangen befriedigt. Denn der Erlöser eröffne die Beziehung eines Menschen zu seinem Schöpfer, die mit Freude erlebt werde.

Die Erkenntnis des Schöpfers, die allein durch den Erlöser gewährt werde, bringe sowohl die Allmacht als auch die Liebe und also das vorherwissende und auf die Realisation des Gottesreiches ausgerichtete Handeln Gottes zu Bewusstsein. Dadurch entwickele sich das Gottesbewusstsein fort. Eine „allmähliche und unvollkommene Entwicklung der Kraft des Gottesbewußtseins" zeichnet nach Schleiermacher den Lebensvollzug des Menschen aus, an dem Gottes erlösende Gnade wirkt.[35]

Schleiermacher nimmt für den Menschen, der der Erlösungsgnade teilhaftig wird, einen Entwicklungsprozess an, der mit zunehmender Erkenntnis des Wesens Gottes und darum auch mit stetig werdendem Vertrauen in Gott einhergeht. In diesem Prozess werde die Sünde mehr und mehr durch ein kräftiger werdendes Gottesbewusstsein überwunden und der Erlöste erlebe sein Leben weniger als von Übel behaftet als es für den noch nicht Erlösten der Fall sei.

2.2 Sünde, Übel und das Böse

Mit dem als Sünde bezeichneten Mangel an Gottesbewusstsein geht nach Schleiermacher einher, dass und wie ein Mensch Widrigkeiten in seinem Leben

---

[33] CG 7, 3, 64; Schleiermacher verweist hier (in Anm. 1) u.a. auf die Einsichten des Paulus und insbesondere auf Röm 1,21 und Apg 17,27–30.
[34] CG 118, 1, 249.
[35] CG 81, 4, 506.

erlebt. Zum geschaffenen Weltzusammenhang gehörten auch Krankheit, Leid und Schmerz. So habe selbst Christus „Schmerzen und Leiden" erlitten.[36]

Doch wie, in welcher seelischen Verfasstheit ein Mensch solche Widrigkeiten erlebe, das variiere entsprechend der Dominanz und Stetigkeit seines Gottesbewusstseins. Befinde sich ein Mensch unter der Sünde und sei sein Gottesbewusstsein also nur ansatzweise oder stark vermindert vorhanden, so erleide er Schmerzen und andere Qualen als „Übel".[37] Dominiere hingegen das Gottesbewusstsein die lebenswidrigen Situationen und Umstände, würden diese gerade nicht als lebenshemmend erlebt, sondern in Zuversicht auf den liebenden Schöpfer ertragen.[38]

Dies jedoch, ob ein Mensch Lebenswidrigkeiten unter der Sünde oder im Glauben erlebt, ist nach Schleiermacher von Gott vorhervesehen. Dementsprechend hält er fest: „Ohne ein sehr weitgreifendes Mißverständniß kann also Niemand Schwierigkeit darin finden, auch das was ihm als ein Uebel erscheint, gleichviel ob als eigenes oder fremdes oder gemeinsames, als in Folge der schlechthinigen Abhängigkeit vorhanden, mithin als von Gott geordnet zu sezen".[39]

Auch die Übel gehören nach Schleiermacher zum allmächtigen Liebeshandeln Gottes. Keinesfalls gebe es Übel und das Böse aufgrund eines Mangels an göttlicher Allmacht oder Liebe. Vielmehr seien Übel und das Böse eben in der allmächtigen Liebe gegründet, die von Ewigkeit her die Überwindung der Sünde, des Übels und des Bösen vorhergewusst und vorhervorgesehen habe. Das Übel sei keineswegs als solches von Gott geordnet, sondern „nur als Mitbedingung des Guten und in Beziehung auf dasselbe"[40].

Ebenso wie die Sünde, die das Erleiden des Übels bedingt, ist nach Schleiermacher auch das Übel nicht als solches vorherbestimmt, sondern immer schon auf die Freude der Erlösung hin geordnet. Und mit der Befreiung aus Sünde werde auch das Übel überwunden.

Nach Schleiermacher verdanken sich Übel und Böses nicht einem Mangel an göttlicher Liebe. Vielmehr sei es Mangel an Gottesbewusstsein, der den Blick für den Gesamtzusammenhang hemme, sodass ein Mensch die ursprüngliche Güte der Schöpfung Gottes weder erkennen könne noch zu gutem Handeln fähig sei.[41]

---

36 *CG* 101, 2, 98.
37 S. dazu *CG* 75, 1–3, 471–475.
38 S. *CG* 75, 1, 472/473.
39 *CG* 48, 2, 290.
40 *CG* 48, 3, 294.
41 S.o. 1.1.

Der Mangel an Gottesbewusstsein, der Sünde und Böses bedingt, wird nach Schleiermacher durch das Wirken des Erlösers beseitigt. Allein nach dem Willen Gottes und durch das Wirken des Erlösers könne dieser Mangel aufgehoben werden. Entsprechend müsse allerdings auch festgehalten werden, dass das Noch-nicht-Überwundensein des Bösen und damit das Noch-nicht-Vorhandensein des Guten in Gottes Macht begründet ist.[42]

Die Überzeugung, dass in Gottes Allmacht auch das Übel und das Böse begründet liegen, hält Schleiermacher hoch gegen jegliche Minderung der göttlichen Macht. Solche geschieht, wenn das Übel und das Böse als Gegengrößen des Guten mit besonderer gegengöttlicher Macht ausgestattet vorgestellt werden.

Aufgrund des Christusereignisses geht Schleiermacher allerdings vor allem davon aus, dass Gottes ewige Liebe in Zeit und Raum den Mangel an Gutem zugunsten der Realisation des Reiches Gottes vollständig überwinden wird, so wie sie durch ihre creatio ex nihilo den totalen Mangel an Sein mit der Schöpfung überwand.[43]

Als größtes Übel muss demnach das Nichtsein der Schöpfung vorgestellt werden, das Liebeszuwendung und die Realisation des Reiches Gottes als des höchsten Guten nicht zugelassen hätte. Und damit ist auch schon die Frage abgewiesen, ob es nicht besser gewesen wäre, Gott hätte die Welt nicht geschaffen, um die vielerlei Übel zu vermeiden, unter denen seine Geschöpfe leiden. Hätte er die Welt nicht geschaffen, dann bestünde in Ewigkeit ein Mangel an dem höchsten Guten, das nach Schleiermacher nur auf dem Weg der Seelenentwicklung erreicht werden kann. Die Evolution der Seele aus einem sündigen Dasein hin zu stetiger Dominanz des Gottesbewusstseins geht nach Schleiermacher einher mit der Stillung des Verlangens nach Gottesgemeinschaft. Und diese könne nur dann gelingen, wenn die Erkenntnis der Gnade mit dem Bewusstsein der Sünde und die Erkenntnis des Guten im Wissen um das Böse gewährt werde. Nach Schleiermacher sind also die Sünde und das Böse unabweisbar in den Evolutionsprozess eingebunden, und sie bilden einen notwendigen Schritt auf dem Weg der Realisation des Reiches Gottes.[44]

Der Liebe Gottes und seiner vorhersehenden Weisheit kann nach Schleiermacher das menschliche Geschöpf nur bei Erkenntnis des Gegenteiligen gewahr werden, wobei dieses Gegenteilige stets nur in völliger Abhängigkeit von Gottes uneingeschränkter und unwandelbarer Liebe erlebbar sei. Doch warum oder

---

42 Deshalb müsse angenommen werden, „alles Uebel, das Böse als solches mit eingeschlossen gründe sich in einem bloßen Mangel" (CG 48, 3, 293).
43 Dass Schleiermacher die Realisation des Reiches Gottes als Vereinigung Gottes mit den Menschen erwartet, belegt bereits das Eingangszitat.
44 S. dazu CG 81, 4, 506.

wozu, so die vielfach gehörte Frage, gestaltete der Schöpfer seine Liebeszuwendung nicht in der Weise, dass er vom Uranfang an, gottbewusste Menschen in Gemeinschaft mit ihm schuf?

Meines Erachtens sollte beim Versuch diese Frage zu beantworten, insbesondere beachtet werden, dass das Werden einer Liebesbeziehung zwischen den Geschöpfen viel Zeit in Anspruch nimmt. Es dauert, ein menschliches Gegenüber derart kennenzulernen, dass ihm sogar vertraut werden kann. Vertrauen und wahrhafte Liebe kommen nicht mit einem Mal und plötzlich zustande, auch können sie nicht vereinbart oder gar aufgezwungen werden.

Im Prozess des Kennenlernens ist es insbesondere nötig, dass Personen, die miteinander eine Beziehung in Liebe leben wollen, ihre eigenen Schwächen nicht verbergen und miteinander das Wissen um Fehler und Erfahrungen des Scheiterns vertrauensvoll teilen, sodass sie auch wissen, wann und wie sie Verletzungen des anderen vermeiden und wann und wie sie dem jeweils anderen eine Hilfe sein können, damit ihm Gutes widerfahre. Sind sie zu solcher Hilfe bereit und verlassen sie sich auf die Hilfe des anderen, besteht eine vertrauensreiche und zweckfreie Beziehung, in der von gegenseitiger Liebe die Rede sein kann.

Die Gestaltung einer solchen Beziehung zwischen Menschen ist höchst herausfordernd. Um wie viel schwieriger muss es da sein, auf Gott, der weder gesehen noch gehört oder als körperliches Wesen gespürt werden kann, zu vertrauen. Dementsprechend scheint Gottes Weg, seine Kreaturen nach und nach mit sich selbst bekannt zu machen und ihnen im Verlauf des Lebens vertrauter zu werden, der Absicht angemessen, dass ihn die Geschöpfe lieben lernen und von ihm, der ihre Schwächen, vor allem aber ihre Sünden und ihre Erlösungsbedürftigkeit vollauf kennt, Erlösung erwarten.[45]

Ein häufiger Vorwurf gegen Schleiermachers Darlegungen betrifft seine Beschreibung des Übels. Kritischen Stimmen scheint es, als nähme Schleiermacher das Übel nicht ernst, als verharmlose er Leid, Elend und Schmerz. Es wird vermutet, Schleiermacher kenne die Macht des Bösen wie der Sünde nicht.[46]

Jedoch werden, wie Schleiermacher zeigt, Gottes Allmacht und Liebe nur dann konsequent gedacht, wenn ihr Aussein auf die Verwirklichung des höchs-

---

[45] Diese Antworten auf die Fragen nach dem Warum und Wozu des göttlichen Handelns, stimmen nach meiner Interpretation zusammen mit Schleiermachers Theologie.

[46] Zum Verständnis von Sünde und Übel nach Schleiermachers s. Christine Axt-Piscalar, *Ohnmächtige Freiheit. Studien zum Verhältnis von Subjektivität und Sünde bei August Tholuck, Julius Müller, Sören Kierkegaard und Friedrich Schleiermacher*, BHTh 94, Tübingen 1996, v. a. 291–293; zur Diskussion dieser Interpretation s. Anne Käfer, *Inkarnation und Schöpfung. Schöpfungstheologische Voraussetzungen der Christologie Luthers, Schleiermachers und Karl Barths*, TBT 151, Berlin/ New York 2010, 108.

ten Guten als unbeeinträchtigt durch eine Gegenmacht vorgestellt wird. Keine Macht ist also möglich, die Gottes Liebe beschränken könnte, und zwar weder in ihrer allmächtigen Triebkraft noch in ihrer Intensität. Entsprechend beschreibt Schleiermacher das Übel wie das Böse vor allem als ein Noch-nicht-Sein des Guten. Diese Ansicht gründet in der Überzeugung, dass Gott in seiner Liebe die Sünde und damit Übel und Böses vollkommen überwinden werde. Dass Gott das Leiden der Kreaturen an Übel und Bösem nicht nur kennt, sondern in seiner Liebe überwindet, das macht nach Schleiermacher das erlösende und versöhnende Leiden Christi offenbar.[47]

Wenn nach Schleiermacher schließlich Sünde und Übel vollkommen überwunden sein sollen, stellt sich die Frage, ob also etwa für sämtliche Menschen die Erlösung aus Sünde vorhergesehen ist und wann sie wohl geschehen könnte.

2.3 Wer ist vorherversehen?

Mit Calvin sieht sich Schleiermacher in reformierter Tradition einig darin, dass alles, was geschieht, von Gott vorherversehen ist. Entsprechend endet Schleiermachers Aufsatz „Über die Erwählung", in dem er sich eingehend mit Calvins Verständnis von der menschlichen Unfähigkeit zum Heilserwerb und dem Gnadenhandeln Gottes auseinandersetzt, mit dem Satz: „[H]ätte Gott nicht alles vorherversehen, so hätte er nichts vorherversehen".[48]

Gäbe es ein Teilstück im geschaffenen Weltzusammenhang, das nicht von Gott stammte, das nicht durch seinen allmächtigen Willen bestimmt wäre, könnte kein einziges Teil des Ganzen von ihm vorherversehen sein. Denn dann wäre ein wechselseitiges Verhältnis der Teile möglich, bei dem die einzelnen Teile von unterschiedlichen Mächten bestimmt und bewegt werden. Wäre dies der Fall, dann könnte keine einzige Macht angenommen werden, die bereits vorherwüsste und vorherbestimmt hätte, wie sich das Verhältnis gestalten wird. Viel-

---

[47] S. dazu v. a. *CG* 104, 4, 142.
[48] Friedrich Schleiermacher, *Über die Lehre von der Erwählung; besonders in Beziehung auf Herrn Dr. Bretschneiders Aphorismen*, KGA I/10, hg. v. Hans-Friedrich Traulsen unter Mitwirkung v. Martin Ohst, Berlin/New York 1990, (145–222) 222. Zu Schleiermachers Vergleich seiner theologischen Überzeugungen mit der Theologie Calvins s. u. a. a. a. O., 178 und auch Schleiermachers Verweis darauf, dass er „den Beinamen eines kühnen und entschlossenen Schülers des Kalvin" erhalten habe (a. a. O., 150). Zur Interpretation dieses Textes s. v. a. Eilert Herms, „Freiheit Gottes – Freiheit des Menschen. Schleiermachers Rezeption der reformatorischen Lehre vom servum arbitrium in seiner Abhandlung ‚Über die Lehre von der Erwählung; besonders in Beziehung auf Herrn Dr. Bretschneiders Aphorismen'", in: *Denkraum Katechismus. Festgabe für Oswald Bayer zum 70. Geburtstag*, hg. v. Johannes von Lüpke/Edgar Thaidigsmann, Tübingen 2009.

mehr befänden sich die unterschiedlichen Mächte in unabsehbarer Wechselbeziehung. Fraglich allerdings wäre, in welchem Grund die unterschiedlichen Mächte ihren Ursprung haben sollten.

Der eine Grund, der die Teile und ihre Wechselbeziehungen im Schöpfungsganzen vorhervorsehen hat, ist nach Schleiermacher der Schöpfer selbst, dem keine Macht zu widerstreben vermöge. Von diesem Schöpfer seien vielmehr sämtliche geschaffenen Mächte schlechthin abhängig.[49]

Was für die einzelnen geschaffenen Teile des Schöpfungsganzen gilt, das gilt nach Schleiermacher ebenso auch für das Zum-Glauben-Kommen eines einzelnen Menschen. Es sei im Gesamtzusammenhang vorhervorsehen, dass und wann ein Mensch zum Glauben komme. Damit ist von Schleiermacher, wie schon von Calvin, festgehalten, dass einzig und allein Gottes liebende Allmacht die Beziehung eines Menschen mit Gott gewähren und wirken kann. Von Seiten des Menschen bestehe keine Möglichkeit, sich Gottes besondere Zuwendung zu verdienen und sich gar Gott gefällig zu machen.[50] Diese reformatorische Einsicht gilt es meines Erachtens hochzuhalten. Nur wenn dies geschieht, wird der Allmacht des Schöpfers Genüge getan.

Das Zum-Glauben-Kommen eines Menschen wird nach Schleiermacher dadurch gewirkt, dass Christus diesen Menschen mit seiner Gottesliebe beseelt und so aus Sünde befreit.[51] Für solche Beseelung sei ein jeder Mensch qua seines Anknüpfungspunktes empfänglich.[52] Dieser Anknüpfungspunkt unterscheide

---

49 S. o. 1.1.
50 S. Friedrich Schleiermacher 1990, *Über die Erwählung*, v. a. 151 (Anm. 48). S. hierzu aber auch die deutlichen Ausführungen Calvins: Johannes Calvin, *Unterricht in der christlichen Religion/Institutio Christianae Religionis*, nach der letzten Ausgabe von 1559 übers. und bearb. v. Otto Weber, bearb. und neu hg. v. Matthias Freudenberg, Neukirchen-Vluyn 2008, v. a. II, 2, 6, 137/138 und auch II, 3, 1, 151/152.
51 S. hierzu Anne Käfer, „Glaube als Beziehungsfrage. Ein fundamentaltheologisches Gespräch mit Karl Barth und Friedrich Schleiermacher", in: *Glaube. Das Verständnis des Glaubens im frühen Christentum und in seiner jüdischen und hellenistisch-römischen Umwelt*, WUNT I, hg. v. Jörg Frey/Benjamin Schließer/Nadine Ueberschaer, Tübingen 2017, 829–855, hier v. a. 845–848.
52 S. o. 1.2. Dem Menschen eigne aufgrund seiner immer schon vorhandenen Gottessehnsucht „lebendige Empfänglichkeit" (*CG* 108, 6, 190). Nach Schleiermacher ist der Mensch für Gottes Wirken empfänglich, doch sei er auch nach dem Empfang des erlösenden Heilswortes nicht vermögend, zu seinem Heil mitzuwirken; s. hierzu *CG* 108, 6, 188: „Was aber geschieht, nachdem das Wort in die Seele eingedrungen ist, daß nämlich dasselbe seinen Zwekk bei den Menschen erreicht, dazu können wir keine natürliche Mitwirkung des Menschen zugeben." Vgl. zu Schleiermachers Verständnis der „Mitwirkung" beim Erlösungsgeschehen die Interpretation von Sabine Schmidtke, *Schleiermachers Lehre von Wiedergeburt und Heiligung. ,Lebendige Empfänglichkeit' als soteriologische Schlüsselfigur der ,Glaubenslehre'*, DoMo 11, Tübingen 2015, v. a. 339.

das menschliche Geschöpf von einem Stein, für den keinerlei Empfänglichkeit angenommen werden könne.[53]

Im Blick auf die Zeit, zu der ein Mensch zum Glauben kommt, zieht Schleiermacher eine Parallele zum Erscheinen Christi in Raum und Zeit. Der Erlöser sei, hier verweist Schleiermacher auf die biblische Überlieferung, eben dann geboren worden, „als die Zeit erfüllt war".[54] „Dasselbe nun läßt sich auch von dem Einzelnen sagen, wenn seine Zeit erfüllt ist wird Jeder wiedergeboren, so daß sein durch diese Zeitbestimmung bedingtes neues Leben auch, wie spät es immer eintrete, ein schlechthin größtes ist".[55]

Die Frage, ob es besser gewesen wäre, wäre ein Mensch zu früherer Zeit zum Glauben gekommen, weist Schleiermacher mit dem Hinweis zurück, dass das ewige Leben ein alle Zeit überragendes Ausmaß habe. Mit seiner Wiedergeburt sei dem Wiedergeborenen dies ewige Leben eröffnet, dessen zeitlose Ewigkeit sich durch weitere (auch vorhergehende) Zeiträume nicht erweitern lasse.[56]

Obwohl nach Schleiermacher die Zeit vorherbestimmt ist, zu der ein Mensch zum Glauben kommt, mache dies doch keinesfalls die Verkündigung des Evangeliums überflüssig und entlarve die Aufforderung zur Predigt nicht als widersprüchlich. Denn der Predigtaufforderung komme ein Glaubender gerade deshalb nach, weil er sich dazu „von innen gedrungen" finde.[57] Und nur gebunden an die Verkündigung des Evangeliums geschähen die „Gnadenwirkungen des Geistes", durch die Menschen zum Glauben kommen.[58]

Indem Schleiermacher eindringlich darauf abhebt, dass das Zum-Glauben-Kommen eines Menschen zu bestimmter Zeit unverbrüchlich vorhergesehen ist, verneint er die Möglichkeit, Gottes Gnadenzuwendung abweisen zu können. Diese Möglichkeit wird in der protestantischen Theologie erwogen, um dem Menschen eine gewisse Freiheit zuzugestehen und um Gott zwar für das Heil, nicht aber das Unheil eines Menschen verantwortlich zu machen; das Unheil, das sich ein

---

[53] S. *CG* 108, 6, 190, insbesondere Anm. 21; Schleiermacher widerspricht hier ausdrücklich den Ausführungen der Konkordienformel zum freien Willen im zweiten Artikel der Solida Declaratio, abgedruckt in: *Die Bekenntnisschriften der Evangelisch-Lutherischen Kirche*. Vollständige Neuedition, hg. v. Irene Dingel u.a., Göttingen 2014, 1356, Z.33–35.1358, Z.1–2/1357, Z.29–30.1359, Z.1–2.
[54] *CG* 118, 1, 250.
[55] *CG* 118, 1, 251.
[56] S. *CG* 118, 1, 252.
[57] *CG* 118, 1, 251.
[58] *CG* 118, 1, 251.

Mensch zuziehe, der sich gegen Gottes Liebe verweigere, soll dem Menschen zugeschrieben werden.[59]

Schleiermacher jedoch, der an Gottes liebender Allmacht festhält, führt aus, dass dann, wenn ein Mensch Widerstand gegen die Gnadenzuwendung Gottes übe, auch dies von Gott vorhergesehen sei.[60] Dass nämlich ein Mensch selbst mächtig wäre, sich gegen Gottes allmächtigen Willen zu verweigern, das könne mit der Allmacht Gottes nicht vereinbar sein; diese Annahme degradierte Gott zu einem mächtigen Wesen neben anderen. Vielmehr sei in Gottes einem Ratschluss alles vorherbestimmt, sowohl das Zum-Glauben-Kommen der einen als auch das (vorläufige) Ungläubig-Bleiben der anderen Menschen.[61]

Im Unterschied zu Calvin geht Schleiermacher allerdings davon aus, dass Gottes allmächtige Liebe nicht nur einzelnen Menschen gelte. Denn mit der „ewigen Vaterliebe Gottes" lasse sich nicht vereinbaren, dass Menschen auf ewig gottlos und gottvergessen und darum gar verdammt sein könnten.[62] Schleiermacher hält fest, dass auch die, die als Verdammte angenommen werden, „nicht können davon ausgeschlossen sein Gegenstände der göttlichen Liebe zu sein, weil alles was zu der geordneten Welt des Lebens gehört, ein Gegenstand aller göttlichen Eigenschaften sein muß."[63]

Entsprechend nimmt Schleiermacher an, dass alle Menschen, früher oder später, in eine vertrauensvolle Beziehung zu Gott gelangen. Jede menschliche Seele werde schließlich von Christus erfüllt im Reich Gottes ewig und selig leben. Hierauf ziele die Entwicklung der geschaffenen Seelen von Anbeginn an. Schleiermacher rechnet damit, dass „durch die Kraft der Erlösung dereinst eine allgemeine Wiederherstellung aller menschlichen Seelen erfolgen werde."[64] Dieses Ziel der Seelenevolution ist begründet in seinem Liebesverständnis.

Ist dies denn aber mit Liebe tatsächlich vereinbar, dass der Mensch als Gottes geliebtes Gegenüber nicht fähig sein soll, die Liebeszuwendung Gottes auch zu-

---

[59] Schleiermacher lehnt solche Annahmen ausdrücklich ab, s. Schleiermacher 1990, *Über die Erwählung*, 156/157.
[60] S. Schleiermacher 1990, *Über die Erwählung*, v. a. 161 (Anm. 48).
[61] S. Schleiermacher 1990, *Über die Erwählung*, 212 (Anm. 48).
[62] Schleiermacher 1990, *Über die Erwählung*, 216 (Anm. 48). Zur Auseinandersetzung mit der Theorie Calvins s. v.a. a. a. O., 216–218.
[63] Schleiermacher 1990, *Über die Erwählung*, 218 (Anm. 48).
[64] *CG* 163, Anhang, 492. Zu Schleiermachers Verständnis von der ewigen Seligkeit der menschlichen Seele s. v. a. *CG* 163. Dass die ewig selige Seele schwerlich ohne ihre leiblich-gebundene Geschlechtlichkeit gedacht werden kann, führt Schleiermacher aus in *CG* 161; nach der Auferstehung, so erwägt Schleiermacher, müsste die Bestimmtheit eines Menschen als weiblich oder männlich weiterhin Geltung haben; s. *CG* 161, 1, 476. Zu Schleiermachers Geschlechterverständnis s. den Beitrag von Caroline Teschmer in diesem Band.

rückzuweisen? Müsste diese Freiheitsoption nicht angenommen werden, damit die entstehende Liebesbeziehung tatsächlich eine Liebes-Beziehung ist und nicht eine Beziehung, die durch überwältigende Macht zustande kommt?

Schleiermachers Liebesverständnis geht davon aus, dass den menschlichen Seelen schließlich das Beste geschieht, das ihnen widerfahren kann, doch scheinen sie dies Beste ganz ungefragt zu erhalten. In welcher Weise und welchem Maß sie hierbei von Schleiermacher gleichwohl als Freiheitswesen verstanden werden, darüber soll abschließend nachgedacht werden.[65]

3 Von der Freiheit des Menschen

In der Welt und der Welt gegenüber ist nach Schleiermacher das menschliche Geschöpf relativ abhängig und also immer auch relativ frei. Und nur, wenn ihm jene relative Freiheit bewusst sei, könne es auch schlechthinnige Abhängigkeit erleben. Wenn Menschen sich ausschließlich als Bestandteile eines mechanisch verstandenen Naturprozesses ansähen und darum „das Bewußtsein der Selbstthätigkeit nur als einen unvermeidlichen Schein behandelten", vernichte dies alle Frömmigkeit; denn diese sei dadurch gekennzeichnet, dass sich der Mensch als relativ selbsttätiges Geschöpf vom Woher seines Seins und seiner Handlungsmöglichkeiten schlechthin abhängig fühle.[66]

Vom Schöpfer allen Seins sei diesem Gefühl gemäß auch die menschliche Selbsttätigkeit selbst schlechthin abhängig, die gleichwohl die Selbsttätigkeit eines je bestimmten einzelnen Menschen sei.[67] Vor allem im Blick auf die Sünde und die Sündentaten eines Menschen ist entscheidend, wie das Verhältnis der menschlichen Selbsttätigkeit zur schlechthinnigen Abhängigkeit zu denken ist. Für Schleiermacher ist klar, dass die Taten, die ein Mensch in Sünde tätigt, die Taten dieses Menschen sind.

Der jeweils tätige Mensch ist nach Schleiermacher ein selbsttätig handelnder und keine Marionette. Er ist nämlich nicht gezwungen so oder so zu handeln. Vielmehr vermag er sich bewusst zu sein, sein Handeln gewählt und selbsttätig ausgeübt zu haben. Und so hält Schleiermacher einerseits fest, dass die Sünde „allemal des Sünders eigne That ist und keines Andern."[68]

---

[65] Zum Freiheitsverständnis Schleiermachers s. auch die Diskussion in Anne Käfer, *Gottes Allmacht und die Frage nach dem Wunder*, v. a. 99–101 (Anm. 14).
[66] *CG* 49, 1, 296.
[67] Die freien Ursachen haben nach Schleiermacher wie die natürlichen auch „ihr Dasein [...] von Gott her" (*CG* 49, Zusatz, 298).
[68] *CG* 81, 2, 500.

Zugleich jedoch stellt Schleiermacher unter Verweis auf die Allmacht Gottes und in Übereinstimmung mit den Reformatoren heraus, dass der Mensch nicht frei ist, zu wollen, was er wollen will. Das Wollenwollen ist stets vorherbestimmt und ein freier Wille nicht möglich. Und so betont Schleiermacher andererseits die Bedingtheit des sündigen Wollens durch den Allmächtigen und gibt an,

> daß die in der mit Ohnmacht behafteten Freiheit begründete Sünde auch als solche von Gott geordnet sei, wenn nicht schlechthin angenommen werden soll, daß die göttliche Wirksamkeit durch etwas nicht von der göttlichen Ursächlichkeit abhängiges könne begrenzt werden.[69]

Solange ein Mensch in Sünde lebt, sei seine Freiheit eine mit Ohnmacht behaftete. Aus dieser „Knechtschaft" werde ein Mensch erst durch das vorherversehene Erlösungshandeln Gottes befreit, für das er qua seines Anknüpfungspunktes empfänglich sei.[70]

Dass der gesamte Lebensvollzug eines Menschen, sowohl sein sündiges als auch sein erlöstes Leben, von Gottes heilbringender Vorhervorsehung abhängig ist, kann erst dem erlösten Menschen zu Bewusstsein kommen. Indem dieser die allmächtige Liebe Gottes selbst erlebt, vermag er Sünde und Übel im geschaffenen Gesamtzusammenhang als zu überwindende Größen zu erkennen und sich vertrauensvoll auf Gottes Handeln zu verlassen.

Wenn er vertrauensvoll einstimmt in seine schlechthinnige Abhängigkeit von Gottes allmächtiger Liebe, bietet ihm diese Gottesbeziehung größte Freiheit.[71] Denn dann lebt er in Freiheit von der Sehnsucht nach erfülltem Leben; dies ist ihm in der Gottesgemeinschaft gegeben. Mit dem stetig werdenden Bewusstsein vollkommener Abhängigkeit von Gottes ewiger Liebe gelangt die Seelenevolution schließlich zur dauerhaften Gemeinschaft mit Gott.

---

[69] *CG* 81, 2, 501. S. hierzu auch Christine Axt-Piscalar, *Ohnmächtige Freiheit*, v. a. 284–285.
[70] *CG* 81, 2, 501.
[71] S. hierzu auch Anne Käfer, „Von der Freiheit einer christlich frommen Seele", in: *Der Mensch und seine Seele. Bildung – Frömmigkeit – Ästhetik. Akten des Internationalen Kongresses der Schleiermacher-Gesellschaft*, Schleiermacher-Archiv 26, hg. v. Arnulf von Scheliha/Jörg Dierken, Berlin/Boston 2017, 313–324, hier v. a. 323–324.

Caroline Teschmer
„Die Seele ist uns nur mit dem Leib gegeben"
Ganzheitlichkeit und Zweigeschlechtlichkeit im Denken Friedrich Schleiermachers

„Die Seele ist uns nur mit dem Leib gegeben." Die Aussage Friedrich Schleiermachers lässt einen Transfer zum einflussreichsten Modefotografen der letzten Jahrzehnte Peter Lindbergh herstellen. Über ihn schrieb die deutsche VOGUE in der Maiausgabe 2017, dass er mit der Kamera nicht nur den Körper sondern auch die Seele einfängt. Die FAZ[1] sprach davon, dass Lindbergh die Seele der Menschen, die er fotografiert, nach außen stülpt und so Körper und Seele sichtbar werden lässt. Für Lindbergh steht dezidiert der Mensch in seiner Vielschichtigkeit mit Leib und Seele im Vordergrund. Dabei lässt er die Grenzen der Geschlechter verschwimmen, spielt mit der Dualität und experimentiert mit Stereotypen. Die Essenz seiner Bilder besteht darin, ins ‚Ungeschminkte' bzw. ins Innere des Menschen zu schauen. Lindbergh setzt der seelenlosen glanzpolierten Oberfläche die Tiefe von Persönlichkeit entgegen, sodass Leib und Seele wie bei Schleiermacher als Einheit verstanden werden.

Im Gegensatz zu Schleiermacher trennt der Reformator Johannes Calvin Leib und Seele strikt. Für Calvin ist die Seele der edlere Teil des Menschen, der über den Tod hinaus Bestand habe.[2] Dieses Seelenverständnis ist in Verbindung mit der Auferstehungsvorstellung sowie der Vorstellung vom ewigen Leben der ‚unsichtbaren' Seele zu sehen.[3] Doch was bedeutet solch eine Vorstellung für das irdische Dasein? Lindbergh idealisiert mit seinen Fotografien Frauen, indem er Seele und Persönlichkeit dezidiert in den Vordergrund stellt. Allein inszenierte Körper auf Fotos scheinen für ihn oberflächlich, langweilig und seelenlos zu sein.

---

[1] https://www.faz.net/aktuell/stil/mode-design/mode/fotograf-peter-lindbergh-die-seele-nach-aussen-gestuelpt-11688409.html (zuletzt aufgerufen am 26.01.2019).
[2] „Weiterhin muß außer allem Streit stehen, daß der Mensch aus Seele und Leib besteht. Dabei verstehe ich unter ‚Seele' ein unsterbliches, wenn auch geschaffenes Wesen, das des Menschen edler Teil ist." Johannes Calvin [1559], *Unterricht in der christlichen Religion. Institutio Christianae Religionis*, hg. v. Matthias Freudenberg, Neukirchen-Vluyn 2008, 96–97.
[3] „Denn wenn auch der ganze Mensch sterblich genannt wird, so ist deshalb die Seele doch nicht zum Tode unterworfen, und wenn anderseits der ganze Mensch ein vernünftiges Wesen heißt, so bezieht sich Vernunft und Verstand doch nicht auch auf seinen Körper!" Calvin 2008, 98 (Anm. 2).

https://doi.org/10.1515/9783110633573-006

Körper und Seele gehören untrennbar zusammen. Diese Untrennbarkeit wird vor allem bei Schleiermacher deutlich.

Schleiermacher geht von einer ganzheitlichen Sicht des Menschen aus und stellt sich gegen die leibfeindlichen Traditionen in Philosophie und Theologie. Des Weiteren greift Schleiermacher die Geschlechterdifferenz in seiner Psychologie, Pädagogik und Ethik auf.

Dargestellt wird im Folgenden die Gleichheit und Zweigeschlechtlichkeit des Menschen.

Damit dieser Zusammenhang deutlich wird, wird zunächst eine Annäherung an das Verständnis von Körper und Geist angestrebt. Im Anschluss daran wird eine Brücke zur Zweigeschlechtlichkeit im Denken Friedrich Schleiermachers geschlagen und abschließend ein Fazit formuliert.

1 Körper und Geist – Anthropologie als Psychologie

In den Vorlesungen Schleiermachers zur Psychologie findet sich eine fragmentarische Anthropologie. Ausgangspunkt seiner Überlegungen ist die leiblich-seelische Einheit des Ich. Dabei ist das Ich „nichts anderes als eine Erscheinung des Geistes unter der Form des Einzellebens und in der Verbindung mit einer bestimmten Organisation."[4]

Schleiermacher geht davon aus, dass sich jede Person auf das erkennbar Gegebene bezogen fühlt und beschreibt das Ich als „Einheit [...] im Wechsel der Erscheinungen."[5]

Die konkurrierenden Dimensionen des Lebens aufnehmend und ausströmend verbindet Schleiermacher mit dem Selbstbewusstsein, das das ‚Ich-Sagen' einschließt. Demnach beschreibt das ‚Ich' „ein Sich-selbst-Fühlen im Prozess des Bestimmtwerdens [...], ein passives Erleiden [...], und gleichzeitig einen Prozess aktiver Selbstsetzung [...]."[6] Das Ich wird dabei nicht spekulativ gesetzt, denn der Ausdruck a priori hat bei Schleiermacher nicht den Geltungsanspruch eines Erkenntnisinhalts, sondern die Gegebenheitsweise eines Erkenntnisstands. Dem Ich

---

[4] Friedrich Schleiermacher, *Psychologie*. Aus Schleiermacher's handschriftlichem Nachlasse und nachgeschriebenen Vorlesungen, hg. v. L. George, Berlin 1862, 39.
[5] Schleiermacher 1862, 415 (Anm. 4). Zum Zitat im Titel des Beitrags s. a.a.O., 407.
[6] Vasile Hristea, „Der erfüllte Augenblick. Schleiermacher als Phänomenologe des Genusses", in: *Der Mensch und seine Seele. Bildung – Frömmigkeit – Ästhetik. Akten des Internationalen Kongresses der Schleiermacher-Gesellschaft in Münster*, September 2015, hg. v. Arnulf von Scheliha/ Jörg Dierken, Berlin/Boston 2017, 325–337, hier 327.

liegt alles Wissen zugrunde und es erscheint als Gegebenheit des Lebens. Das Selbstbewusstsein zielt darauf hin, dass der Mensch sich immer auf einen anderen Menschen bezogen fühlt und das Selbstbewusstsein den Moment niemals ganz ausfüllt.[7] Das Leben des Menschen zeigt sich als leibhaftes Leben von Ich. Schleiermacher begründet dies wie folgt: „Da im Ich nichts zu spalten ist, müssen wir uns nach einem anderem Begriff umsehen und das wird wohl der des Lebens sein."[8] Es zeigt sich eine Bestimmung des Verhältnisses von ‚Leben' und ‚Ich'.[9]

In Bezug auf die Identität ist das Zu-erkennen-Gegebene (des leibhaften Lebens von ‚Ich') von Bedeutung. Dieses schließt alles Äußerliche ein, erschöpft sich jedoch nicht darin, sondern umfasst ‚Ich' in seiner Bezogenheit auf die Umwelt. Darüber hinaus geht die eigene Identität des Zu-erkennen-Gegebenen aufgrund der individuellen Instanzen nicht verloren. Vielmehr gehört dieser Vorgang zur Identität des Menschen. Dabei bildet die Kraft des Eingeschlossenseins die Identität dessen, was jedem Menschen gemeinsam gegeben ist.[10] Jedoch muss eine Differenzierung zwischen dem ‚Ich' und dem jeweiligen ‚Du' vorgenommen werden.[11]

Wenngleich Schleiermacher zu Beginn seiner Psychologie explizit nach der Seele fragt, – „[W]as verstehen wir unter Seele und auf welche Weise glauben wir von der Seele etwas wissen zu können?"[12] – verdeutlicht er in seinen Ausführungen, dass der Mensch sich darauf verlassen muss, dass es etwas gibt, was

---

7 Vgl. Hristea 2017, 327–328 (Anm. 6).
8 Schleiermacher 1862, 415 (Anm. 4).
9 Der Terminus des Lebens „ist das, vermöge dessen das Ich eine Einheit ist im Wechsel der Erscheinungen. Leben verstehen wir nur im Gegensatz mit dem Tode und schreiben Leben demjenigen zu, was im Gegensatz mit dem übrigen den Grund zu seinen Veränderungen zum Theil in sich selbst hat, todt aber nennen wir dasjenige, welches den Grund seiner Veränderungen ganz außer sich hat. Das Leben nur zum Theil. Jede Veränderung hat zugleich einen äußeren Factor, hätte nicht etwas so eingewirkt, so wäre sie anderes geworden. Aber eben so hat auch jede Veränderung des lebendigen einen inneren. Hätte das einwirkende mich nicht so gefunden, so wäre auch die Veränderung eine andere. Eine Thätigkeit ohne äußeren Factor wäre eine solche, die keinen Widerstand fände, also eine unendliche, welche außerhalb unseres Gebiets liegt, die wir nicht anschauen und in der wir auch keinen Abschnitt machen können um einen Wechsel von Zuständen zu setzen." Schleiermacher 1862, 415 (Anm. 4).
10 Vgl. Eilert Herms, „Leibhafter Geist – Beseelte Organisation. Schleiermachers Psychologie als Anthropologie. Ihre Stellung in seinem theologisch-philosophischen System und ihre Gegenwartsbedeutung", in: *Der Mensch und seine Seele. Bildung – Frömmigkeit – Ästhetik. Akten des Internationalen Kongresses der Schleiermacher-Gesellschaft in Münster, September 2015*, hg. v. Arnulf von Scheliha/Jörg Dierken, Berlin/Boston 2017, 217–243, hier 220–221.
11 „Bleiben wir bei dem Ich stehen, so haben wir in unserer Sprache ein Correlatum dazu, das ist das Du." Schleiermacher 1862, 18 (Anm. 4).
12 Schleiermacher 1862, 1 (Anm. 4).

äußerlich nicht wahrnehmbar ist.[13] Die Voraussetzung bildet ‚Ich‘[14], indem der Terminus *Seele* als Konstrukt beschrieben wird und ‚Ich‘ über das Konstrukt Auskunft geben kann. Dem Menschen begegnet das Konstrukt Seele nicht unmittelbar. Vielmehr ist es „der Mensch, denn in diesem ist uns überall das Ich-Sagen gegeben, und wo dies vorkommt, setzen wir die Seele voraus."[15] Sprachliche Konstrukte wie Leib und Seele sieht Schleiermacher als kulturell und historisch geprägt an. Es muss von einer leibseelischen Einheit ausgegangen werden, in der sich das Physische und das Psychische gegenseitig bedingen. Schleiermacher spricht explizit vom ganzen Menschen[16], indem er Leib und Seele nicht trennt, sondern vielmehr voneinander unterscheidet. „[W]ir vermögen aber nicht Seele zu denken ohne auf Leib zurückzugehen, und ebenso hört auch in unserer Sprache der Gebrauch des Ausdrucks Leib sogleich auf, sobald wir von der Seele absehen."[17]

Es können keine Tätigkeiten der Seele ohne den Leib vollzogen werden. Der gesamte Außenweltbezug des Menschen wird über den Leib vermittelt. Die sinnliche Wahrnehmung spielt dabei eine wesentliche Rolle. Deswegen fokussiert Schleiermacher in seiner Anthropologie den ganzen Menschen, die Unterscheidung zwischen Leib und Seele wird zwar aufgegriffen, führt allerdings nicht zu einer Separierung. Betont wird vielmehr ihre Zusammengehörigkeit und ermittelt wird die jeweilige relative Dominanz in unterschiedlichen Lebenszusammenhängen. „[D]er Mensch besteht aus Leib und Seele, so führt uns das auf den Begriff der Zusammensetzung [...]; wir denken Leib und Seele zunächst für sich, und wenn beides zusammenkommt und eins wird, entsteht der Mensch."[18]

Demzufolge ist mit dem Leben des Ich uns zu erkennen gegeben nicht nur das Leben des Leibes, sondern gleichsam auch das Leben der Seele, sodass es sich um eine Wechselbeziehung zwischen Leib und Seele handelt.

---

13 „[W]ir müssen uns umgekehrt darauf verlassen, daß es etwas giebt, was nicht äußerlich wahrnehmbar, sondern für einen jeden ein rein innerliches ist, [...]." Schleiermacher 1862, 3 (Anm. 2).
14 „Hier stoßen wir nun gleich auf etwas, was sich dazu darbietet, nämlich Ich, denn ich wage nicht zu fragen: das Ich, weil in dem Artikel schon eine nähere Bestimmung liegt, ohne daß wir sagen könnten, was wir damit meinen. Nun ist soviel gewiss, daß wo das Ich-setzen gar nicht vorkommt, auch keine Sicherheit darüber gegeben ist, ob unser Gegenstand, nämlich die Seele vorhanden ist, (ich sage nicht, dass da keine ist, denn das wäre schon zu viel behauptet), wo aber im Gegentheil dies sich findet, da nehmen wir die Seele an." Schleiermacher 1862, 3 (Anm. 4).
15 Schleiermacher 1862, 3 (Anm. 4).
16 Vgl. Schleiermacher 1862, 22 (Anm. 4).
17 Schleiermacher 1862, 7 (Anm. 4).
18 Schleiermacher 1862, 5 (Anm. 4).

> Die Seele ist dann nichts anderes als eine Art und Weise des Seins des Geistes [...] im Zusammenhang mit einem [...] organischen Leibe, [...] die eben dadurch zu einer Zeit an das Organische als ein äußerlich gegebenes gebunden ist, [und] eine Erscheinung des Geistes in Verbindung mit der Organisation [darstellt].[19]

Demzufolge muss die Anthropologie Schleiermachers als Psychologie[20] sowie als Physiologie verstanden werden. Doch stellen die aufgezeigten Disziplinen keinen Dualismus dar, sondern eine gleichwertige Anthropologie unter der Betrachtung jeweils verschiedener Gesichtspunkte. „Dies führt dahin, daß die Psychologie nichts anderes ist, als die ganze Anthropologie aus dem Gesichtspunkt des Geistes betrachtet, ebenso wie die Physiologie dasselbe umgekehrt ist von dem des Leibes aus gesehen."[21] Dabei soll die Anthropologie nicht geteilt werden, sondern in jedem Moment zusammengefasst werden.

Schleiermacher ist der Überzeugung, dass der Mensch nicht eine Seele hat, sondern die Seele ist. Somit ist die Psychologie nichts anderes als die ganze Anthropologie unter dem Gesichtspunkt der Erscheinung des Geistes in einer bestimmten Leibhaftigkeit. Schleiermacher betont, dass „das geistige Prinzip in seiner ganzen Entwicklung"[22] kennengelernt werden soll. Wenngleich die Seele dezidiert als eine Erscheinungsweise des Geistes betitelt wird, ist diese jedoch an den Leib gebunden.[23]

Anthropologisch kann bei Schleiermacher von einer Sorge um Leib und Seele gesprochen werden, da der Mensch nicht nur als Körper, sondern ausschließlich im Zusammenhang mit seinem geistigen Vermögen gesehen werden kann.[24] Von der Seele des Menschen als sittliches Wesen spricht Schleiermacher stringent im Rahmen der Vernunft, sodass die Vernunft als Seele verstanden werden kann.

---

19 Schleiermacher 1862, 30–31 (Anm. 4).
20 Es geht in der Psychologie darum, das „geistige Princip, welches durch das ganze Leben hindurch geht, auf einer bestimmten Stufe, der einzigen, die uns wirklich gegeben ist, anzuschauen und davon auf das allgemeine auszugehen. Die spekulativen Blikke sind also der eigentliche Hauptzwekk der Psychologie. Die Psychologie ist also auf der einen Seite ein Bruch (nicht ein organischer Theil) der Anthropologie, auf der anderen ein Glied in der Reihe der Pneumatologie." Schleiermacher 1862, 407 (Anm. 4).
21 Schleiermacher 1862, 33 (Anm. 4).
22 Schleiermacher 1862, 410 (Anm. 4).
23 Vgl. Schleiermacher 1862, 30–31 (Anm. 4).
24 „Die sittliche Anschauung setzt nun den Menschen, soweit ihn die theoretische Philosophie als Natur giebt, mit seinem geistigen Vermögen als Leib und setzt diesem als Seele entgegen die Freiheit des Vermögens der Ideen, d. h. als regierenden Trieb, welcher zu allen Tätigkeiten jener andern die hervorbringende und ordnende Ursache ist." Friedrich Schleiermacher, *Brouillon zur Ethik* [1805/06], hg. v. Hans-Joachim Birkner, Hamburg 1981, 6.

Explizit wird von der „Beseelung der menschlichen Natur durch die Vernunft"[25] ausgegangen. Dabei wird Reales und Ideales in der Beseelung der Natur durch die Vernunft vereint.[26] Differenzierend nimmt Schleiermacher eine Nuancierung zwischen der beseelenden Vernunft und der Vernunft in der Beseelung vor. Die Beseelung umfasst die Einwohnung der Vernunft in die Natur, sodass ein Einssein mit dem natürlichen Leben erfolgt. „Die Vernunft soll Seele sein. Das beseelende Princip bildet, erhält sich Leib und Leben: wir müssen also die Vernunft finden als sich die menschliche Natur aneignend und sich nun als Seele mit dem Ganzen in Wechselwirkung erhaltend."[27]

Konstatiert werden kann, dass die Vernunft nur als Seele des Einzelnen zu betrachten ist. Die Seele wird als die geistige Seite bezeichnet, der Leib im Gegensatz dazu als reale Seite. Innerhalb des Einsseins von Leib und Seele stellt der Leib die Natur als Prinzip der Passivität und die Seele die Vernunft als Prinzip der Aktivität dar. Die Betonung liegt auf dem Einssein, sodass es sich nicht um ein Wechselverhältnis zweier getrennter Sachverhalte handelt. Vielmehr erfolgt innerhalb der Einheit von Passivität und Aktivität ein abbildliches Sein, sodass vom Leben im Werden gesprochen werden kann. Psychologie und Physiologie bilden nach Schleiermacher den integralen Bestandteil seiner Anthropologie. Der Mensch ist ein Künstler[28] seiner Selbst und muss für Leib und Seele Sorge tragen.[29]

Schleiermacher macht deutlich, dass zur Gestaltung des Selbst sowohl die geistige als auch die leibliche Gymnastik gehört. Gymnastische Übungen beispielsweise bieten die Gelegenheit, „das körperliche zu üben und zu entwikkeln; denn bei der Uebung der Sinne, [...] tritt immer auch das Körperliche hervor."[30]

---

[25] Schleiermacher 1981, 11 (Anm. 24).
[26] „Nur durch sie kommt zu dem Werden ein Sein, zu dem schlechthin Besonderen ein wahrhaft Allgemeines. Denn das ursprüngliche Objekt ist kein anderes als das Ganze, jenes andere kann uns wieder in der Wahrnehmung verschwinden, und das ursprünglich Allgemeine ist nichts andres als die gegenseitige Auflösung des Idealen und Realen in einander." Schleiermacher 1981, 75 (Anm. 24).
[27] Schleiermacher 1981, 9 (Anm. 24).
[28] „[A]lle Menschen sind Künstler." Schleiermacher 1981, 108 (Anm. 24).
[29] Vgl. Kirsten Huxel, *Ontologie des seelischen Lebens*, Tübingen 2004, 159; vgl. Anne Steinmeier, „Poetik der Seele. Überlegungen zur Seelsorge im Horizont moderner Lebenswelten", in: *Leibbezogene Seele?*, hg. v. Jörg Dierken/Malte Dominik Krüger, Tübingen 2015, 195–217, hier 204.
[30] Friedrich Schleiermacher, *Erziehungslehre. Aus Schleiermacher's handschriftlichem Nachlasse und nachgeschriebenen Vorlesungen*, hg. v. C. Platz, Berlin 1849, 338.

2 Zweigeschlechtlichkeit im Denken Friedrich Schleiermachers

Philosophisch und theologisch greift Schleiermacher das Konzept der Geschlechterdifferenz auf.[31] Danach vertritt er die polare Ergänzungstheorie der Geschlechterdifferenz und hält an der Struktur des ‚anderen' fest. Einerseits wird eine Aufwertung der Weiblichkeit sichtbar, indem Frauen als Subjekte und in ihrem Bildungsverlangen wahrgenommen werden. Andererseits wirken die Aussagen über Geschlechterverhältnisse und Weiblichkeitsvorstellungen dem Zeitgeist des 19. Jahrhunderts angepasst. Schleiermacher spricht explizit von einer Geschlechterdifferenz.[32]

Dabei geht er von einer der Person formenden Naturbestimmung oder einer äußeren Bedingtheit aus. Die Naturfunktion der Reproduktion differenziert sich darin komplementär aus. Obgleich die Geschlechterdifferenz auf die Seite der Natur und nicht auf die der Vernunft gehört, wird sie gleichsam zum Organ der Vernunft durch die Ehe als ethische Grundkraft. Wichtig ist, dass es sich um eine leibliche Bestimmung des individuellen Menschen handelt und sich die Geschlechterdifferenz in einer spezifischen Ausformung zeigt. Schleiermacher versteht die Differenzierung nicht als Hindernis, sondern als Dynamik, die die individuelle Person zur Überschreitung ihrer Partikularität antreibt. Bei der Bestimmung des Wesens der Geschlechterdifferenz orientiert sich Schleiermacher an der abendländischen Tradition und an seinen Zeitgenossen, sodass von einer Rezeptivität des Weiblichen und einer Spontaneität des Männlichen ausgegangen wird. Die Geschlechtsorgane dienen dabei als zentrale Bestimmungspunkte. Schleiermacher betont stetig die Durchgängigkeit der Geschlechtsdifferenz durch alle Körperorgane und die damit verbundene Bedeutung für das Seelenleben und seine Entwicklung.[33] Daraus werden weiterführend Zuordnungen von Vernunftaktivitäten entwickelt. Die Geschlechtscharaktere entsprechen den ethischen Leitdualen der Identität und Eigentümlichkeit bzw. des Erkennens und Bildens. In diesem Sinne fügt Schleiermacher seine zeitgenössischen Vorstellungen von Männlichkeit und Weiblichkeit in sein vorgenommenes ethisches Schema ein.

---

31 Dieser Kontext ist in jüngster Zeit durch Elisabeth Hartlieb gut erforscht worden (s. Anm. 34).
32 Schleiermacher verwendet neben dem Terminus ‚Geschlechtsdifferenz' gleichsam den Begriff ‚Geschlechtscharakter'. Beim Wechsel der Begrifflichkeiten wird keine inhaltliche Veränderung vorgenommen, sondern eine Präzisierung.
33 Schleiermacher 1981, 55 (Anm. 24); vgl. Friedrich Schleiermacher [1812/13], *Ethik mit späteren Fassungen der Einleitung, Güterlehre und Pflichtenlehre*, hg. v. Hans-Joachim Birkner, Hamburg 1981, 81–82.

Dabei ist die Persönlichkeit keine Gegebenheit, sondern ein Ergebnis des ethischen Prozesses, zu dessen Bestimmung die Geschlechterdifferenz als übergeordnete Naturfunktion dazugehört.[34] Die Geschlechterdifferenz ist in Bezug auf ihre leibliche Seite nicht ausschließlich auf das System der Geschlechtsorgane beschränkt. Die psychische Seite der Geschlechterdifferenz wird hierbei als ursprünglich betrachtet und kommt nicht von außen hinzu. Vielmehr bezeichnet sie eine Individualisierungsform des Menschlichen. Schleiermacher geht nicht von einer quantitativen Unterscheidung der geistigen Entwicklung aus, sondern von einer qualitativen Ungleichheit des seelischen Lebens. Die Lebenssphären der Geschlechter werden von Schleiermacher als ein ineinandergreifendes Zusammenwirken von Haus und Öffentlichkeit dargestellt, indem beide Geschlechter einen spezifischen Beitrag für das Zusammenleben leisten.[35]

2.1 Geschlechterdifferenz, Ehe und Freundschaft

Deutlich wird eine Arbeitsteilung innerhalb des zweigeschlechtlichen Verhältnisses der Ehe. Schleiermachers Darstellung über die Ehe basiert auf einem komplementär-egalitären Geschlechtermodell, das keine interne Hierarchie aufweist. Im Hinblick auf das gesellschaftliche Außenverhältnis wird jedoch eine geschlechtsspezifische Zuordnung betont, da nur den Männern eine Leistungsfähigkeit zugeschrieben wird. Die Theorie der Ehe muss ihm Rahmen des gesamtethischen Ansatzes betrachtet werden. Die Sittlichkeit wird dabei als Vergesellschaftung autonomer Subjekte konzipiert, da sich ein Individuum nur innerhalb eines sozialen Gefüges sittlich bilden kann. Hervorgehoben werden muss, dass die Geschlechtscharaktere durch die Zuordnung von Familie und der freien Geselligkeit zur Privatsphäre in den Bereich der Frau fallen und Institutionen wie Staat, Kirche, Akademie in den Handlungsbereich des Mannes. Das von Schleiermacher angestrebte Konzept der wechselseitigen Ergänzung von Mann und Frau verdeutlicht eine Teilhabe an der Bildung des Menschen. Über die gesamte Menschheitsgeschichte hinweg zeigt Schleiermacher die deutlich vorangehende Funktion des Mannes und die damit verbundene nachfolgende Funktion der Frau auf. Es wird dezidiert von der bürgerlichen Geschlechtsordnung ausgegangen, die ihr Gegründetsein in der Natur der Geschlechtscharaktere

---

34 Vgl. Elisabeth Hartlieb, *Geschlechterdifferenz im Denken Friedrich Schleiermachers*, Berlin 2006, 181–182.
35 Vgl. Huxel 2004, 214 (Anm. 29).

deutlich macht.³⁶ Die Entfaltung der Frau kann nach Hartlieb im Zusammenhang des Geschlechtscharakters verstanden werden, welcher sich mit dem Mann ergänzt, sodass eine Harmonisierung der individuellen und universalen Ziele erfolgt. Dabei ist zu beachten, dass eine Ergänzung nicht aufgrund der komplementären Geschlechtsgemeinschaft zustande kommt, sondern allein durch die Ehe.³⁷ Schleiermacher betont den Zusammenhang mit den verschiedenen Differenzen der Einzelseelen, indem er von der „Ungleichheit der Ungleichheiten"³⁸ spricht. Dabei wird eine Variationsbreite ersichtlich.

Der Terminus der Geschlechterdifferenz taucht demzufolge nicht nur als Merkmal der Verschiedenheit von männlich und weiblich auf, sondern fungiert gleichsam als grundlegender Leitbegriff im Denken Schleiermachers. Schleiermacher beschäftigt sich immer wieder vor dem Hintergrund gesellschaftlicher Normen und Konventionen mit dem ganzheitlichen Begriff von Liebe, einem Ideal von Freundschaft, der individuellen Beziehung zwischen Mann und Frau in Verbindung mit der Qualität ihrer sinnlichen und geistigen Liebe.

Im Mittelpunkt steht die Liebe zwischen Mann und Frau. Im Gegensatz zu Friedrich Schlegel³⁹ spricht Schleiermacher sich neben der Liebe auch für die Freundschaft zwischen Mann und Frau aus. Allerdings unter dem Vorbehalt, dass Mann und Frau in einer erfüllten Liebesbeziehung leben müssen. Im Unterschied zur Liebe zielt die Freundschaft nicht auf eine komplementäre Ergänzung, sondern vielmehr auf die Ausbildung der Andersheit des anderen. Im Gegensatz zur Freundschaft stellt Liebe die Verschmelzung zu einer Person aufgrund der Geschlechterdifferenz dar. Demgegenüber zeichnet sich Freundschaft durch Individualität und den wechselseitigen Austausch bei bleibender Personalität und Individualität aus. Folglich beinhaltet eine heterosexuelle Beziehung Elemente der Liebe und Freundschaft, die darüber hinaus eine kategorial andere Gemeinsamkeit intendiert.⁴⁰ Gesellschaftlich umstritten ist die Möglichkeit einer Freundschaft, „ohne in das Kolorit der Liebe zu spielen"⁴¹. Im Katechismus der Vernunft für edle Frauen schreibt Schleiermacher: „Du sollst keinen Geliebten

---

36 Vgl. Hartlieb 2006, 182–184, 187–188, 190 (Anm. 34).
37 Hartlieb 2006, 184 (Anm. 34).
38 Schleiermacher 1862, 415 (Anm. 4).
39 Vgl. Friedrich Schlegel, *Dichtungen*, hg. v. Hans Eichner, München u. a. 1962. Schlegels Roman „Lucinde" beschreibt die männliche Identitätsentwicklung des Protagonisten Julius. Aufgezeigt werden die Erfahrungen unterschiedlichster Frauenbeziehungen, bis er zu einer sinnlichen und geistigen Liebesbeziehung mit der „echte Weiblichkeit" verkörpernden Lucinde gelangt. Vgl. Hartlieb 2006, 122 (Anm. 34).
40 Vgl. Hartlieb 2006, 127 (Anm. 34).
41 Friedrich Schleiermacher [1796–1799], *Idee zu einem Katechismus der Vernunft für edle Frauen*, KGA I/3, hg. v. Günter Meckenstock, Berlin/New York 1984, 153.

haben neben ihm: aber du sollst Freundin seyn können, ohne in das Kolorit der Liebe zu spielen und zu kokettieren oder anzubeten."[42] Schleiermacher zeigt in seinen ‚Vertrauten Briefen' ein Idealbild der Liebe zwischen Mann und Frau. Diese beinhaltet zugleich Sinnlichkeit und Geistigkeit. Die komplementäre Polarität der Geschlechterdifferenz initiiert eine produktive Dynamik, die Mann und Frau als Liebende zu einer Einheit zusammenführt und bei der die sinnlich-geistige Vereinigung ein Moment der göttlichen Präsenz darstellt. Demzufolge hat die Liebe nicht nur eine sexuell-erotische Bedeutung, sondern gleichsam eine unmittelbare Gotteserfahrung.

Die Vereinigung der Liebe zwischen Mann und Frau geht mit einem Totalitätsmoment einher, das der Freundschaft fehlt und rein auf der polaren Symmetrie der Geschlechter beruht. Der höchste Moment der Liebe ist nach Schleiermacher das Vertauschen des Bewusstseins und das Hineinversetzen in den anderen.[43]

Ohne die gegenseitige Einwirkung von Mann und Frau bleiben diese als individuelle Person unvollendet. Angestrebt wird die Komplementarität im wechselseitigen schöpferischen Bildungsprozess, der durch die Liebe von Mann und Frau nicht nur angestoßen, sondern auch vollendet wird. Erkennbar ist ein vertrautes Muster, indem Frauen auf Männer zentrierend und Männer auf Frauen anregend wirken. Es geht um ein Überschreiten der Einseitigkeiten des Geschlechtscharakters und der Geschlechterrollen hin zu einer gemeinsamen höheren Menschlichkeit. Schlegel schildert in der *Lucinde* genau dieses Überschreiten der Grenzen. So schreibt er:

> [W]enn wir Rollen vertauschen und mit kindischer Lust wetteifern, wer den andern täuschender nachäffen kann, ob dir die schonende Heftigkeit des Mannes besser gelingt, oder mir die anziehende Hingabe des Weibes. [...] Ich sehe hier eine wunderbare sinnreich bedeutende Allegorie auf die Vollendung des Männlichen und Weiblichen zur vollen ganzen Menschheit.[44]

Der geschlechtsspezifische Bildungsprozess der Liebe beruht in der Regel auf der traditionell festgelegten Geschlechterpolarität. Demgegenüber zeigt Schlegel eine wechselseitige Bildung zur Menschlichkeit auf und treibt den gegenseitigen Wechsel des Bewusstseins und des Tauschs der erotischen Geschlechterrollen

---

42 Schleiermacher 1984, 153 (Anm. 41).
43 Vgl. Hartlieb 2006, 129 (Anm. 34); vgl. Friedrich Schleiermacher [1800], *Vertraute Briefe über Friedrich Schlegels Lucinde*, KGA I/3, hg. v. Günter Meckenstock, Berlin/New York 1984, 201.
44 Schlegel 1962, 12–13 (Anm. 39).

voran. Schlegel kokettiert mit einem spielerischen Rollenwechsel und einer spekulativen Transzendierung des Geschlechtscharakters.[45]

Schleiermacher geht in seinen ‚Vertrauten Briefen' nicht weiter darauf ein. Er bezeichnet die Geschlechterdifferenz der gesamten Menschheit als Hülle, die ihre Einheit verbirgt. So schreibt Schleiermacher: „Ich glaube an die unendliche Menschheit, die da war, ehe sie die Hülle der Männlichkeit und der Weiblichkeit annahm."[46] Die Aufhebung der Geschlechterdifferenz im Rollentausch oder im Ideal der Androgynie stellt für Frau und Mann kein Ziel aber den Ausgang als Individuum dar.

2.2 Entfaltung der Geschlechterdifferenz

Im Hinblick auf Geschlechterrollen und Geschlechtsidentität hat Schleiermacher eine klare Vorstellung von Männlichkeit und Weiblichkeit, die konventionell ist und dennoch zeigt sich beispielsweise ein Unterschied zu Jean-Jacques Rousseau. Nach Rousseau sind Mann und Frau in ihren natürlichen Unterschieden und in ihren klar definierten Rollen aufeinander bezogen. Frauen haben sich dem Mann unterzuordnen. „Wenn sich die Frau darüber beklagt, daß die Ungleichheit zwischen ihr und dem Mann ungerecht ist, so hat sie unrecht. Diese Ungerechtigkeit ist keine menschliche Einrichtung, zu mindestens nicht das Werk eines Vorurteils, sondern das der Vernunft."[47]

Schleiermacher beeindruckt an Frauen nicht das Ideal einer lieblichen, zurückhaltenden und sich unterordnenden Haltung, sondern eine intellektuell anregende, schlagfertige, gebildete Frau, die mit gesellschaftlicher Gewandtheit und Lebhaftigkeit umzugehen weiß.[48] Den Geschlechtsunterschied bezieht Schleiermacher auf den gesamten Körper.

Er spricht explizit von der Individualität des Menschen und führt in diesem Zusammenhang als besondere Struktur den „Geschlechtscharakter"[49] ein. Der ‚Geschlechtscharakter' bezeichnet bei Schleiermacher ein klar bestimmbares Theorieelement seiner Ethik, indem der Terminus strukturell die Individualität mit einschließt.[50] Der ‚Geschlechtscharakter' bezieht sich auf die gesamte Physis

---

45 Vgl. Hartlieb 2006, 124–125 (Anm. 34).
46 Schleiermacher 1984, 14 (Anm. 41).
47 Jean-Jacques Rousseau [1762], *Emile oder die Erziehung*, UTB 115, übers. v. Ludwig Schmidts, Paderborn u. a. [11]1993, 390.
48 Vgl. Hartlieb 2006, 71, 73 (Anm. 34).
49 Schleiermacher 1981, 81 (Anm. 24).
50 Vgl. Hartlieb 2006, 142–144 (Anm. 34).

und Psyche des Menschen und nicht allein auf die Geschlechtsorgane und -funktionen. Dennoch nehmen die Geschlechtsorgane eine hervorgehobene Position ein. Nach Schleiermacher lässt sich das Wesen des männlichen und weiblichen ‚Geschlechtscharakters' am prägnantesten an den Organen und deren Funktion erkennen, da diese Funktionen das ursprüngliche Sein der Vernunft in der Natur darstellen. Beispielsweise sind das Gefühl und die Aneignung im Bereich des eigentümlichen Erkennens weiblich konnotiert, die Fantasie und Invention dagegen männlich. Das eigentümliche Bilden nach Sitte ist dem Weiblichen und das eigentümliche Bilden über die Sitte hinaus dem Männlichen zugeschrieben.[51] Schleiermacher zeigt zum einen eine auf das Einzelwesen abhebende Beschreibung des Männlichen und des Weiblichen auf. Zum anderen findet sich eine Definition des Terminus, der die zentralen Elemente und die damit einhergehende Bedeutung komprimiert benennt:

> Die Geschlechterdifferenz ist [eine] allgemeine irdische Naturform, ob weiter verbreitet oder auch auf der Erde nur auf Perioden eingeschränkt, wissen wir nicht. Bezogen auf die Duplizität in der allgemeinen Form des Lebens. In der Vernunft an sich nicht gegründet, aber von der Vernunft gleich gebraucht, um die Einseitigkeit des Charakters zu dämpfen. Dies ist die ethische Seite des Geschlechtstriebes, der sich aus der Entfremdung entwickelt.[52]

Es zeigt sich deutlich, dass es sich um eine leibliche Bestimmung der Einzelperson handelt – wenngleich deren Erstreckung im Blick auf die Welt nur für die irdische Natur in ihrer bisherigen Verfasstheit geltend gemacht werden kann.

Nach Schleiermacher umfasst die Geschlechtsgemeinschaft nicht mehr als zwei Personen.[53] Konkret stellt dabei der Koitus eine Einswerdung zweier Personen dar. Den sexuellen Akt versteht Schleiermacher als Befriedigung einer stringenten Verschmelzungssehnsucht auf physischer und psychischer Ebene. Für Schleiermacher ist das Spezifische der Geschlechtsgemeinschaft das Einswerden des Bewusstseins, verbunden mit der permanenten Einswerdung des Lebens auf der Naturebene.[54] Bei Schleiermacher findet sich eine konsequente

---

51 Vgl. Schleiermacher 1981, 82 (Anm. 24).
52 Schleiermacher 1981, 80 (Anm. 24).
53 Fokussiert wird explizit die Zweierbeziehung einer Frau und eines Mannes. Dabei stellt die Ehe eine elementare sittliche Lebensform dar. In der Bestimmung der Ehe liegt der Gedanke der Geschlechterdifferenz als Naturbestimmung. Die Geschlechtsgemeinschaft wird dabei mit der zeitlichen Bestimmung der Unauflöslichkeit ergänzt. Die Unauflöslichkeit lässt sich davon ableiten, dass aus der Vereinigung von Mann und Frau als Ehepartner ein gemeinsames geistiges Leben entsteht, das keine Trennung zulässt. Dabei stellt die ethische Bedeutung der Ehe eine Überschreitung der individuellen Persönlichkeit dar. Allein die Ehe ist die ethische Antwort auf die Geschlechterdifferenz und den Geschlechtstrieb. Vgl. Hartlieb 2006, 170–172 (Anm. 34).
54 Vgl. Schleiermacher 1981, 82 (Anm. 24).

Ablehnung der Homosexualität. Eine derartige Form der Anziehung ist nicht auf eine dauerhafte, für Schleiermacher wichtige Vereinigung mit Kindern ausgerichtet und demzufolge unsittlich.[55]

Wenngleich Schleiermacher selbst den Terminus ‚Homosexualität' nicht verwendet, spricht er doch von einer „Befriedigung der Geschlechtsfunction"[56], sodass aufgrund seiner strikten Theorie der Geschlechterdifferenz und des Geschlechtscharakters die „Befriedigung der Geschlechtsfunction innerhalb desselben Geschlechts" eine unnatürliche Erscheinung sowie eine Fehlentwicklung des ‚Geschlechtscharakters' darstellt.[57] Deutlich wird das moderne Denken Schleiermachers, da er sexuelle Vielfalt in den Blick nimmt, aufgrund der gegebenen gesellschaftlichen Verhältnisse allerdings nicht weiter beachtet und in den Strukturen des Zeitalters denkt.

Bei aller Differenzierung konstatiert Schleiermacher die Gleichheit von Mann und Frau. „Es ist [...] kein Geschlecht besser oder schlechter als das andere."[58] Weiter schreibt er: „Mithin haben wir keine qualitative Ungleichheit vorauszusetzen, aber auch, wenn man nicht hinnehmen will, daß sich beides auch eben so leicht umkehren ließe, keine qualitative Gleichheit."[59] Deutlich wird ein Bemühen, die Geschlechterdifferenz nicht hierarchisch darzustellen. Das Hauptaugenmerk liegt auf der Idee einer funktionalen Differenzierung der männlichen und weiblichen Einflussbereiche, die sich im Hinblick auf die Gesamtentwicklung in der Waage halten sollen. Interessant ist, dass Schleiermacher in Bezug auf die Entwicklung des Menschen nicht von einer einseitigen Einflussnahme ausgeht, sondern deutlich hervorhebt, „daß sich in der That beide Geschlechter in Beziehung auf die Entwicklung des menschlichen Geschlechts vollkommen gleichstellen."[60] Die Geschlechtsunterschiede müssen funktional begründet werden,

---

55 „§ 24. Die vage und momentane Geschlechtsgemeinschaft ist unsittlich, weil sie Vermischung und Erzeugung trennt; frevelhafter, wenn das Psychische des Geschlechtstriebes mit concurirt, wenn der physische Reiz allein wirkt. § 25. Die Befriedigung der Geschlechtsfunktion innerhalb desselben Geschlechts ist unnatürlich schon innerhalb der physischen Seite selbst und kann [...] durch nichts dazukommendes Ethisches veredelt werden." Schleiermacher 1981, 84 (Anm. 24).
56 Schleiermacher 1981, 82 (Anm. 24).
57 Hartlieb hebt zu Recht hervor, dass die Verwendung des Terminus Homosexualität in diesem Zusammenhang bedacht werden muss, da Homosexualität im Sinne einer sexuellen Orientierung, als Teil der Identität im Blick auf Schleiermacher einen Anachronismus darstellt und der Terminus erst Mitte des 19. Jahrhunderts im Kontext der neu entstandenen Sexualwissenschaft etabliert wurde. Vgl. Hartlieb 2006, 173 (Anm. 34).
58 Schleiermacher 1862, 481 (Anm. 4).
59 Schleiermacher 1862, 556–557 (Anm. 4).
60 Schleiermacher 1862, 295 (Anm. 4).

sodass sich keine qualitative Ungleichheit zeigt. Frauen und Männer ergänzen sich in ihrem Miteinander.[61] Wenngleich Schleiermacher in seiner Psychologie von der bürgerlichen Geschlechtsordnung ausgeht, entkräftet er die Annahme, dass Frauen weniger bedeutend sind als Männer. Konkret verfolgt er das Argument der indirekten, aber unberechenbaren Einflussnahme von Frauen aus ihrer häuslichen Position heraus auf das öffentliche Leben. „Es ist oft sehr anschaulich, wie die Frauen rein durch das gesellige Leben auf das Ganze der allgemeinen Angelegenheiten einwirken und nur vermittelst des Gefühls und der ausschließlichen Richtung auf das individuelle."[62] Bei der Geschlechterdifferenz geht Schleiermacher von einer ‚Naturbasis' (Schwangerschaft, Geburt, Stillen) aus. Dabei legitimiert die Naturbasis nicht die Ungleichheit der Frau. Sie zeigt nur die Beschränkung der Frau auf die häusliche Sphäre auf. Die Ungleichheit und Abhängigkeit der Frau wird allein mit der Natur begründet. Die Betrachtung der Frau beschränkt sich auf den häuslichen Bereich. Dabei geht Schleiermacher nicht von einer Ungleichheit aus, sondern von einem Phänomen einer mangelnden kulturellen Entwicklung.[63] Neben der Trennung der Aufgabenbereiche zeigt Schleiermacher eine Grunddifferenz bezüglich des subjektiven Bewusstseins und des Gefühls bei Frauen auf. Im Gegensatz dazu dominiert bei Männern das objektive Bewusstsein. Daraus wird der Unterschied innerhalb der geistigen Tätigkeiten abgeleitet. „Menstruation und Schwangerschaft haben nur einen auf Zeiträume beschränkten Einfluß und können nur bewirken, daß Frauen ein weniges hinter gleich begabten Männern zurückbleiben, während sie doch über die geringeren hervorragen könnten."[64]

Frauen dominieren dabei im Bereich der Religiosität und bleiben in der Spekulation zurück.[65] Religion und Gefühl verknüpft Schleiermacher ausdrücklich mit Weiblichkeit. Dabei verbindet sich mit dem Gefühl als explizit weibliche Domäne einerseits die Nähe zum Sinnlichen und andererseits die Betonung zur Innerlichkeit. Jede Anschauung ist mit einem Gefühl verbunden. Das Gefühl entsteht durch das Zusammenspiel von Leib und Seele.

---

61 „Das eigentliche Verhältnis beider ist aber das zwischen Haus und Öffentlichkeit." Schleiermacher 1862, 556 (Anm. 4).
62 Schleiermacher 1862, 300 (Anm. 4).
63 Vgl. Hartlieb 2006, 199 (Anm. 34).
64 Schleiermacher 1862, 556 (Anm. 4).
65 Vgl. Schleiermacher 1862, 480 (Anm. 4).

3 Geschlechterdifferenzierte Anthropologie als Paradigma – ein Fazit

Schleiermachers Anthropologie ist einerseits vormodern, andererseits modern. In gewisser Hinsicht reproduziert er traditionelle Muster, wenn er Männer und Frauen als wesenhaft verschieden beschreibt und die Geschlechterdifferenz anthropologisch verankert. Danach sind Frauen durch Empfangen, Sensibilität, Gefühl und höheres Gefühl charakterisiert, Männer dagegen durch Zeugen, Muskelkraft, Anschauung und Denken. Auf der anderen Seite geht Schleiermacher von einer strikten Egalität der Geschlechter aus, von der aus die Differenzen als bloß funktionale erscheinen. Diese vor allem funktionale Verschiedenheit bildet für ihn die Basis der gesellschaftlichen Ordnung, indem das Weibliche als Ergänzung des Männlichen verstanden wird und für die Erfassung der Lebensvorgänge dem Dual von Spontaneität und Rezeptivität entspricht. Schleiermacher transformiert die implizite Hierarchie in eine funktionale Differenz unter Berücksichtigung komplementärer Egalität. Die wie selbstverständlich wirkende Egalität von Männlichkeit und Weiblichkeit ergibt sich aus der Anwendung seines egalitären Modells der Freundschaft. Schleiermacher schätzt das Weibliche und dennoch hält er an der bürgerlichen Geschlechterordnung der Zeit und deren geschlechtsspezifischen Zuordnung fest, sodass Frauen mit dem deutlichen Verweis auf die Wesensverschiedenheit der Geschlechter Tätigkeiten außerhalb des Hauses verwehrt bleiben. Den Bereich der Religion schreibt Schleiermacher eindeutig Frauen als natürlich gegeben zu. Anthropologisch ist die Religion im Gefühl verortet und demzufolge ein spezifisch weiblicher Bereich. Trotz aller Kritik zeigt Schleiermacher eine hohe Wertschätzung gegenüber Frauen und der Weiblichkeit auf, die nicht nur den männlichen Vollkommenheitsfantasien dient. Schleiermacher erhebt die explizite Charakterisierung des Weiblichen zu einem wichtigen Theoriebegriff seiner Theologie, da er die weibliche Kodierung des Gefühlsbegriffs in seinem Religionsverständnis übernimmt. Religion im engeren Sinne ist ein Bereich, der zunächst einmal unter der Signatur des Weiblichen steht. Schleiermacher unterscheidet zwischen weiblicher Frömmigkeit und männlicher Theologie – da die Wissenschaft und damit auch die Theologie männlich konnotiert ist. In der Pädagogik und Psychologie wird mehrfach betont, dass sich bei Frauen die religiöse Betätigung ausschließlich auf den Bereich des Hauses und die Familie beschränkt. Die Geschlechterdifferenz gehört für Schleiermacher explizit zum Menschsein und stellt demnach einen zentralen anthropologischen Begriff dar.⁶⁶ Die anthropologische Zuweisung von Religion unter der Voraussetzung der Geschlechterrollen zeigt ein theoretisch-abstraktes Konstrukt auf, weil sich Geschlechtermodelle vermischen. Faktisch betrachtet sind Männern nicht weniger religiös. Und dennoch dominiert der jeweilige geschlechterdifferente Anteil, der alles im Leben miteinander ergänzt und durchdringt. Daher zeigt sich bereits mit Schleiermacher, dass das gesellschaftliche Leben in gewisser Weise offen ist für ein ‚doing gender' im Sinne des Aufeinander-Einwirkens, Sich-Durchdringens, Sich-Mischens und des Sich-Verteilens. In der Gesellschaft repräsentiert die Religion als Ganzes den weiblichen Anteil, auch wenn sie öffentlich von Männern repräsentiert wird. Man denke nur an die bekannte Aussage Schleiermachers, dass er in „Wohngemeinschaft" mit Schlegel eine Ehe führt und er darin den weiblichen Anteil übernimmt. Schleiermacher und Schlegel verbindet eine Freundschaft mit einem engen und wechselseitigen geistigen Austausch. Freunde bezeichnen das Verhältnis der beiden Männer witzelnd als „Ehe".⁶⁷ In den Briefen Schleiermachers an seine Schwester Charlotte findet sich folgende Aussage: „Unsere Freunde haben sich das Vergnügen gemacht unser Zusammenleben eine Ehe [*zu nennen*] und stimmen allgemein drin überein, daß ich die Frau sein müßte, und Scherz und Ernst wird darüber genug gemacht."⁶⁸ Es zeigt sich eine neue Form des Zusammenlebens und eine ebenso neue Lebensform, jenseits des Zusammenlebens zwischen Mann und Frau in einer ehelichen Gemeinschaft.

Heute ist das ‚doing gender' jedoch radikalisiert: Innerhalb der Genderforschung wird die natürliche Binarität der Geschlechter infrage gestellt. Die Herstellung von Geschlecht im Prozess des ‚doing gender' und im Zusammenhang einer Selbst- und Fremdzuschreibung kann weder körperlich noch sozial eindeutig am Modell der heterosexuellen Zweigeschlechtlichkeit beschrieben werden, sondern muss vielmehr die geschlechtliche und körperliche Vielfalt der Individuen aufzeigen. Demzufolge geht es um eine Performativität von Körper und Geschlecht, die über den gesellschaftlichen Zwang einer kohärenten Geschlechtsidentität hinausgeht und den Prozess des Geschlechtlichwerdens akzentuiert.

In der Sozialisationsforschung wird ungeachtet der aufgezeigten Vielfalt die Vorstellung einer biologisch bedingten Zweigeschlechtlichkeit weiterhin propagiert, indem bspw. Frauen und Männer miteinander verglichen werden bzw. Un-

---

66 Vgl. Hartlieb 2006, 319–336 (Anm. 34).
67 Vgl. Hans-Joachim Birkner, *Schleiermacher Studien*, Berlin 1996, 116; vgl. Sarah Schmidt, *Die Konstruktion des Endlichen*, Berlin 2005, 52.
68 Friedrich Schleiermacher, *Briefwechsel und biographische Dokumente*, KGA V/2, hg. v. Hans-Joachim Birkner, Berlin/New York 1980, 219.

terschiede herausgearbeitet werden, die einen biologisch-körperlichen Ausgangspunkt von Geschlecht postulieren.[69] Schleiermacher geht ebenfalls von einem biologisch zweigeschlechtlich ausgestatteten Körper aus, der die Basis dafür bildet, dass soziales Handeln mit einer stereotypen Bedeutung von Geschlechterdifferenz verbunden wird.

Das Konzept der romantischen Liebe, die sich allein in der Ehe erfüllt, wurde von der erotischen Liebe unterlaufen, denn die Wunschvorstellung der romantischen Liebe ist in hetero- und homosexuellen Beziehungen populär. Das Ideal der absoluten Bindung und die Verschmelzung mit einem Gegenüber zur vollkommenen Einheit ist nicht mehr aufrechtzuerhalten. Vielmehr zeigen sich vielfältige männliche und weibliche Identitäten sowie sexualisierte Körper, die im Selbstentwurf erotische Liebesbeziehungen bilden und auf jeweils individuellen Verhältnissen von Ähnlichkeit und Verschiedenheit basieren. Eine Überschreitung des Ich in der erotisch-sexuellen Ekstase ist weiterhin möglich, wenngleich die ewige und exklusive monogame Bindung ein punktuelles Erleben darstellt.[70] Es entsteht die Idee einer erotisch-sexuellen Liebe, die Transzendenzerfahrungen zulässt und nicht nur an das Modell einer exklusiven und dauerhaften Liebesbeziehung geknüpft ist, sondern weitere Lebensformen billigt. Angesichts der Individualität jeder Person entsteht eine Liebesbeziehung zwischen zwei Individuen, die nicht auf eine heterosexuelle Komplementaritätsstruktur reduziert werden kann. Schleiermacher markiert in seinen Überlegungen einen Blickwechsel und dennoch ist das Menschsein für ihn binär. Die Geschlechterdifferenz ist durch ihre Gespaltenheit nur auf die Zweiheit reduzierbar.[71] Mit der Geschlechterdifferenz impliziert Schleiermacher die Urform von Sozialität.

Ungeachtet seines Strebens nach der Einheit, nimmt Schleiermacher Differenzen positiv auf. Denn mit dem Gedanken der funktional verstandenen Geschlechterdifferenz wird die funktionale Verschiedenheit des Menschseins auf der Basis von Gleichheit deutlich. Die Geschlechterdifferenz lässt sich als naturge-

---

[69] So konstatiert Klaus Hurrelmann: „Männer und Frauen unterscheiden sich nach ihren Geschlechtschromosomen und Geschlechtshormonen. Das Ergebnis ist ein unterschiedlicher Bau der Geschlechtsorgane, des Körpers, des hormonellen Haushalts und des Gehirns. Auch zeigen sich in vielen Untersuchungen typische Geschlechtsunterschiede in Persönlichkeit und Verhalten." Klaus Hurrelmann, *Einführung in die Sozialisationstheorie. Über den Zusammenhang von Sozialstruktur und Persönlichkeit*, Weinheim u. a. [8]2002, 15.
[70] Vgl. Hurrelmann, 2002, 340–344 (Anm. 69).
[71] „Wie der Geschlechtsunterschied nicht in den Geschlechtstheilen allein liegt, sondern durch alle organischen Systeme hindurchgeht, so liegt er auch nicht im Körper allein, sondern auch im Psychischen, und es wäre toll keinen Geschlechtsunterschied der Seele anzuerkennen." Schleiermacher 1981, 55 (Anm. 24).

gebene Vorform von Individualität verstehen[72], die sich allerdings im Sozialisationsprozess und im gesellschaftlichen Leben in gewisser Weise verflüssigt, weil sie sich mit anderen Anteilen verbindet und ein spezifisches Mischungsverhältnis eingeht. Diese ist möglich, weil er von der Gleichheit von Mann und Frau ausgeht und davon spricht, dass kein Geschlecht besser oder schlechter ist. Folglich zeigt sich eine Wertschätzung der Geschlechter. Fokussiert wird ein ganzheitliches Menschenbild, bei dem ein Einssein zwischen Leib und Seele angenommen wird. Psychologie und Physiologie sind für das Verständnis der Anthropologie Schleiermachers ausschlaggebend. Denn die Seele ist uns nur mit dem Leib gegeben.

---

[72] „Die Geschlechterdifferenz ist allgemeine irdische Naturform [...]." Schleiermacher 1981, 80 (Anm. 24).

André Munzinger
Schleiermachers Geselligkeitskonzeption

Wie entsteht freie Interaktion? Welche Art des Austausches dient den Menschen? Lässt sich neben allen Verpflichtungen im täglichen Überlebenskampf das humane Zusammensein so gestalten, dass eine Entwicklung aller Beteiligten stattfindet? Mit diesen Fragen verbindet Friedrich Schleiermacher den Begriff der Geselligkeit.

Im Folgenden wird zunächst dieser Begriff eingeführt, daraufhin Schleiermachers Geselligkeitskonzeption in sein Gesamtwerk eingeordnet, um im dritten Schritt einige Bezüge zur Theologie und zum Religionsbegriff herzustellen. Schließlich werden Konsequenzen für die Gegenwart entwickelt. Meine These ist es, dass mit Schleiermachers Geselligkeitstheorie wegweisende Markierungen gelegt werden, die für die moderne Gesellschaft einen diagnostischen Charakter und eine theologische Perspektive für den Begriff des gelingenden Lebens enthalten.

1 Geselligkeit

Der Begriff *Geselligkeit* ist in der Gegenwart nicht besonders geläufig. Wir sprechen von Partnerschaft, Freundschaft, Beisammensein, Chillen, Abhängen, Smalltalk oder Gedankenaustausch. Was also ist Geselligkeit? Vorerst mag man von einer zwanglosen Interaktion ausgehen. Johann Heinrich Zedlers Universal-Lexikon aller Wissenschaften und Künste, herausgegeben von 1731–1751, definiert den Begriff darüber hinaus wie folgt: „Geselligkeit, ist eine Pflicht mit anderen Menschen eine friedliche und dienstfertige Gesellschaft zu unterhalten, damit alle durch alle Glückseligkeit erlangen können."[1]

Geselligkeit ist demnach als Pflicht zu verstehen, mit der sozialethischen Pointe, dass die Glückseligkeit *aller* befördert wird. Um diesen Zusammenhang zu erläutern, und Schleiermachers Beitrag dazu einordnen zu können, sind drei Dimensionen des Hintergrundes zu beachten.

Zunächst ist der Hintergrund verschiedener ideengeschichtlicher Traditionen aufzuzeigen. Würden wir eine umfangreiche Untersuchung des Begriffes Geselligkeit vornehmen, wären wir auf die Anfänge der menschlichen Kultur verwiesen.

---

1 Johann Heinrich Zedler, „Geselligkeit", in: Grosses vollständiges Universal-Lexicon aller Wissenschaften und Künste, *Bd. 10*, Leipzig 1746, Sp. 1260.

https://doi.org/10.1515/9783110633573-007

„In einem weiten Sinn bez. G[eselligkeit] die anthropologische Grundstruktur des Menschen als animal sociale."[2] Der Mensch ist ein soziales Wesen und sucht Gemeinschaft. Und diese Gemeinschaft darf nicht nur auf bestimmte, externe Zwecke ausgerichtet sein. Vielmehr sollten Menschen sich in einer Weise begegnen können, in der sie nur diese freie Interaktion zum Ziel haben. In dieser muss es nicht um den Lebensunterhalt oder Politik gehen, sondern um die Entfaltung des eigenen Selbst im Zusammenhang mit der Entwicklung der Anderen. So wird bereits in der Antike, z. B. bei Aristoteles, der Freundschaft eine tragende Rolle in der Verwirklichung der Bestimmung des Menschseins eingeräumt.

Allerdings ist das zugrundeliegende Bild des Menschen nicht unumstritten. Das Problem kann mit einigen Fragen umrissen werden: Ist der Mensch von *sich aus* auf freie Gesellschaft ausgelegt? Oder ist die Freiheit das Ergebnis eines besonderen Bildungsprozesses? Zugespitzt gefragt: Ist der Mensch dem Menschen ein Wolf? Muss er nicht zu friedfertigem Austausch gezwungen werden? Wie kommt Friedfertigkeit zustande? Was hemmt sie? Wie kommt es, dass Hass und Gewalt Kommunikationen unterlaufen und zerstören?

Es sind viele Fragen, die sich Menschen im Laufe der Kulturgeschichte über ihre Natur und Bestimmung gestellt haben, sodass hier nur im Auszug einige bedacht werden können. Da wären Bezüge zur paulinischen und reformatorischen Tradition zur Sünde des Menschen als eine Zerstörung von Beziehungsfähigkeit zu nennen. Im Hintergrund stehen ebenso Konzeptionen von Thomas Hobbes und anderen, die den Menschen nicht vornehmlich als gesellig ansehen, sondern als latent gewalttätig und radikal auf eigene Ziele ausgerichtet.[3]

Als *zweite* Hintergrundperspektive müsste ausführlich der mittelbare Kontext der Entwicklung von Schleiermachers Geselligkeitsreflexion betrachtet werden. Geselligkeit wird im 18. Jahrhundert in besonderer Weise thematisch. Der Germanist Wolfgang Adam stellt die Orientierung an der Geselligkeit im 18. Jahrhundert pointiert dar:

> In den Begriffen Freundschaft und Geselligkeit kristallisieren sich philosophische und sozialethische Leitvorstellungen des 18. Jahrhunderts, die so prägend für das Profil dieser

---

2 Bernd Oberdorfer, „Geselligkeit I", in: *RGG*, 4. Aufl., *Bd. 3*, Sp. 823.
3 Vgl. Wolfgang Adam, „Freundschaft und Geselligkeit im 18. Jahrhundert", in: *Katalog des Freundschaftstempels im Gleimhaus in Halberstadt*, hg. v. Gleimhaus Halberstadt, Leipzig 2000, 9–34, zu finden auch unter: http://www.goethezeitportal.de/db/wiss/epoche/adam_freund schaft.pdf, abgerufen am 19.10.18. Adam verweist auf drei Traditionen: Geselligkeit als Motivation des Menschen bei Grotius; die angeborene Schwäche des Menschen, der auf Sozialität angewiesen ist, bei Pufendorf; die Geselligkeit als Seinsweise der Natur bei Thomasius (11).

Epoche sind, daß man mit einiger Berechtigung sowohl von einem Saeculum der Freundschaft als auch dem geselligen Jahrhundert gesprochen hat.[4]

Dabei sind wesentliche Neuerungen und Entwicklungen festzustellen: In der frühneuzeitlichen Gesellschaft findet Geselligkeit zunächst im Rahmen des eigenen Personenverbandes statt. Eine Vorstellung von individuell gestalteter Freizeit ist kaum existent. Vielmehr wird in den kirchlichen, ständischen oder staatlichen Institutionen gefeiert. Mit den gesellschaftlichen Umbrüchen des 18. Jahrhunderts entstehen neue Möglichkeiten des Zusammenseins. Die zweckfreie Geselligkeit wird zum Thema.

Wie aber wird *theoretisch* diese Entwicklung erfasst? Die Menschen haben Lust am gemeinsamen Feiern, so Wolfgang Adam ausführend, aber wie begründen sie dies? „Es gibt zwei Begründungen, einmal die theologische Rechtfertigung des erlaubten Vergnügens und zum andern die naturrechtliche Fundierung der Geselligkeit, und beide Begründungen sind auf engste mit der literarischen Praxis im 18. Jahrhundert verbunden."[5] Auf beide Argumente ist im weiteren Verlauf zurückzukommen. Sowohl die Natur des Menschen als auch die Theologie sind für Schleiermacher Ressourcen in der Entwicklung seiner Geselligkeitskonzeption.

Drittens müsste der unmittelbare Kontext Schleiermachers erforscht werden. So wäre eine Untersuchung der Schrift *Über den Umgang mit Menschen* des Schriftstellers Adolph Freiherr Knigge (1752–1796) von Interesse. Sie erschien erstmals im Jahre 1788. Knigge sinniert über die moralischen Grundlagen des Umgangs unter Menschen und möchte die allgemeinen Pflichten, die wir uns als Menschen wechselseitig schuldig sind, als Fundament des menschlichen Austausches entwickeln.[6] Auch die *Kritik der praktischen Vernunft* Immanuel Kants erscheint in diesem Jahr und wirkt sich auf die Konzeption Schleiermachers aus.

Vor diesem beeindruckend weiten Horizont spielt nun Schleiermacher als junger Mann mit der Idee einer theoretischen Fundierung der Geselligkeit. Was genau meint *er* also mit Geselligkeit?

Es ist der 30. Dezember 1796. Schleiermacher findet eine Einladung vor, verfasst von Alexander Graf zu Dohna: „Ich habe den Auftrag Sie zu befragen ob Sie Morgen zum Thee und Abendessen bey Professor Herz sich einfinden können?

---

4 Adam 2000, 2 (Anm. 3).
5 Adam 2000, 10 (Anm. 3).
6 Adolph Freiherr von Knigge [1788], *Über den Umgang mit Menschen*, Neudruck der fünften Auflage, Stuttgart 2002, 444.

Hoffentlich werden Sie keine Abhaltung haben."[7] Schleiermacher hatte die Bekanntschaft mit Henriette Herz und ihrem Ehemann, Markus Herz, gemacht, der Arzt, Schriftsteller und Professor für Philosophie in Berlin war. Sie waren „Schlüsselfiguren des geselligen Berlin".[8] Schleiermacher war nun im Hause Herz des Öfteren zu Gast, vor allem im Kreise von Henriette Herz. Hier trafen sich unter vielen anderen die Gebrüder Humboldt sowie auch Friedrich Schlegel. Im Zentrum der gemeinsamen Aufmerksamkeit stand schöngeistige Literatur.

Zu dieser Zeit entwickelt er den *Versuch einer Theorie des geselligen Betragens*.[9] Von Anfang an macht Schleiermacher klar, dass es bei dieser Theorie um die Gebildeten geht. Diese fordern Geselligkeit als eine ihrer Prioritäten ein. Es geht nicht um Zeitvertreib, sondern um das höhere Ziel des Menschen. Nicht *Smalltalk*, sondern freiheitlich verfasste Interaktion ist das Ziel. Geselligkeit eröffnet eine Art des Zusammenseins, die weder im Beruf noch im Alltag gefunden werden kann. Der Beruf engt ein. Er mag noch so edel und anerkannt sein. Der Beruf engt ein, weil er Menschen an einen Standpunkt bindet. Der häusliche Alltag hingegen ist auf einen relativ festen Personenkreis bezogen. Selbst wenn das familiäre Umfeld besonders anspruchsvoll ist, wird es doch begrenzt bleiben. Menschen kommen zuhause nicht hinreichend auf neue Ideen und werden nicht mit fremden Einflüssen konfrontiert.

Es muss also eine Interaktionsform geben, welche nicht mit diesen anderen Zuständen, dem häuslichen Alltag und der Berufswelt, identisch ist. Vielmehr sollte eine Form des Austausches gesucht werden, in dem das Individuum möglichst viele Meinungen und Positionen kennenlernt, sodass sich auch fremde Zugangsweisen erschließen. Ziel ist es, das Menschsein insgesamt kennenzulernen und sich auch auf fremde Phänomene einzulassen, um im freien Austausch eine gegenseitige Bildung auch in gänzlich unbekannten Gebieten zu erreichen.

Was zeichnet diese *freie* Geselligkeit aus? Sie darf nicht einseitig sein. Unterschiedliche Menschen wirken auf einander ein, reziprok und wechselseitig. Als nicht freie Interaktanten gelten diejenigen, zum Beispiel, die ins Schauspielhaus oder in eine Vorlesung gehen. Sie erleben zwar gemeinsam einen Auftritt, haben allerdings keinen Austausch untereinander – zumindest nicht in freier Absicht. Die Individuen sind auf die Künstlerinnen oder Vortragenden in einer gebundenen Weise bezogen. Interessant sind auch die weiteren Beispiele, die Schleier-

---

[7] Alexander Graf zu Dohna [1796], *Berlin, Freitag, 30.12.1796*, Nummer 356, KGA V/2, hg. v. Andreas Arndt/Wolfgang Virmond, Berlin/New York 1988, 67. Vgl. Kurt Nowak, *Schleiermacher: Leben, Werk und Wirkung*, Göttingen 2001, 81.
[8] Nowak 2001, 82 (Anm. 7).
[9] Friedrich Schleiermacher [1799], *Versuch einer Theorie des geselligen Betragens*, KGA I/2, hg. v. Günter Meckenstock, Berlin/New York 1984, 163–184.

macher abgrenzend einführt. Alles, was nicht die vollständige Reziprozität aufzeigt, fällt letztlich nicht unter den wahren Charakter der Geselligkeit. Ein Ball ist ein Beispiel für eine begrenzte Form der Wechselwirkung, denn die am Tanz Beteiligten sind immer nur auf sich bezogen und nehmen die anderen im Raum nur im Zusammenhang ihres eigenen Tanzes wahr. Das Spiel könnte zwar als Beispiel für ein positives Beispiel aufgegriffen werden. Aber hier gibt Schleiermacher als Problem zu bedenken an, dass der Zufall eine zu große Rolle spiele und somit die freie Geselligkeit nicht gegeben sei. Offenbar ist also Geselligkeit intentional, aber nicht absichtsvoll verfasst, sie bietet den Raum für Denken und Ideen, ohne eine *bestimmte* Zielsetzung zu verfolgen. Das „Prädikat der Freiheit" ist entscheidend, sodass „keine bestimmte Handlung gemeinschaftlich verrichtet, kein Werk vereinigt zu Stande gebracht, keine Einsicht methodisch erworben werden" soll, sondern dass das Ziel der Interaktion nicht „außer ihr liegend gedacht" wird.[10]

Dabei sind die formelle Seite und die materielle Ausformulierung dieser Geselligkeitstheorie einfach formuliert: „Alles soll Wechselwirkung seyn. [...] Alle sollen zu einem freien Gedankenspiel angeregt werden durch die Mittheilung des meinigen."[11] Ganz so einfach ist die Ausformulierung dieser Gesetze dann allerdings nicht. Das zeigt sich an einer dritten, nämlich der quantitativen Ebene der Geselligkeitstheorie.[12]

Schleiermacher ist aufmerksam für die Grenzen einer Gesellschaft. Wie weitreichend darf eine Diskussion innerhalb einer Gesellschaft sein? Wie fremd dürfen die Gedanken sein, die im Rahmen eines Gesprächs eingebracht werden kann? Wie weit andererseits darf man sich zugunsten der Dynamik einer Gesellschaft zurückziehen? Schleiermacher findet hier keine einfachen Antworten. Er balanciert seine Ausführung zwischen zwei Polen: Auf der einen Seite sollte inhaltlich nicht der Charakter der Gesellschaft übergangen werden. Auf der anderen Seite lässt sich dieser Charakter einer Gesellschaft nie ganz genau bestimmen. Die Aufgabe ist es, kontinuierlich die gemeinsamen Inhalte einer Gesellschaft zu suchen.

Was könnte „lächerlicher" sein, so Schleiermacher, als dass man beharrlich bei der eigenen Meinung stehen bleibt und auch andere „mit Gewalt" dort festhalten will.[13] „Nicht minder lächerlich ist derjenige, der, wie arrogante Neuerer [...] immerdar bestrebt ist, den Ton höher und höher zu spannen, und der Gesellschaft

---

10 Schleiermacher [1799] 1884, 169 (Anm. 9).
11 Schleiermacher [1799] 1884, 170 (Anm. 9).
12 Dabei wird sicherlich deutlich, dass die Theorie des gesellingen Betragens nicht fertiggestellt worden ist.
13 Schleiermacher [1799] 1884, 180 (Anm. 9).

nun nicht Zeit lassen will, bei dem zu verweilen, was sie angenehm unterhält."[14] Die Theorie des geselligen Betragens versucht zwischen Individualität und Gesellschaft die rechte Balance herzstellen, sodass beide Größen wechselseitig profitieren.

Nun könnte diese Theorie als romantische Idee des frühen Schleiermachers abgetan werden. Ist die Abhandlung also lediglich eine elaborierte Abstraktion der Berliner Salonkultur? In manch einer Schleiermacher-Rezeption kann man diesen Eindruck erhalten.

Im Folgenden ist zu erörtern, wie sich die Theorie des geselligen Betragens zu der Ausrichtung seines weiteren Denkens verhält. In diesem Sinne sind einige Linien des Gesamtwerkes nachzuzeichnen.

2 Einordnung in das Gesamtwerk

Vor einigen Jahren ist bemängelt worden, dass die Erforschung des schleiermacherschen Werkes am Individuum orientiert war und die sozialtheoretische Dimension lediglich als „Konsequenz" dargestellt worden ist.[15] Problematisch ist demnach, wenn die grundlegende Struktur der schleiermacherschen Theoriebildung am *einzelnen* Subjekt orientiert wird. Weder das Frühwerk noch die Hauptschriften lassen aber solch eine Reduktion zu. Bernd Oberdorfer hebt den „kommunikationstheoretischen Ansatz" der *Dialektik*, die „Theorie interpersonalen und interkulturellen Verstehens" der *Hermeneutik* und die Kulturtheorie der *Ethik* hervor, die aus einem ursprünglichen und sich nachhaltig entwickelnden sozialtheoretischen Interesse hervorgehen.[16] So kann die These formuliert werden: Das Interesse an der intersubjektiven Genese des Handelns und Wissens kennzeichnet das Gesamtwerk.

Gesellschaft und Individuum sollen als gleichursprüngliche und wechselseitig interdependente Größen erörtert werden. Dieses Anliegen ist bereits als Grundfigur in den ersten Versuchen einer Auseinandersetzung mit Aristoteles bemerkbar und ist ein wesentliches Motiv für die wiederholte Hervorhebung der

---

14 Schleiermacher [1799] 1884, 181 (Anm. 9).
15 Bernd Oberdorfer, *Geselligkeit und Realisierung von Sittlichkeit. Die Theorieentwicklung Friedrich Schleiermachers bis 1799*, TBT 69, Berlin/New York 1995, 1. Die Forschungslage wird in dieser Hinsicht mittlerweile weit positiver einzuschätzen sein. Vgl. André Munzinger, *Gemeinsame Welt denken. Bedingungen interkultureller Koexistenz bei Jürgen Habermas und Eilert Herms*, Perspektiven der Ethik 7, Tübingen 2015, 232–244.
16 Oberdorfer 1995, 3–4 (Anm. 15).

Notwendigkeit freien Austauschs.[17] Auch in den *Monologen* von 1800 wird deutlich, dass Individualität nur durch Gesellschaft entwickelt werden kann – und umgekehrt: Gesellschaft gibt es nur, wenn Individualität ausgebildet wird.[18] Diese Schrift lässt erkennen, wie programmatisch Schleiermacher denkt: Die Theorie der Geselligkeit soll keine Reflexion Berliner Salonkultur bleiben. Sie ist nicht eine Reminiszenz anregender Gespräche mit Freunden – zumindest ist sie nicht nur das. Sie wird eingerahmt von einer Ethik eines an der Individualität ausgerichteten Gattungsbegriffs.

Dabei wendet sich Schleiermacher gegen die kantische Moraltheorie.[19] Es genügt ihm nicht, die Menschheit unter dem Gesichtspunkt des kategorischen Imperativs zu sehen. Schleiermacher betrachtet die Menschen nicht als innerlich gleichförmig – mit einem moralischen Gesetz für alle. Vielmehr sieht er in der Individualität des Einzelnen den Spiegel der Menschheit insgesamt. Jeder Mensch offenbart die Vielfältigkeit der Menschheit insgesamt. Und weil die Mischungen der Individualität unendlich sind, ist die ethische Aufgabe unendlich.

Die Anerkennung der Individualität wird für ihn zur „höchste[n] Anschauung"[20]. Diese ist aber keineswegs einfach von vornherein gegeben, sondern muss ausgebildet werden, in der freien Geselligkeit der Eigentümlichkeiten der Menschen. Warum ist dieser Respekt für die Individualität so wichtig?

Nur in der Anerkennung der eigenen Individualität ist sichergestellt, dass eine Verletzung der Eigenheit der Anderen nicht erfolgt. Über die Erkenntnis der eigenen Individualität werden Menschen aufmerksam für die Eigentümlichkeit der Anderen. Gleichzeitig kann der Mensch die eigene Individualität nur über die Differenzerfahrung ausbilden – alleine durch die oder den Anderen wird Eigenheit deutlich. Um diesen Prozess der Hingabe zur eigenen *und* zur fremden Eigentümlichkeit zu beschreiben, führt Schleiermacher den Begriff der Liebe ein: „Ja Liebe, du anziehende Kraft der Welt! Kein eignes Leben und keine Bildung ist möglich ohne dich, ohne dich müßt alles in gleichförmige rohe Maße zerfließen!"[21]

Diejenigen, die dieses besondere Gefühl unbeachtet lassen, bleiben dem allgemeinen Gesetz verhaftet. Sie wagen es nicht, sich auf das „Heilige" einzulassen, wie Schleiermacher hier die Liebe in sakral-säkularer Anspielung nennt:

---

17 Oberdorfer 1995, 23–30 (Anm. 18). Vgl. Zur Einordnung: Ulrich Barth, „Schleiermacher-Literatur im letzten Drittel des 20. Jahrhunderts", *ThR* 66 (2001), 408–461, hier 416.
18 Friedrich Schleiermacher [1800], *Monologen. Eine Neujahrsgabe*, KGA I/3, hg. v. Günter Meckenstock, Berlin/New York 1988.
19 Schleiermacher [1800] 1988, 18 (Anm. 18).
20 Schleiermacher [1800] 1988, 18 (Anm. 18).
21 Schleiermacher [1800] 1988, 22 (Anm. 18).

„Uns aber bist du das Erste wie das Lezte: Keine Bildung ohne Liebe, und ohne eigne Bildung keine Vollendung in der Liebe; Eins das Andere ergänzend wächst beides unzertrennlich fort. Vereint fühl ich in mir die beiden höchsten Bedingungen der Sittlichkeit."[22]

Es werden erste Verbindungen seiner Konzeption des geselligen Betragens zur Religion hier denkbar. Aber bevor wir zur Religion kommen, sind einige weitere Bemerkungen zur Theoriebildung zu machen.

Schleiermacher vermisst die Ethik neu im Horizont der Wechselwirkung zwischen den Menschen: Wenn Ethik nämlich begrifflich ausgearbeitet wird, darf nicht von der Frage ausgegangen werden, „was das höchste Gut für den einzelnen Menschen sei, [...] sondern vollständig geschaut kann das höchste Gut nur werden in der Gesammtheit des menschlichen Geschlechts".[23] Was von Gott gilt, dass seine Vollkommenheit in seiner Ganzheit liegt, charakterisiert nun das höchste Gut. Ein Bild wechselseitiger Ergänzung wird entwickelt, in der jedes Glied sich in einen Leib einfügt, jedes Einzelwesen in eine Familie und jedes einzelne Volk in die gesamte Menschheit – es ist die Wirkungsgemeinschaft der gesamten menschlichen Gattung.[24]

Im weiten Sinne ist also die Ethik insgesamt eine Theorie des geselligen Betragens. Im engen Sinne wird die freie Geselligkeit in der Ethik als Teilgebiet genauer aufgenommen. In der Güterlehre entwickelt Schleiermacher vier vollkommene ethische Formen: Die freie Geselligkeit steht neben der Kirche, dem Staat und der Wissensvermittlung als eine unter vier sozialen Sphären.[25] Alle vier Sphären handeln nach ihrer eigenen Logik, alle vier Sphären haben ihre irreduzible Aufgabe für das Ganze der Gesellschaft. Die freie Geselligkeit gibt der Ausbildung von Individualität einen sozialen Ort in der Gesellschaft. Die freie Geselligkeit organisiert Individualität, oder, anders ausgedrückt, in der freien Geselligkeit wird Individualität entwickelt. Die Nähe zur Kirche ist dabei naheliegend. In dieser wird aber Individualität erkannt und symbolisiert, in der freien Geselligkeit wird sie dem freien Spiel der Kräfte ausgesetzt, um für die Gesell-

---

22 Schleiermacher [1800] 1988, 22 (Anm. 18). Vgl. zur Liebe auf dem Hintergrund von Schleiermachers Theologie den Beitrag von Anne Käfer in diesem Band.
23 Friedrich Schleiermacher [1830], *Über den Begriff des höchsten Gutes*. Zweite Abhandlung, KGA I/11, hg. v. Martin Rößler, Berlin/New York 2002, 659–677, hier 660.
24 Vgl. Schleiermacher [1830] 2002, 662 (Anm. 23).
25 Friedrich Schleiermacher [1812/13], *Ethik*, mit späteren Fassungen der Einleitung, Güterlehre und Pflichtenlehre, auf der Grundlage der Ausgabe v. Otto Braun, hg. v. Hans-Joachim Birkner, Philosophische Bibliothek 334, Hamburg ²1990, 80–132. Vgl. zur Christlichen Sitte den Beitrag von Arnulf von Scheliha in diesem Band.

schaft insgesamt ein Gewebe der Gastfreundschaft und Freundschaft zu produzieren.

Nochmal: Im weiten Sinne betrifft die Geselligkeit das Gesamtwerk Schleiermachers. Ob in der *Hermeneutik*, der *Ethik* oder der *Dialektik*, Schleiermacher sucht nach den Bedingungen, wie Menschen miteinander im Diskurs Regeln des Verstehens, des Zusammenlebens und der Wissensgenese entwickeln. Im engeren Sinne ist die Geselligkeit ein Aspekt der Gesellschaft. Es wäre von großem Interesse diese Differenzierung genauer zu bestimmen.[26] Im Folgenden ist einer besonderen Linie der Geselligkeitstheorie, nämlich der religiösen, nachzugehen.

3 Religion und Geselligkeit

Was die Rolle der Geselligkeit in der Religion betrifft, muss eine abwägende Haltung eingenommen werden. Auf der einen Seite sind Verbindungslinien aufzuzeigen – zwischen der Ausrichtung der Arbeiten Schleiermachers an der Geselligkeit und seiner Religionstheorie. Auf der anderen Seite muss in Erinnerung gerufen werden, dass Schleiermacher Philosophie und Theologie auseinanderhalten kann. Er betrachtet die beiden Denkweisen – die philosophische und die theologische – parallel zueinander. Zwar sollten sie sich nicht widersprechen, aber sie werden nicht immer in direkte Verbindung zueinander gesetzt.[27]

In den *Reden* über Religion lässt Schleiermacher die Leserinnen und Leser wissen, dass er die Religion inhärent als kommunikativ ansieht: „Ist die Religion einmal, so muß sie nothwendig auch gesellig sein: es liegt in der Natur des Menschen nicht nur, sondern auch ganz vorzüglich in der ihrigen. Ihr müßt ge-

---

26 Wird der Dialog als wesentliches, durchgehendes Motiv der konzeptionellen Arbeit Schleiermachers bestimmt, ist dieser nicht als unkritische Befürwortung des Miteinanders zu verstehen. Während nämlich im Frühwerk der Dialog als harmonistische Symphilosophie verstanden werden kann, wird die Konzeption differenziert zu einer Konflikt- und Kommunikationstheorie fortentwickelt. Vgl. Toni Tholen, „Erfahrung des Dialogs. Zu einer Ethik der Interpretation", in: *Dialogische Wissenschaft. Perspektiven der Philosophie Schleiermachers*, hg. v. Dieter Burdorf/ Reinhold Schmücker, Paderborn 1998, 107–124. Dazu ist die Dreiteilung Friedrich Schleiermachers aufzugreifen, der zwischen dem ‚reinen', ‚geschäftsmäßigen' und ‚künstlerischen' Denken differenziert. In verschiedenen Kontexten werden unterschiedliche Geltungsansprüche gestellt. Im reinen Denken und Reden wird allgemein nachvollziehbares Wissen generiert, im geschäftlichen Denken steht dagegen die Zweckrationalisierung und im künstlerischen Denken die Kreativität, Individualität und Zwecklosigkeit im Mittelpunkt; s. Friedrich Schleiermacher, *Dialektik*, KGA II/10,1, hg. v. Andreas Arndt, Berlin/New York 2002, 360–363.
27 Vgl. z. B. Schleiermacher 2002, 143 (Anm. 26).

stehen, daß es etwas höchst widernatürliches ist, wenn der Mensch dasjenige, was er in sich erzeugt und ausgearbeitet hat, auch in sich verschließen will."[28]

In dem kurzen Zitat wird deutlich, wie der religiöse Impuls im Individuum aufkommt, aber dessen Entwicklung vom Austausch mit anderen abhängig ist. Dabei geht es, so Schleiermacher weiter, um die praktische und intellektuelle Wechselwirkung mit anderen, um die innere religiöse Kraft in anderen zu finden – eine Art Spiegelung der eigenen Kraft. Gleichzeitig kann durch die Äußerung des religiösen Gefühls eine Legitimierung stattfinden, nämlich dafür, dass es hier menschlich zugeht. Schleiermacher präzisiert weiter, dass es in dieser wechselseitigen Mitteilung nicht um eine Art Missionierung geht und auch nicht um eine Assimilierung an die eigene Gewissheit, sondern um eine Verhältnisbestimmung der individuellen Erfahrung mit der Gemeinschaft der anderen Menschen.

Er meint, dass es wichtig sei, den eigenen Gefühlen auf die Spur zu kommen. Die religiösen Erfahrungen müssten im Austausch ausgelotet werden – sie müssten versprachlicht und unterschieden werden.

> Wie sollte er [so Schleiermacher über den religiös affizierten Menschen] grade die Einwirkungen des Universums für sich behalten, die ihm als das größte und unwiderstehlichste erscheinen? Wie sollte er grade das in sich festhalten wollen, was ihn am stärksten aus sich heraustreibt, und ihm nichts so sehr einprägt als dieses, daß er sich selbst aus sich allein nicht erkennen kann?[29]

Auch in der Religion gilt es demnach, die Interdependenz der Wissensgenese zu beachten. Oder anders mit Ulrich Barth ausgedrückt: Weil die anderen Menschen „strukturell isomorph" sind, können sie durch Wahrnehmung, Empathie und Nachbildung die Gemütszustände spiegeln; insofern ist das religiöse Gefühl für Schleiermacher „von Hause aus kommunikativ"[30].

---

28 Friedrich Schleiermacher [1799], *Über die Religion*, KGA I/2, hg. v. Günter Meckenstock, Berlin/New York 1984, 267–268.
29 Schleiermacher [1799] 1984, 288 (Anm. 28).
30 Ulrich Barth expliziert die Interaktionsebene der Religion auf dem Hintergrund der anthropologischen Annahmen Schleiermachers und zeigt, dass dieser wesentliche Einsichten der gegenwärtigen Religionssoziologie vorwegnimmt. („Was heißt ‚Vernunft der Religion'? Subjektphilosophische, kulturtheoretische und religionswissenschaftliche Erwägungen im Anschluss an Schleiermacher", in: *Der Gott der Vernunft. Protestantismus und vernünftiger Gottesgedanke*, hg. v. Jörg Lauster/Bernd Oberdorfer, RPT 41, Tübingen 2009, 189–216). Weil Schleiermacher mit dem Wechselwirkungsverhältnis zwischen Leib und Psyche rechnet, offenbaren sich Emotionen ganz ohne Intention in leiblichen Äußerungen, z. B. in Mimik und Gestik. Schleiermacher erkennt erst im weiteren Verlauf des Gesamtwerkes, wie wichtig die institutionelle Verankerung der inhaltlich übereinstimmenden Kommunikation ist.

Nun lässt sich die Frage stellen: Betrifft diese Einschätzung vielleicht die Religionssoziologie, weniger dagegen ihre theologische Bewertung? Kann der Geselligkeit auch theologisch etwas abgewonnen werden? Des Weiteren: Steht Schleiermacher hier in einer Tradition des reformierten Denkens, wenn er Freundschaft und Geselligkeit derart in den Mittelpunkt rückt? Es können hier nur einige Spuren zu Antworten gelegt werden.

Zunächst bewegt sich Schleiermacher deutlich in säkularen Deutungsmustern, wenn er Geselligkeit in einen *zweckfreien* Rahmen der Wechselseitigkeit stellt. Freundschaft und Geselligkeit werden in dieser Weise in seiner Zeit gleichsam zum „Kristallisationspunkt der Säkularisierung"[31]. Ob sich die Frage nach einer theologischen Rechtfertigung des Feierns in diesem Rahmen überhaupt stellt, ist zweifelhaft. Eine direkte Verbindung zu theologischen Reflexionen wird jedenfalls schwierig. Die theologischen Überlegungen zur Geselligkeit beziehen sich eher auf die ritualisierten Übergänge wie Geburt, Taufe, Hochzeit und Tod sowie die kirchlichen Feiertage, die aber allesamt im Rahmen der Kirche stattfanden: „Hier gab es die Erlaubnis zum Feiern."[32] Aber wie würde eine Begründung *freier* Geselligkeit aussehen?

Über das Feiern im Rahmen der Kirche hinaus wäre sicherlich noch unter den Adiaphora zu suchen, den indifferenten Tätigkeiten also, die durch die Heilige Schrift weder ausdrücklich verboten noch empfohlen werden. Hier gäbe es jedenfalls weitreichende Verbindungen zu reformierten und pietistischen Diskussionen, die weiter verfolgt werden müssten. Dabei wäre eine dieser Diskussionen im 18. Jahrhundert zu erkunden, ob z. B. Tanzen, Tabakrauchen, Wein- und Biertrinken, das gesellige Scherzen und Plaudern zu diesen indifferenten Aspekten des christlichen Lebens gehören – eine stark debattierte Frage bis in die Gegenwart.[33] Könnten also die geselligen Aspekte des Lebens alle unter diese erlaubten Freiheiten fallen, gleichsam als theologisch indifferenter Aspekt des Lebens?

Diese Verbindung zwischen theologischer Begründung und Gesellschaftskonzeption ist nicht plausibel. Für Schleiermacher ist die Geselligkeit zu zentral und der Begriff des Erlaubten zu problematisch, um diese theoretische Einordnung vorzunehmen.[34] Zudem ist er als reformiert geprägter Denker aufmerksam

---

[31] Wolfdietrich Rasch, zu finden bei: Heinz-Horst Schrey, „Freundschaft", in: *TRE*, Bd. 11, 596.
[32] Adam 2000, 10 (Anm. 3).
[33] Vgl. Cynthia L. Rigby, „The Christian Life", in: *The Cambridge Companion to Reformed Theology*, hg. v. Paul T. Nimmo/David Fergusson, Cambridge 2016, 96–113.
[34] Vgl. Tilman Fuß, *Das ethisch Erlaubte. Erlaubnis, Verbindlichkeit und Freiheit in der evangelisch-theologischen Ethik*, Stuttgart 2011, 55–108.

für die Zusammengehörigkeit von Glauben und Handeln. Diese Zusammengehörigkeit ist zu verfolgen.

Eine weitere Möglichkeit besteht also schließlich darin, die Glaubenslehre selbst auf eine theologische Verortung der geselligen Natur des Menschen zu befragen. Dazu gehört, dass Schleiermacher die Lehre vom heiligen Geist in ein Verhältnis zum Geist des Menschen setzt. Schleiermacher postuliert, dass der Geist der christlichen Kirche auch der des menschlichen Geschlechts ist.[35] Der Ausdruck heiliger Geist sei letztlich vollkommen eins mit dem des Gattungsbewusstseins. Die Argumentation ist nicht ganz einfach. Sie geht davon aus, dass die „Erwekkung und Verbreitung der allgemeinen Menschenliebe als die eigentliche und wesentlichste Frucht der Erscheinung Christi" anzusehen ist.[36] Den Gemeingeist, den Schleiermacher in der Gemeinde und in der Menschheit am Werk sieht, *ist ein und derselbe:* „Nun aber muß es einen solchen auch geben in der Analogie mit dem volksthümlichen Gemeingeist, den wir nicht anders zu bezeichnen wußten als durch die Ausdrückke das Gattungsbewußtsein und die Liebe zur Menschheit als Gattung."[37]

In analoger Weise wie die Hemmung des menschlichen Selbstbewusstseins durch Sünde zu einer Einschränkung des Gottesbewusstseins führt, so ist das Selbstbewusstsein auch von sich aus gehemmt, ein Gattungsbewusstsein zu entwickeln. Schleiermacher schreibt, dass unter diesen Bedingungen des eingeschränkten Selbstbewusstseins die Vorstellung von der menschlichen Gattung insgesamt eher als Problem wahrgenommen wird. Die Menschheit schränke dann die Selbstsucht ein. Insofern bedarf es der Erlösung durch das Gattungsbewusstsein, das in Christus zu finden ist. Wie Christus das wahrhafte Gottesbewusstsein verkörpert, so stellt er auch ein ungehindertes Gattungsbewusstsein in Aussicht. Gläubige kennen diese Möglichkeit durch den heiligen Geist. Und nur insofern decken sich Gottesbewusstsein und Gattungsbewusstsein.

Was hat das mit der Geselligkeit zu tun? Soll die freie Geselligkeit im Rahmen einer Glaubenslehre im Sinne Schleiermachers verortet werden, so lässt sich vermuten, dass die Pneumatologie als eine zielführende Brücke zwischen religiöser Symbolisierung und ethischer Kategorie fungiert. Der Geist ermöglicht freie Geselligkeit, weil er der *Gemeingeist* ist, weil er der Geist Christi ist, der ein Gat-

---

[35] Friedrich Schleiermacher [1830/31], *Der christliche Glaube nach den Grundsätzen der Evangelischen Kirche im Zusammenhange dargestellt*. Zweite Auflage, KGA I/13,2, hg. v. Rolf Schäfer, Berlin/New York 2003, 282–283.
[36] Schleiermacher [1830/31] 2003, 282 (Anm. 35).
[37] Schleiermacher [1830/31] 2003, 282 (Anm. 35).

tungsbewusstsein nicht als Einschränkung, sondern als Entfaltung der eigenen Individualität konstituiert.[38]

Dieser Verschränkung von ethischem Bewusstsein und dogmatischer Reflexion wäre ausführlicher nachzugehen. Sie macht deutlich, wie für Schleiermacher die Dogmatik im Horizont der Ethik als Kulturtheorie entwickelt worden ist.

4 Relevanz der Konzeption

Was wären heute Geselligkeitskonzeptionen, bei denen Menschen eine freie Interaktion ausüben können? Wie steht es z. B. mit den sozialen Medien? Wie sind die anonymen Formen der Partnersuche, des Chats und des öffentlichen Austauschs zu bewerten? Sind hier freie Formen der Vergesellschaftung zu finden? Mit Schleiermacher müssten diese Medien als Geselligkeitsform kritisch betrachtet werden. Der freie Austausch im Sinne einer wechselseitigen Entwicklung und Anregung steht dabei oftmals hinter der funktionalen Aushandlung bestimmter Interessen im Hintergrund. Es wäre in diesem Sinne von Interesse gegenwärtige Sozialisations- und Bildungsprozesse auf die Möglichkeit des freien Austausches hin zu befragen. Dass die Entfaltung von Individualität auf den freien Austausch angewiesen ist, ist nämlich eine Einsicht, die für die Zukunft der gesellschaftlichen Entwicklung von eminenter Bedeutung ist.

Schleiermachers Überlegungen sind jedenfalls ideengeschichtlich betrachtet signifikant für Entwicklungen im Übergang vom 18. zum 19. Jahrhundert. Nach der Historikerin Ute Frevert steht seine Idee der

> ‚Wechselwirkung' (Schleiermacher) Pate bei den zahlreichen Assoziationen, die im späten 18. Jahrhundert in Europa gegründet wurden. Ob im adlig-bürgerlichen Salon, in einer ‚patriotischen' oder Lese-Gesellschaft, in einem Sport- oder Gesangverein oder in einer *friendly society* oder *mutualité* – Menschen (meist Männer) schlossen sich zusammen, aus freier Initiative und ohne äußeren Zwang, um ihre Interessen zu verfolgen. Nicht zufällig gilt das 19. Jahrhundert als Jahrhundert der Vereine – vor allem, aber nicht nur – in Deutschland.[39]

---

38 Wie es im § 121 „Von der Mittheilung des heiligen Geistes" heißt: „Alle im Stande der Heiligung lebenden sind sich eines innern Antriebes im gemeinsamen Mit- und gegenseitigen Aufeinanderwirken immer mehr Eines zu werden als des Gemeingeistes des von Christo gestifteten neuen Gesammtlebens bewußt." (Schleiermacher 1830/31, 278; Anm. 35).
39 Ute Frevert, „Vertrauen und Macht. Deutschland und Russland in der Moderne", hg. v. *Deutsches Historisches Institut Moskau*, Vortrag vom 23.05.2007, zu finden unter: https://www.dhi-moskau.org/fileadmin/user_upload/DHI_Moskau/pdf/Veranstaltungen/2007/Vortragstext_2007–05–23_de.pdf (zuletzt aufgerufen am 20.10.18), 5.

Aber mehr als diese Beispiele kommt heute der paradigmatische Kommunikationsbegriff in den Sinn, wenn Schleiermachers Geselligkeitsbegriff bedacht wird. So wird Kommunikation als „das letzte große Universalitätsversprechen des modernen Denkens" gefasst.[40] Ob diese weitreichende Einordnung trägt, müsste diskutiert werden. In der Folge Schleiermachers lässt sich aber folgendes sagen: Freie Kommunikation ermöglicht Individualität. Und eine Kirche oder Gesellschaft, die dieser freien Kommunikation *nicht* Rechnung trägt, hat keine Entfaltungsmöglichkeit und somit keine Überlebensperspektive. Individualität ist zugleich auf das Bewusstsein für das Ganze der Gesellschaft angewiesen, um die eigenen Grenzen zu erkennen. Für die theologische Ethik ist die freie Interaktion somit für die Entwicklung der Individuen und der Gesellschaft insgesamt von Interesse. Eine Geselligkeitskonzeption – im engen und im weiten Sinne – ist weiterhin erforderlich, um dem gelingenden Leben in der Vielfalt auf der Spur zu bleiben.

---

40 Manfred Faßler, *Was ist Kommunikation?*, Stuttgart ²2003 (Einband).

Michael Beintker
Reformierte Akzente in der Kirchentheorie Friedrich Schleiermachers

1 Ekklesiologie und Kirchentheorie

Im Folgenden wird es um Schleiermachers Lehre von der Kirche und die damit zusammenhängenden Fragen der Ordnung und Gestaltung des kirchlichen Lebens gehen. Alles das lässt sich durchaus unter dem uns heute geläufigen Oberbegriff der „Ekklesiologie" abhandeln. Das ist bekanntlich jenes Teilgebiet der Dogmatik, in dem die Fragen nach Wesen, Auftrag, Gestalt und Strukturen der Kirche zu klären sind. Man kann freilich von der Kirche nicht nur dogmatisch reden. Man kann, da hier immer auch und entscheidend das Handeln der Gemeinschaft der Glaubenden in den Blick zu nehmen ist, die Kirche als Thema der Ethik erörtern. Das hat Schleiermacher auch getan: Wichtige ekklesiologische Fragen werden in der Sittenlehre behandelt, und der für die Glaubenslehre grundlegende Begriff der Kirche wird in der Einleitung mit „Lehnsätzen aus der Ethik"[1] eingeführt, wobei die Ethik hier als Leitbegriff der Vernunftreflexion fungiert. Ebenso ist die Frage nach der Kirche Thema der Praktischen Theologie.

Der fächerübergreifende Horizont der Lehre von der Kirche hängt damit zusammen, dass sich auf diesem Gebiet theologische und empirische Perspektiven in besonderer Weise treffen und überschneiden. Die Kirche ist eben nicht nur Gegenstand des Glaubens, sondern auch Ort des Lebens und Handelns der Glaubensgemeinschaft. Sie verkörpert als Wirkfeld des mit Menschen kooperierenden Geistes Gottes eine ebenso geglaubte wie erfahrbare Realität. Je stärker wir die Kirche von ihrem geistlichen Wesenszentrum her zum Thema machen, desto mehr bewegen wir uns auf dem Feld der Ekklesiologie. In dem Maße aber, wie wir uns der Kirche als sozialem Gebilde und den situationsspezifischen Feldern kirchlichen Handelns nähern, betreten wir das Feld der Kirchentheorie.

Kirchentheorie und Ekklesiologie, Ekklesiologie und Kirchentheorie bedingen einander. Die anwendungsbezogene praktisch-theologische Erörterung kirchlichen Handelns bedarf der ekklesiologischen Fundierung; und eine Ekklesiologie ohne Blick auf die erfahrbare Realität der Kirche bliebe Theorie im El-

---

[1] Vgl. Friedrich Schleiermacher [1830/31], *Der christliche Glaube nach den Grundsätzen der evangelischen Kirche im Zusammenhange dargestellt*. Zweite Auflage, hg. v. Rolf Schäfer, Berlin/New York 2003 (KGA I/13/1 und 13/2), 19–59 (§§ 3–6).

fenbeinturm. Kirchentheorie, so Reinhard Preul in seinem diesem Thema gewidmeten Buch, findet ihr Spezifikum darin, dass sie „den dogmatischen Lehr- oder Wesensbegriff" von Kirche „auf einen gegebenen kirchlichen Zustand mit dem Zweck einer kritischen Beurteilung und gegebenenfalls Verbesserung dieses Zustandes [bezieht]".[2] Weil sich in der Kirchentheorie systematisch-theologische und praktisch-theologische Reflexionsgänge verknüpfen und überschneiden, kann Preul die Kirchentheorie als „Verbindungsstück zwischen Systematischer und Praktischer Theologie"[3] charakterisieren.

Schleiermacher hat weder von „Ekklesiologie" noch von „Kirchentheorie" gesprochen – beide Ausdrücke waren als geprägte Fachtermini im 19. Jahrhundert noch nicht gebräuchlich –, aber seine Lehre von der Kirche und das damit verbundene ekklesiologische Setting wird durch den Ausdruck „Kirchentheorie" genauer getroffen als durch den Ausdruck „Ekklesiologie". Das hängt damit zusammen, dass es gemäß dem Ansatz der Glaubenslehre beim christlichen Selbstbewusstsein keine Lehraussage gibt, die nicht zugleich eine Aussage über die gelebte Erfahrung des Glaubens ist. Das Leben der „Gemeinschaft der Gläubigen" – für Schleiermacher dasselbe wie „Kirche"[4] – ist von permanenten Interaktionen, Wechselbeziehungen und Kommunikationsdynamiken bestimmt. Indem die einzelnen Wiedergeborenen „zu einem geordneten Aufeinanderwirken und Miteinanderwirken" zusammentreten,[5] bildet sich Kirche. Und dies wiederum impliziert bestimmte Formen der Kommunikation und der Organisation. Die Ausbreitung des Christentums konnte sich nicht ohne Organisation vollziehen; Leben und Sichorganisieren, „wie wir es auch in allen geistigen Beziehungen kennen",[6] prägte schon das Naturwerden des Göttlichen in Jesus Christus und durchformt deshalb erst recht den von ihm gewirkten Gemeinschaftszusammenhang der Glaubenden. Christi Wirken ist gemeinschaftsbildend, und dies sodass durch seine erlösende Wirksamkeit auf Einzelne Gemeinschaft entsteht.

Die Formen der Organisation und erst recht die Formen der Leitung der Gemeinschaft, das heißt der Kirchenleitung, sind nicht beliebig. Sie sollen in einem Korrespondenzverhältnis zum Leben der Gemeinschaft stehen und dieses im Sinne der erlösenden Tätigkeit Jesu Christi ermöglichen, beleben und fördern. Wo dieses Korrespondenzverhältnis behindert und gestört ist, bedarf es der Abhilfe.

---

2 Reinhard Preul, *Kirchentheorie. Wesen, Gestalt und Funktionen der Evangelischen Kirche*, Berlin/New York 1997, 3 (im Original hervorgehoben).
3 Preul 1997, 4 (im Original hervorgehoben) (Anm. 2).
4 Vgl. Schleiermacher [1830/31] 2003, 227 (Anm. 1).
5 Schleiermacher [1830/31] 2003, 239 (Anm. 1).
6 Schleiermacher [1830/31] 2003, 232 (Anm. 1).

Hier kommt dann bei Schleiermacher das zum Tragen, was Preuls Begriff von Kirchentheorie ausmacht, dass sie nämlich den dogmatischen Lehr- oder Wesensbegriff von Kirche „auf einen gegebenen kirchlichen Zustand mit dem Zweck einer kritischen Beurteilung und gegebenenfalls Verbesserung dieses Zustandes [bezieht]".[7] Kritische Beurteilung der vorfindlichen Kirche und Verbesserung ihres Zustands nehmen im Denken und Handeln Schleiermachers einen beachtlichen Raum ein, man denke nur an sein Engagement für die Presbyterialverfassung, an seine Kritik am landesherrlichen Kirchenregiment, an seine kirchenpolitischen Gutachten und Expertisen oder auch an seine Funktion als Präses der ersten Berliner Gesamtsynode.[8]

Im Blick auf die ekklesiologische Verknüpfung theologischer und organisatorischer (genauer: systemischer) Aspekte hat es Schleiermacher zu wahrer Meisterschaft gebracht; darin ist und bleibt seine Kirchentheorie in herausragender Weise beispielgebend. Man stößt schon hier auf eine Konvergenz mit der reformierten Ekklesiologie. Denn letztere hat von Anfang an die Fragen kirchlicher Ordnung und Organisation betont als *theologische* Fragen ernstgenommen. Man traf sich zwar mit den Lutheranern in der Formulierung von Confessio Augustana VII, wonach die *recta doctrina evangelii* und *recta administratio sacramentorum* die entscheidenden Kennzeichen der sichtbaren Kirche seien.[9] Dieser Konsens wurde im 20. Jahrhundert zu einer entscheidenden Voraussetzung der Leuenberger Konkordie. Aber die Reformierten haben deshalb die Frage nach Gestalt und Ordnung der Kirche nicht zu einem nachgeordneten Thema erklärt, das am Ende sogar den Ermessensräumen der zivilen Rechtsverhältnisse überlassen werden könnte. Charakteristisch dafür ist die in der dritten Barmer These behauptete Korrespondenz von Botschaft und Ordnung der Kirche.[10] Sie kam schon als Gestaltungsgrundsatz Calvins in Betracht: Aus der Botschaft ergeben sich Leitaspekte und Kriterien für die „Ordonnances ecclésiastiques de l'Eglise de

---

7 S. Anm. 2.
8 Zu Schleiermachers Wirken auf dem Feld der Kirchenpolitik in Preußen vgl. Albrecht Geck, *Schleiermacher als Kirchenpolitiker*, Unio und Confessio 20, Bielefeld 1997, zur Theorie des Kirchenregiments vgl. Christoph Dinkel, *Kirche gestalten – Schleiermachers Theorie des Kirchenregiments*, Schleiermacher-Archiv 17, Berlin/New York 1996.
9 Vgl. BSELK 103, Z. 5–7.
10 Vgl. These III der Barmer Theologischen Erklärung: Die Kirche „hat mit ihrem Glauben wie mit ihrem Gehorsam, mit ihrer Botschaft wie mit ihrer Ordnung mitten in der Welt der Sünde als die Kirche der begnadigten Sünder zu bezeugen", dass sie allein Christi Eigentum ist (Martin Heimbucher/Rudolf Weth [Hg.], *Die Barmer Theologische Erklärung. Einführung und Dokumentation*, Neukirchen-Vluyn [7]2009, 39).

Geneve"¹¹, die beachtet sein wollen, wenn die Kirche im reformatorischen Sinn erneuert werden soll. Der Korrespondenz von Botschaft und Ordnung entspricht bei Schleiermacher der Zusammenhang zwischen der Lebensgemeinschaft mit Christus und der diese Lebensgemeinschaft ermöglichenden und zusammenhaltenden Ordnungen. Diese können der Lebensgemeinschaft nicht von außen übergestülpt werden – eines seiner maßgeblichen Argumente gegen das Hineinregieren des preußischen Königs und seines Konsistoriums in die evangelische Kirche – sie müssen aus der Lebensgemeinschaft mit Christus organisch herauswachsen und ihr gemäß gebildet sein.

2 Der Weg zur Union entspricht einer reformierten Haltung

Der Weg zur Union entspricht einer reformierten Haltung: Diese These klingt befremdlich, für manche vielleicht sogar verstörend. Sie klingt *vor* 1817 – dem entscheidenden Datum für Unionsbildungen in Deutschland – anders als danach. Denn so sehr die Unionen des frühen 19. Jahrhunderts begrüßt werden konnten, führten sie dann in einer Art Umkehrschub zu einer Revitalisierung und Erstarkung des lutherischen und dann auch des reformierten Konfessionsbewusstseins. Das hatte zur Folge, dass wenige Jahrzehnte *nach* 1817 die meisten Lutheraner und sehr viele Reformierte eine Kirchenunion für eine mit ihrer Identität unvereinbare Angelegenheit hielten.

Aber um 1817 lagen Kirchenunionen in der Luft. Die 300-Jahrfeier der Reformation bot im Blick auf die Spaltung der reformatorischen Bewegung reichlich Anlass zur Nachdenklichkeit. War nicht die konfessionelle Spaltung des Protestantismus als Fehlentwicklung zu betrachten, die nun endlich überwunden werden konnte? In den gemischtkonfessionellen Territorien, dort also, wo lutherische und reformierte Gemeinden bisweilen Wand an Wand nebeneinanderher lebten, war das Gefühl für die Unterschiede der Freude am beide Seiten verbindenden Evangelium gewichen.

Schleiermacher, der bereits in der Brüdergemeine erlebt hatte, dass Lutheraner und Reformierte ungeachtet ihrer Kirchentrennung bei den Abendmahlsfeiern willkommen waren,¹² betrachtete von Anfang an den konfessionellen Ge-

---

11 Johannes Calvin, *Les Ordonnances ecclésiastiques de 1561*, in: *Calvin-Studienausgabe, Bd. 2. Gestalt und Ordnung der Kirche*, Neukirchen-Vluyn 1997, 227–303.
12 Vgl. Friedrich Daniel Ernst Schleiermacher [1817], *Amtliche Erklärung der Berlinischen Synode über die am 30sten Oktober von ihr zu haltende Abendmahlsfeier*, in: ders., *Kirchenpolitische*

gensatz von Lutheranern und Reformierten als überholt. Er veröffentlichte zum Beginn des Jahres 1804 zwei Gutachten „in Sachen des protestantischen Kirchenwesens zunächst in Beziehung auf den Preußischen Staat".[13] Im ersten Gutachten befasste er sich mit den Nachteilen, die aus der Trennung von lutherischen und reformierten Kirchen entstehen. Die „Fortdauer dieser Absonderung" gereiche „unter den gegenwärtigen Umständen der wahren Religiosität zum Schaden".[14] Die einfachen Christen, so führte er aus, haben keine authentischen Kenntnisse von den theologischen Unterschieden zwischen den beiden evangelischen Konfessionen; eigentlich kennen sie nur die Abweichungen beim Vaterunser-Gebet, in der Abendmahls- und Taufliturgie und bei einigen Formen des Gottesdienstes.[15] Was bleibe ihnen also anderes übrig als anzunehmen, „diese Kleinigkeiten constituierten einen verschiedenen Glauben, und müßten also eine Hauptsache seyn in der Religion, mehr als das meiste von dem, worin beide ganz einig sind".[16] Und wenn man den einfachen Christen beigebracht habe, das Abendmahl als ein Bekenntnis des Glaubens anzusehen, dann müssten sie natürlicherweise schlussfolgern, „wer zu einem andern Abendmahle gehe und zu dem Ihrigen nicht gehen dürfe, der habe einen anderen Glauben",[17] obwohl das so gar nicht zuträfe. Für Schleiermacher war die innerevangelische Konfessionsdifferenz zu einem die evangelische Frömmigkeit behindernden Anachronismus geworden. Diese Differenz war nicht zu restaurieren und weiter auf Dauer zu stellen, sondern zu überwinden. Auch hier war das Beispiel der Brüdergemeine wichtig,[18] ja Schleiermacher sprach ausdrücklich von „Kirchengemeinschaft",[19] die über konfessionelle Grenzen hinweg gelebt werde. Die bestehenden Lehrdifferenzen waren als nicht kirchentrennend hinzunehmen, sodass es auch nicht erforderlich war, ein Lutheraner und Reformierte verbindendes neues Lehrbekenntnis aufzustellen. Eine ausdrückliche Veränderung des Lehrbegriffs „würde nemlich den übrigen Theilen beider Kirchen immer einigen Vorwand geben, die so vereinigte in oder außer ihrer Gemeinschaft zu erklären, je nachdem sie die Sache

---

Schriften, KGA I/9, hg. v. Günter Meckenstock unter Mitwirkung von Hans-Friedrich Traulsen, Berlin/New York 2000, 173–188, hier 187–188.
13 Friedrich Daniel Ernst Schleiermacher [1804], *Zwei unvorgreifliche Gutachten in Sachen des protestantischen Kirchenwesens zunächst in Beziehung auf den preußischen Staat*, in: ders., *Schriften aus der Stolper Zeit* (1802–1804), KGA I/4, hg. v. Eilert Herms/Günter Meckenstock/Michael Pietsch, Berlin/New York 2002, 359–460.
14 Schleiermacher [1804] 2002, 371 (Anm. 13).
15 Schleiermacher [1804] 2002, 371–372 (Anm. 13).
16 Schleiermacher [1804] 2002, 372–373 (Anm. 13).
17 Schleiermacher [1804] 2002, 372 (Anm. 13).
18 Vgl. Schleiermacher [1804] 2002, 396 (Anm. 13).
19 Schleiermacher [1804] 2002, 396 (Anm. 13).

ansähen, und es entstände durch die Vereinigung selbst nur die Gefahr einer neuen Trennung".[20]

Die Einheit des Protestantismus war an der unversöhnlichen Haltung Luthers gegenüber der Abendmahlslehre Zwinglis zerbrochen. Die späteren Versöhnungsbemühungen Calvins und Melanchthons scheiterten an der Unnachgiebigkeit Luthers und nach dessen Tod an der um sich greifenden ressentimentbehafteten Abneigung der Lutheraner gegenüber allem, was aus der Zürcher und Genfer Reformation hervorgegangen war. Dabei hätte der von Calvin entwickelte Typus der Abendmahlslehre als Brücke dienen können. Wer sich an Calvin orientierte, brauchte die lutherische Abendmahlslehre nicht mit einer Lehrverurteilung zu überziehen (das hat es so auch nicht gegeben!) und hätte die Lutheraner zum Abendmahl willkommen heißen können. Der Weg zur Union entsprach tatsächlich einer reformierten Haltung, konnte doch so der mit dem Marburger Religionsgespräch angerichtete Schaden definitiv geheilt werden. So waren es um 1817 immer wieder die Reformierten, die mit Nachdruck für die Union eintraten; Schleiermacher nimmt hier keine Sonderstellung ein. Der Unterschied zwischen der lutherischen und der calvinischen Vorstellung vom Abendmahl sei nicht geeignet, „eine Trennung der Kirchengemeinschaft zu begründen".[21] Den Grund zur Trennung hätte es schon im 16. Jahrhundert nicht gegeben, weil sie im Entscheidenden gerade nicht differierten, weshalb man die Verschiedenheiten „lediglich als eine Sache der Schule" betrachten könne.[22]

Die Verständigung über Lehrdifferenzen und die Bemühungen um Konsensbildungen, wie sie heute in den ökumenischen Dialogen geübt werden, führte Schleiermacher auf die Auffassung der katholischen Kirche zurück, nach der „die vollkommene Wahrheit der christlichen Lehre vollkommen ausgesprochen wäre in der Schrift und Tradition".[23] Für die evangelische Auffassung kommt ein solches auf Lehrdokumente fixiertes Verständnis der Wahrheit nicht in Frage. Vielmehr muss von einem Entwicklungsprozess der Wahrheit in der christlichen Lehre gesprochen werden: „die christliche Wahrheit ist implicite in der Schrift; aber die Entwikklung derselben aus der Schrift ist ein immer fortgehender Proceß[,] der nicht vollkommen vollendet sein kann".[24] Das bedeutet dann auch, dass die Bekenntnisschriften des 16. Jahrhunderts als Etappen der Lehrentwick-

---

20 Schleiermacher [1804] 2002, 389 (Anm. 13).
21 Schleiermacher [1830/31] 2003, 402 (Anm. 1).
22 Vgl. Schleiermacher [1830/31] 2003, 169 (Anm. 1).
23 Friedrich Schleiermacher, *Die praktische Theologie nach den Grundsäzen der evangelischen Kirche im Zusammenhange dargestellt*. Aus Schleiermachers handschriftlichem Nachlasse und nachgeschriebenen Vorlesungen, hg. v. Jacob Frerichs, Berlin 1850, 557.
24 Schleiermacher 1850, 557 (im Original hervorgehoben) (Anm. 23).

lung, nicht aber als sakrosankte Texte betrachtet werden können. Die Bindung an symbolische Bücher lehnt Schleiermacher ab, weil damit Entwicklung und Veränderung ausgeschlossen werden. Die Confessio Augustana sei „nur eine Darstellung dessen[,] was damals gelehrt wurde und werden sollte, um die übertriebenen Gerüchte [der Gegner, – M. B.] zu widerlegen"[25]. Und dann wird Schleiermacher heftig: „Dies als bindend für alle Zeiten anzusehen ist ein Unsinn[,] der sich nicht größer denken läßt"[26]. Die evangelische Kirche bleibe nur eine evangelische, „wenn sie die Beweglichkeit des Dogmas durch die Schrifterklärung annimmt; sie wird darum nicht in sich selbst zerfallen, sondern durch den Geist eins sein."[27] Wer hingegen die lebendige Bewegung der Wahrheit im Dogma fixiert, bereitet nur den Boden für neue Kirchenspaltungen. Das Ziel des klugen Kirchenregiments muss darin bestehen, Raum für die Entfaltung der christlichen Frömmigkeit zu schaffen und die Kirche immer mehr in eine Lage zu bringen, in der „sie feststehender Vorschriften für die Lehre nicht bedarf".[28] Das kluge Kirchenregiment wird darauf vertrauen, dass der Glaube von den Herzen der Menschen Besitz ergreift und gerade dadurch Einsicht in die Wahrheit wächst. In diesem Zusammenhang findet sich der schöne Aphorismus: „Es ist also auch gar nicht so schwer[,] die Kirche zu regieren, wenn man nur nicht zuviel regieren will [...]".[29]

Das Verständnis der Wahrheit in der evangelischen Kirche wird der Unabgeschlossenheit und Entwicklungsfähigkeit der christlichen Lehre Rechnung tragen. Es wird die Pluralität von Lehrauffassungen befürworten und die Freiheit der Theologie achten. So gesehen werden Wahrheit und Freiheit zu den besten Garanten der Einheit der Kirche. Unter dieser Voraussetzung kann Schleiermacher in der Glaubenslehre dann mit Respekt aus den lutherischen und reformierten Bekenntnistexten der evangelischen Kirche zitieren.

Ungeachtet der hier zu Tage tretenden Modernisierungsbereitschaft der Theologie Schleiermachers zeichnet sich auch bei seiner Bewertung der Bekenntnisschriften eine gewisse Konvergenz zur reformierten Theologie ab. Zwar konstituiert sich die konfessionsbestimmende Identität reformierter Kirchen über ein oder über mehrere Bekenntnisse, die in der jeweiligen Kirche in Geltung stehen. Aber dabei waltet die Vielfalt. Im Unterschied zu den lutherischen Kirchen kennen reformierte Kirchen keinen abgegrenzten und abgeschlossenen Bekenntniskanon. In besonderem Ansehen steht weltweit der Heidelberger Katechismus – ein Unterrichtsbuch

---

25 Schleiermacher 1850, 641 (Anm. 23).
26 Schleiermacher 1850, 641 (Anm. 23).
27 Schleiermacher 1850, 641 (Anm. 23).
28 Schleiermacher 1850, 635 (im Original hervorgehoben) (Anm. 23).
29 Schleiermacher 1850, 636 (im Original hervorgehoben) (Anm. 23).

und keine theologische Lehrschrift. Das schließt ein, dass sich die einzelne reformierte Kirche auf ein besonderes Bekenntnis bezieht, das zumeist mit ihrer Entstehung oder doch der Überwindung einer kirchlichen Konfliktsituation ihrer Geschichte verbunden ist. Aber reformierte Kirchen wussten und wissen, dass sich das Bekennen nicht in der rezitierenden Vergegenwärtigung historischer Bekenntnisaussagen erschöpfen kann. So können neue Texte, die dem aktuellen Bekennen entspringen, den Charakter eines kirchlich rezipierten Bekenntnisses annehmen. Das gilt zum Beispiel für die Barmer Theologische Erklärung von 1934 und in wachsendem Maße für das Bekenntnis von Belhar (1986), das der Barmer Theologischen Erklärung nachempfunden ist und die Einsichten von Barmen im Blick auf die Apartheidpolitik in Südafrika fortgeschrieben hat. Die dahinterstehende Wertschätzung von kirchlich affirmierten Bekenntnisaussagen hätte Schleiermacher so nicht geteilt. Wohl aber hätte er sich im Blick auf die Weiterentwicklung der christlichen Lehre auf die Offenheit und Unabgeschlossenheit der reformierten Bekenntnissammlungen berufen können.

3 Einige Hinweise zu Schleiermachers Abendmahlsverständnis

Am Abendmahlsverständnis Schleiermachers wird deutlich, dass die Trennung der Evangelischen am Tisch des Herrn bei genauer Betrachtung dessen, was sie bei der Feier des Abendmahls eint, überwunden werden kann. Schleiermacher geht hier so vor, dass er das Verbindende herausstellt, unterschiedliche Lesarten des Verbindenden zulässt und dann nach der einen und der anderen Seite die Eckpunkte markiert, jenseits derer die unvermeidlichen und unüberbrückbaren Differenzen beginnen. Darin hat er eine auch ökumenisch interessante Methodik des Umgangs mit strittigen Lehrpositionen entwickelt.

Die ganze Christenheit stimmt darin überein, dass sie von jeher das Abendmahl „als den höchsten Gipfel des öffentlichen Gottesdienstes"[30] betrachtet hat. Die Feier des Gottesdienstes würde uns unvollständig erscheinen, „wenn nicht an bestimmten Punkten – und zwar auf den höchsten und heiligsten am meisten – das Abendmahl als das innigste Bindungsmittel seinen Ort hätte".[31] Indem den Christen „nach der Einsetzung Christi sein Leib und Blut dargereicht wird",[32] gelangt die Gemeinschaft eines jeden mit Christus und darin zugleich die Ver-

---

30 Schleiermacher [1830/31] 2003, 379–380 (Anm. 1).
31 Schleiermacher [1830/31] 2003, 380 (Anm. 1).
32 Schleiermacher [1830/31] 2003, 378 (Anm. 1).

bundenheit eines jeden mit den Anderen zum Ausdruck ihrer höchsten Intensität. Darin besteht konfessionsübergreifender Konsens. Die Differenzen beginnen bei der Frage, ob die Handlung auch der Einsetzung durch Christus angemessen sei. Angesichts der Verschiedenheit der Abendmahlsgebräuche in den christlichen Kirchen und der gegenseitigen Bestreitung der Validität ihrer Abendmahlsfeiern wird hinlänglich deutlich, dass darüber „eine vollständige Uebereinkunft [...] noch nicht erzielt ist".[33]

Die bestehenden Differenzen müssen freilich der Abendmahlsgemeinschaft dann nicht im Wege stehen, wenn man zwischen erträglichen Differenzen und Differenzen, „welche die gemeinschaftliche Verrichtung der Handlung hindern könnten",[34] unterscheidet.

Die eine hinderliche Differenz ist diejenige zwischen der evangelischen und katholischen Auffassung vom Modus der Gegenwart Jesu Christi *extra usum*. Mit der Transsubstantiationslehre als solcher kann Schleiermacher großzügig verfahren, denn diese ist für den Vollzug der Feier und die Frage nach dem Empfang von Leib und Blut Christi unerheblich.[35] Ob Leib und Blut zugleich mit Brot und Wein leiblich genossen werden, oder ob Leib und Blut Christi zum leiblichen Genuss in den Ort des Brotes und Weines geschafft worden sind, also in den Elementen lokalisiert werden können, ist für den Erfolg der Feier „völlig gleichgültig".[36] Das Problem beginnt aber, wenn an der besonderen Präsenz von Leib und Blut Christi in den konsekrierten Elementen außerhalb der Abendmahlsfeier festgehalten wird, Brot und Wein also zum Gegenstand kultischer Verehrung werden. Hier tritt ein magisches Moment hinzu, das aus evangelischer Sicht nur abgelehnt werden kann, zumal es auch keinen Anhalt an den Aussagen des Neuen Testaments hat.

Die andere hinderliche Differenz läuft auf eine Entwertung der leiblichen Dimension des Abendmahls zugunsten des geistlichen Empfangs hinaus.[37] Luther und die Seinen hätten diese Deutung zu Unrecht den Reformierten angelastet, tatsächlich seien es die „Sakramentierer", die solches vertreten und das Abendmahl zum bloßen Zeichen herabgesetzt hätten.[38]

Zwischen diesen Eckpositionen bewegen sich die Abendmahlslehren Luthers, Zwinglis und Calvins.[39] Luther und Calvin waren darum bemüht, die Gegenwart

---

33 Schleiermacher [1830/31] 2003, 382 (Anm. 1).
34 Schleiermacher [1830/31] 2003, 387 (Anm. 1).
35 Schleiermacher [1830/31] 2003, 388–389 (Anm. 1).
36 Schleiermacher [1830/31] 2003, 388 (Anm. 1).
37 Vgl. Schleiermacher [1830/31] 2003, 380–381 (Anm. 1).
38 Vgl. Schleiermacher [1830/31] 2003, 389–390 (Anm. 1).
39 Vgl. Schleiermacher [1830/31] 2003, 390–393 (Anm. 1).

Christi in Brot und Wein auszusagen, aber nach Schleiermacher ist es ihnen nicht gelungen, die Frage nach der realen Gegenwart Christi in Brot und Wein wirklich zu klären. Das kann man ihnen nicht zum Vorwurf machen, kritisieren kann man jedoch, dass sie diese Frage überhaupt für klärbar hielten. Schleiermacher optiert für Zwingli, der den leiblichen Genuss und die geistige Wirkung durch das Wort verbunden habe. Seine Auffassung sei „die klarste und faßlichste, weil sie eine genaue Analogie aufstellt zwischen dem Abendmahl und der Taufe, und die gar schwer zu beschreibende wirkliche Gegenwart von Leib und Blut ganz aus dem Spiel läßt, so daß sie unter sacramentlichem Genuß nichts anderes verstehen kann als die Verbindung des geistigen Genusses mit jenem bestimmten leiblichen".[40] Von hier aus hält Schleiermacher auch eine Weiterentwicklung der evangelischen Abendmahlslehre für denkbar. Entscheidend sei die Frage nach den Wirkungen des Abendmahls. Wenn klar sei, dass der „Genuß des Leibes und Blutes Christi im Abendmahl [...] allen Gläubigen zur Befestigung ihrer Gemeinschaft mit Christo" gereiche,[41] können die innerevangelischen Differenzen bei der Frage nach dem Wie der Gegenwart Christi ertragen werden; sie sind jedenfalls kein Grund mehr, die Mahlgemeinschaft zu verweigern.

Schleiermachers Abendmahlslehre bietet ein gutes Beispiel, wie man aus den Versteifungen auf die Lehrpositionen des 16. Jahrhunderts hinauskommen kann, indem man sich von deren Zwangsalternativen löst. Während die Reformierten in der Regel auf die integrative Kraft der Abendmahlslehre Calvins schwören und Zwinglis Deutung meist zu simpel finden, verdient es Beachtung, dass Schleiermacher die größte Klarheit gerade bei Zwingli gesehen hat.

4 Grundzüge reformierter Kirchenverfassung

Aber die Nähe zu Zwingli in der Abendmahlslehre muss eine Nähe zwischen Schleiermacher und Calvin nicht ausschließen. Im Gegenteil: Schleiermachers Auffassungen zur Gestaltung des Kirchenregiments und zur Kirchenverfassung folgten erkennbar den Gestaltungsgrundsätzen der auf Calvin zurückgehenden presbyterial-synodalen Kirchenordnung. Sie bewegten sich in Richtung einer Alternative zum landesherrlichen Kirchenregiment und bedeuten darin einen markanten Neuaufbruch am Anfang des 19. Jahrhunderts. Schleiermacher war bewusst, dass die Episkopalrechte des Königs nicht von heute auf morgen abzuschaffen waren. Aber sie waren zu bändigen und in ihre Grenzen zu weisen.

---

40 Schleiermacher [1830/31] 2003, 392 (Anm. 1).
41 Schleiermacher [1830/31] 2003, 394 (Anm. 1).

Schleiermacher sah die evangelische Kirche in einem Prozess, in dem nach und nach die Eingriffsmöglichkeiten des Konsistoriums, d. h. der staatlichen Kirchenbehörde, eingeschränkt werden mussten. Das dazu aufgestellte kirchenpolitische Leitziel lautete: „Das Kirchenregiment muß sich immer mehr dem Zustand nähern[,] in dem es ist[,] wenn es sich frei aus der Gemeinde entwikkelt."[42] Man sieht sogleich: Schleiermacher dachte die Kirche von der Gemeinde aus, von unten nach oben, vom Ort her, an dem die Gemeinschaft mit Christus erfahren und gelebt wird, hin auf das Ganze der evangelischen Kirche.

Zum besseren Verständnis der Auffassungen Schleiermachers seien an dieser Stelle in gebotener Kürze die Grundzüge der im reformierten Westeuropa entstandenen presbyterial-synodalen Kirchenordnung umrissen.[43]

Diese Kirchenordnung war als Alternative zur episkopalen Verfassung der römischen Kirche mit ihren Über- und Unterordnungen von Klerus und Kirchenvolk konzipiert worden. Die Funktion des Bischofs steht einzig und allein Jesus Christus zu; jede Ordnung muss dem Grundsatz folgen, dass die Kirche nach dem Willen ihres Herrn regiert werden kann.[44]

In den „Ordonnances ecclésiastiques de l'Eglise de Geneve" [45] hatte Calvin eine Struktur von vier Ämtern vorgesehen, die nach dem Willen Christi die Kirche leiten sollten: das Amt des Pastors, das Amt des Doktors bzw. Lehrers, das Amt des Ältesten und das Amt des Diakons.[46] Das war auch von der Gemeinde aus gedacht. Älteste bzw. Presbyter nehmen vor allem die Verantwortung für die Gemeindedisziplin und die damit verbundene Seelsorge wahr. Das Amt der Diakone dient der Vermögensverwaltung der Kirche und der Fürsorge für die Armen und Kranken.

Die Inhaber der vier Ämter üben die Leitung der Gemeinde gemeinsam aus. Zusammen bilden sie das „Consistoire", was dem späteren Presbyterium in den reformierten Gemeinden entspricht. Damit war das Kollegialitätsprinzip der Kirchenleitung etabliert. Weil Jesus Christus der einzige Herr und Bischof ist, kann kein Pastor die Obergewalt über andere Pastoren, kein Ältester die Herrschaft über

---

42 Schleiermacher 1850, 540 (Anm. 23).
43 Vgl. dazu Michael Beintker, „Leitlinien reformatorischer Ekklesiologie. Das Beispiel Calvins", ZThK 114 (2017), 398–416. Nachfolgend nehme ich auf einige Darlegungen dieses Aufsatzes Bezug, insbesondere auf Abschnitt 4, 410–416.
44 Vgl. Johannes Calvin, Institutio IV,3.1 (Johannes Calvin [1559], *Unterricht in der christlichen Religion*, übers. u. bearb. v. Otto Weber [im Folgenden: Weber], Neukirchen-Vluyn ⁵1988, 714. *Johannes Calvini Opera selecta*, München 1926 ff. [im Folgenden: OS], V, 42, Z. 1–4).
45 S. Anm. 11.
46 Vgl. Calvin, Institutio IV,3 (Weber, 714–724; OS V, 42–57) (Anm. 44), ders., *Ordonnances ecclésiastiques*, 239–259 (Anm. 11).

andere Älteste und keine Gemeinde den Vorrang über andere Gemeinden beanspruchen: „[...] alle wahren Pastoren, an welchem Ort sie auch sein mögen, [haben] dasselbe Ansehen und die gleiche Macht [...] unter einem einzigen Haupt, einzigen Herrn und einzigen allgemeinen Bischof, Jesus Christus".[47] Das richtete sich gegen jede Form der Weihehierarchie. Bei genauer Beschreibung der jeweiligen Kompetenzen realisiert sich Kirchen- bzw. Gemeindeleitung im kollegialen Zusammenspiel von geistlicher und presbyterialer Bevollmächtigung. Äußerst wichtig war die Wahl der Pastoren durch die Gemeinde. Die Berufung eines Pfarrers sei nach Gottes Wort dann legitim, „wo auf Grund der einhelligen Meinung [consensu] und der Billigung [approbatione] des Volkes diejenigen gewählt werden, die als geeignet erschienen sind".[48]

Im Laufe der weiteren Entwicklung hat sich allmählich ein synodal geordnetes Netzwerk der örtlichen Kirchen und ihrer Leitungen herausgebildet.[49] Das ist gut in Frankreich zu beobachten, wo sich – mitten in der Verfolgung – die Konturen der presbyterial-synodalen Kirchenordnung herauskristallisierten. Calvin hat diese Entwicklung beratend begleitet. Auf der ersten französischen Nationalsynode, die 1559 geheim in Paris zusammenkam, wurde die Discipline Ecclésiastique[50] beschlossen; sie entsprach vollauf seinen Gedanken. Das in der Folgezeit weiterentwickelte Konzept sah Synoden auf lokaler, regionaler und nationaler Ebene vor. Für die Arbeitsweise wurde brüderliche Beratung in allen Fragen gefordert, die von gemeinsamem Interesse waren. Jede Gemeinde sollte auf den Synoden von ihren Predigern, einem Kirchenältesten und einem oder

---

47 So die *Confessio Gallicana* [1559/1571], Artikel 30: „Nous croyons tous vrais pasteurs, en quelque lieu qu'ilz soyent, avoir mesme authorité et esgale puissance soubs un seul chef, seul souverain et seul universel Evesque, Iésus Christ. Et pour ceste cause, que nulle église ne doit prétendre aucune Domination ou Seigneurie sur l'autre" (Reformierte Bekenntnisschriften 2/1, 26, Z. 9–12. Deutsche Übersetzung nach: Heinz Langhoff [Hg.], *Von Paris über Potsdam nach Leuenberg. Dokumente zum Werden und Weg der reformierten Gemeinden in der DDR*, Berlin 1984, 19).
48 Calvin, *Institutio* IV,3.15 (Weber, 724; OS V, 56, 14–16) (Anm. 44). Um bei der Wahl alle Unregelmäßigkeiten auszuschalten, sollen andere (d. h. unparteiische) Pastoren die Wahl leiten, „damit sich die Menge nicht etwa durch Leichtfertigkeit, falschen Eifer oder auch Tumulte versündigt" (Calvin, *Institutio* IV,3.15 [Weber, 724; OS V, 56, 16–18] [Anm. 44]). In den „Ordonnances ecclésiastiques" von 1561 wurde diese Praxis variiert: Die Pfarrer wählen den Kandidaten aus und stellen ihn dem Kleinen und dem Großen Rat von Genf vor. Wenn er als geeignet erscheint, wird er dem Volk im Gottesdienst vorgestellt, „damit er so durch die allgemeine Zustimmung der Gemeinde der Gläubigen angenommen wird" (Calvin, *Ordonnances ecclésiastiques*, 241, Z. 37–38 [Anm. 11]).
49 Vgl. dazu die Hinweise bei Judith Becker, „Reformierter Gemeindeaufbau in Westeuropa. Zur Verbreitung calvinischer Ekklesiologie", in: *Calvin und Calvinismus. Europäische Perspektiven*, VIEG Beihefte 84, hg. v. Irene Dingel/Herman J. Selderhuis, Göttingen 2011, 263–279.
50 *Die Discipline ecclésiastique von 1559*, in: Reformierte Bekenntnisschriften 2/1, 56–83.

mehreren Diakonen vertreten werden.[51] Jede Über- oder Unterordnung der einen über bzw. unter die anderen wird ausgeschlossen. Die Ordnung beginnt mit den allen Hierarchiebildungen entgegenstehenden Worten: „Keine Kirche wird sich eine Herrschaft oder ein Regiment über eine andere anmaßen."[52]

Inwieweit diese Ordnung in Frankreich reibungslos funktionieren konnte, ist eine Frage für sich. Bis zum Edikt von Nantes (1598) und dann wieder mit den unter Ludwig XIV. einsetzenden Verfolgungsmaßnahmen war der synodale Zusammenhalt auf das Äußerste bedroht. Nach der 29. französischen Nationalsynode in Loudon (1659) waren die Nationalsynoden vom König verboten worden. Aber in jenem Jahrhundert zwischen der geheimen Nationalsynode von Paris (1559) und derjenigen von Loudon war aus den 40 Artikeln der Urfassung der französischen Discipline ecclésiastique eine kirchenrechtliche Sammlung von 14 Kapiteln und 248 Paragraphen erwachsen, in der sich die Erfordernisse der Existenz im Widerstand und Untergrund ebenso niedergeschlagen haben wie die Notwendigkeit, den speziellen Gegebenheiten Rechnung zu tragen.[53] Dieser Wachstumsprozess belegt, wie lebendig diese Kirchenordnung gewesen ist. Henri Tollin, Pastor und Chronist der französisch-reformierten Gemeinde in Magdeburg, sprach später nicht ohne Stolz von einer „Sammlung hundertjähriger presbyterial-synodaler Erfahrung", die „keine andere Kirche der Welt aufzuweisen [hat] als allein die hugenottische".[54]

Die Gemeinden einer Region waren im Verband der Kolloquien oder Kreissynoden integriert.[55] Sie sollten die Arbeit der seit Inkrafttreten der Discipline existierenden Provinzialsynoden entlasten. Jede Gemeinde entsandte dazu einen Prediger und einen Ältesten. Die Kolloquien entschieden über Fragen, die in den Gemeinden vor Ort nicht geklärt werden konnten, und pflegten den Austausch über alle den Gemeindeverband angehenden Fragen. Sie übten Kritik, und ihre Beschlüsse waren für die einzelnen Gemeinden bindend. Ihrerseits waren die Kolloquien an die Beschlüsse der Provinzialsynoden gebunden,[56] auf denen sich

---

51 Vgl. *Discipline ecclésiastique* von 1559, 75, Z. 1–2 (Anm. 50).
52 Vgl. *Discipline ecclésiastique von 1559*, 74, Z. 4–5: „Premièrement que nulle Église ne pourra pretender principauté ou domination sur l'autre." (Anm. 50) (Übersetzung nach Langhoff [1984], 21 [Anm. 47]).
53 Vgl. den Abdruck der *Discipline Ecclésiastique des Eglises Reformées de France* nach der 1710 in Holland durch Isaak d'Huissau veranstalteten Ausgabe bei Ernst Mengin, *Das Recht der französisch-reformierten Kirche in Preußen. Urkundliche Denkschrift*, Berlin 1929, 64–185. Wahrscheinlich bietet die Ausgabe von 1710 den Text von 1650.
54 Henri Tollin, *Geschichte der französischen Colonie zu Magdeburg*, Bd. I, Magdeburg 1886, 127.
55 Vgl. *Discipline Ecclésiastique* bei Mengin, 114–116 (Anm. 53).
56 Vgl. *Discipline Ecclésiastique* bei Mengin, 118 (VII,4) (Anm. 53).

die Prediger und ein bis zwei Älteste einer jeden Gemeinde der Provinz[57] ein- bis zweimal jährlich zu versammeln hatten.[58] Die für die Provinzialsynoden nicht lösbaren Probleme wurden an die Nationalsynode delegiert, ebenso wurde auf der Nationalsynode auch vorgetragen, „was die Provinzial-Synoden zum Besten der Kirchen in ihrer Provinz verordnet haben".[59]

Die Nationalsynode, die von jeder Provinzialsynode mit zwei Predigern und einigen erfahrenen Ältesten beschickt wurde,[60] war die oberste Appellationsinstanz; ihre Beschlüsse hatten alle Provinzialsynoden, Kolloquien und Konsistorien zu beachten. Man legte Wert darauf, die Nationalsynoden nur mit solchen Fragen zu befassen, die von Gewicht für die ganze reformierte Kirche Frankreichs waren, und Probleme geringerer Reichweite auf der jeweiligen synodalen Ebene zu klären, die dafür zuständig war.[61] Die Häufigkeit der Synoden war ebenso geregelt wie die Form ihrer Leitung: Für die Dauer der jeweiligen Synode wählte man aus der Mitte der Anwesenden einen Prediger zum Vorsitzenden und ein bis zwei Älteste zu Schriftführern; ihre Funktionen erloschen mit der Beendigung der jeweiligen Synode.[62]

Mit dieser presbyterial-synodalen Verfassung brachten die französischen Reformierten das Kunststück fertig, einerseits einem zentralistischen Oben-Unten in der Kirche einen Riegel vorzulegen, aber andererseits den verbindlichen, autorisierten Zusammenhalt der Gemeinden zu garantieren. Dabei war die Verantwortung zwischen Ordinierten und Laien geteilt, wobei die Laien die theologische Kompetenz der Prediger in allen Fragen der Lehre zu respektieren hatten.

Auch im deutschen Sprachraum sind reformierte Gemeinden nach der presbyterial-synodalen Verfassung geleitet worden. Es handelt sich um die reformierten Kirchen am Niederrhein. Auf den Territorien von Jülich, Kleve, Mark und Berg, aber auch in deren Umfeld bestand seit dem Weseler Konvent von 1568 und den Beschlüssen der Emder Synode von 1571 ein gut funktionierender Synodalverband, dessen Strukturen starke Ähnlichkeiten zur Discipline Ecclésiastique aufwiesen.[63] Die Emder Beschlüsse sind als Bindeglied zwischen der französisch-

---

57 Vgl. *Discipline Ecclésiastique* bei Mengin, 118 (VIII,2) (Anm. 53).
58 Vgl. *Discipline Ecclésiastique* bei Mengin, 118 (VIII,1) (Anm. 53).
59 Vgl. *Discipline Ecclésiastique* bei Mengin, 122 (VIII,9) (Anm. 53).
60 Vgl. *Discipline Ecclésiastique* bei Mengin, 126 (IX,3) (Anm. 53).
61 Vgl. *Discipline Ecclésiastique* bei Mengin, 128 (IX,6) (Anm. 53).
62 Vgl. *Discipline Ecclésiastique* bei Mengin, 120–122 (VIII,7) (Anm. 53).
63 Vgl. dazu *Kirchenordnung der Christlich-Reformierten Gemeinden in den Ländern Jülich und Berg*, in: Wilhelm Niesel (Hg.), *Bekenntnisschriften und Kirchenordnungen der nach Gottes Wort reformierten Kirche*, Zollikon-Zürich 1938, 298–325. Vgl. weiter die Editionen der Synodalprotokolle bei Wolfgang Petri (Hg.), *Die reformierten klevischen Synoden im 17. Jahrhundert, Bd. 1. 1610–1648*, Düsseldorf 1973, *Bd. 2. 1649–1672*, Düsseldorf 1979.

reformierten und der niederrheinisch-niederländischen Kirchenverfassung zu betrachten. Sie sind bisweilen bis in Formulierungen hinein von der Discipline Ecclésiastique inspiriert.[64] Es gehörte freilich zu den negativen Erfahrungen der nach Deutschland eingewanderten Reformierten, dass ihnen ihre synodale Zusammenkünfte von den Landesherrn regelmäßig untersagt wurden, letztere also das Synodalprinzip ohne viel Federlesen durch ihre Administration ersetzten.[65] Das war die Situation, die dann auch Schleiermacher in Preußen vorgefunden hat. Mit der Thronbesteigung Friedrich Wilhelms III. im Jahr 1797 waren zwar kirchliche Reformmaßnahmen – unter ihnen auch eine Reform der Kirchenverfassung – in Aussicht gestellt worden, aber der Reformprozess entwickelte sich nicht so, dass den Bemühungen um eine stärkere Selbständigkeit der Kirche greifbare Erfolge beschieden waren.[66]

5 Schleiermachers Leitoptionen für eine neue Kirchenverfassung

Während „in Frankreich in den ersten Jahren der evangelischen Kirche [...] die Aristokratie im Staate noch blühete, war doch die Kirche ganz republikanisch geordnet",[67] konnte Schleiermacher die gegenläufigen Bewegungen zwischen dem Vormarsch des französischen Absolutismus einerseits und der auf Gleichberechtigung und Mitwirkung aufgebauten Kirchenverfassung der Hugenotten andererseits pointieren. Eine republikanisch gestaltete Kirchenverfassung inmitten einer auf die Zentralisierung uneingeschränkter Macht ausgerichteten politischen Form der Herrschaft: das hat Schleiermacher sehr beeindruckt. Dahinter steht ein klares Votum für das Presbyterialsystem und eine deutliche Distanz zum Episkopalsystem der Bischofskirche und zum Konsistorialsystem der von einer politischen Behörde geleiteten Landeskirche.

Klar war von Anfang an, dass es in der evangelischen Kirche keine Weihehierarchie und damit keine Überordnung der einen über die anderen geben kann.

---

64 Paragraph 2 der Emder Beschlüsse von 1571 betont ausdrücklich „consensum et coniunctionem" der auf der Emder Synode vertretenen Gemeinden und Kirchen „cum Ecclesijs Regni Galliae" (Niesel, [Hg.], *Bekenntnisschriften*, 279, Z. 6 [Anm. 62]).
65 Vgl. zu Einzelheiten Michael Beintker, „Konsequenzen der „Discipline Ecclésiastique" für Kirchenverfassung und Gemeindeordnung in Brandenburg-Preußen?", in: *Wege und Grenzen der Toleranz. Edikt von Potsdam 1685–1985*, hg. v. Manfred Stolpe/Friedrich Winter, Berlin 1987, 51–68, hier 57–65.
66 Vgl. dazu Geck 1997, 37–55, 259–261 (Anm. 8).
67 Schleiermacher 1850, 540 (Anm. 23).

Das Wirken Christi und das Wirken des Heiligen Geistes zielen auf die Überwindung aller Ungleichheit.[68] Die christliche Kirche lebt aus dem „Bewußtsein der wesentlichen Gleichheit aller Christen, deren Formel man kurz so fassen könnte, daß der Geist in jedem einzelnen sich zugleich auch des Besizes aller anderen will bewußt werden".[69] Im Gegensatz dazu ist die katholische Kirche auf dem „Gegensaz zwischen Priestern und Laien" aufgebaut.[70] Damit hat sie sich von der Kirche des Neuen Testaments entfernt.[71] Ganz gewiss gibt es in der evangelischen Kirche legitime Differenzierungen; sie erwachsen aus der Duplizität von Mitteilen und Rezipieren.[72] Aber selbst die Würde des Predigtamtes oder gar die herausragende Rolle der Theologie für das Gelingen der Kirchenleitung können den ihnen vor- und übergeordneten Grundsatz der Gleichheit aller Glieder der christlichen Kirche nicht außer Kraft setzen. Dafür kann Schleiermacher auch auf das allgemeine Priestertum hinweisen.[73] Entscheidender ist freilich der Gedanke, dass die Tendenz der evangelischen Kirche darin besteht, „[j]eden selbständiger zu machen im ganzen Gebiet seines Daseins".[74] Auch hier leuchtet eine Erfahrung aus der eigenen religiösen Biographie auf: „Es giebt wol keine vollkommen organisierte christliche Gesellschaft, die der katholischen Kirche strenger entgegengesezt wäre, als die sogenannte evangelische Brüdergemeine."[75]

Da Schleiermacher von der örtlichen Gemeinde aus denkt, bietet die Presbyterialverfassung die allerbesten Voraussetzungen für das Mit- und Zusammenwirken der Christen bei der Gestaltung des kirchlichen Lebens. Zudem geht sie auf den frühesten Zustand der Kirche zurück.[76] Der „Vorschlag zu einer neuen Verfassung der protestantischen Kirche für den Preußischen Staat",[77] den Schleiermacher im Zuge der Stein-Hardenbergschen Reformen 1808 vorgelegt hatte, bietet ein vorbildliches Regelwerk für die parochiale Selbstverwaltung. Das Reglement für die Wahlen der Ältesten entspricht dem der französischen Kir-

---

[68] Vgl. Friedrich Schleiermacher [1843], *Die christliche Sitte nach den Grundsätzen der evangelischen Kirche im Zusammenhang dargestellt*, neu hg. v. Wolfgang Erich Müller, Teil 2, Waltrop 1999, 518–519.
[69] Schleiermacher [1843] 1999, 519 (Anm. 68).
[70] Schleiermacher [1843] 1999, 519 (Anm. 68).
[71] Vgl. Schleiermacher [1843] 1999, 519–520 (Anm. 68).
[72] Vgl. Schleiermacher [1843] 1999, 521 (Anm. 68).
[73] Vgl. Schleiermacher 1850, 569 (Anm. 23).
[74] Schleiermacher 1850, 569 (im Original hervorgehoben) (Anm. 23).
[75] Schleiermacher [1843] 1999, 521 (Anm. 68).
[76] Vgl. Schleiermacher 1850, 543 (Anm. 23).
[77] Friedrich Daniel Ernst Schleiermacher [1808], *Vorschlag zu einer neuen Verfassung der protestantischen Kirche für den Preußischen Staat*, in: ders. 2000, *Kirchenpolitische Schriften*, 1–18 (Anm. 12).

chenordnung: Die Gemeinde wählt eine auf ihre Größe abgestimmte Zahl von Kirchenältesten, „welche mit dem oder den Predigern gemeinschaftlich ihre Aufgaben besorgen".[78] Die Ältesten müssen sich in bestimmten Zeitabständen der Wiederwahl durch die Gemeinde stellen. Die Besetzung der Presbyterien auf dem Wege der Selbstergänzung durch Kooptation wird ebenso abgelehnt wie das Patronatsrecht,[79] mit dem die örtliche Herrschaft ihren Einfluss auf die Gemeinde im Sinne eines quasi lokalen landesherrlichen Kirchenregiments ausübte.[80] Revolutionär wirkt die Aufhebung des Parochialzwangs: „Jeder kann sich wenn mehrere Gemeinen an seinem Orte bestehen, halten zu welcher er will."[81]

Der Vorzug der Presbyterialverfassung besteht darin, dass die die Gemeinde betreffenden Angelegenheiten an dem Ort entschieden werden, wo aufgrund der Erfahrungsnähe die größte Entscheidungskompetenz vorhanden ist. Werden hingegen solche Entscheidungen an einem dritten Ort getroffen, sei es durch eine Synode oder durch ein Konsistorium, so stellt sich die Frage, ob die Entscheidungsträger die Gemeinde repräsentieren können, da der Zusammenhang mit dieser unterbrochen ist. Das demokratische Ansehen der Entscheidungen ist erst dann gegeben, wenn sich die überörtlichen Entscheidungsebenen zurückhalten und sich nicht zu einer Dauerinstanz verfestigen. Sobald das geschieht, kippt das demokratische Ansehen des Kirchenregiments in ein aristokratisches um.[82]

Schleiermacher hat die Presbyterialverfassung keinesfalls idealisiert, sondern auch die Probleme gesehen, die mit ihr verbunden sind. Sie setzt ein gutes Einvernehmen zwischen den Pastoren und den Laien voraus. Schieflagen können dadurch entstehen, dass die Geistlichen ihr Amt auf Lebenszeit innehaben, während die weltlichen Mitglieder des Presbyteriums nach einer gewissen Zeit ausscheiden.[83] Eine weitere Schwäche liegt im „demokratischen System"[84] selbst, dem das Bestreben zugrunde liegt, die Zusammenkünfte so einzurichten, „daß ein einzelner nicht eine persönliche Autorität ausüben kann".[85] Das kann dazu führen, dass fällige Entscheidungen unnötig verschleppt werden und dann unter Entscheidungszwang „tumultuarisch", d. h. unbesonnen, entschieden werden muss.[86] Und wenn sich die Geistlichen mit ihren Vorschlägen zu sehr

---

78 Schleiermacher [1808] 2000, 6 (§ 2) (Anm. 77).
79 Schleiermacher [1808] 2000, 9 (§ 12) (Anm. 77).
80 Vgl. dazu Schleiermacher 1850, 569, 573–577 (Anm. 23).
81 Schleiermacher [1808] 2000, 7 (§ 7) (Anm. 77).
82 Vgl. Schleiermacher 1850, 545 (Anm. 23).
83 Vgl. Schleiermacher 1850, 554 (Anm. 23).
84 Schleiermacher 1850, 554 (Anm. 23).
85 Schleiermacher 1850, 554 (Anm. 23).
86 Vgl. Schleiermacher 1850, 554 (Anm. 23).

hervortun, werden die Weltlichen umso mehr am Bestehenden festhalten und gegen erforderliche Veränderungen opponieren.[87] Schleiermacher sieht die Lösung in einem guten, kooperativen Verhältnis von geistlichen und weltlichen Mitgliedern des Presbyteriums.[88] Je besser es um die kirchliche Bildung der Gemeinde einerseits und um die persönliche Autorität der Geistlichen andererseits steht, desto besser kann die Parochialverfassung mit Leben erfüllt werden. Daran hat sich bis heute nicht geändert.

Episkopal- und Konsistorialverfassung stellen sich im Vergleich mit dem Presbyterialsystem als suboptimal dar. Die Episkopalverfassung neigt zu einer unevangelischen Revitalisierung hierarchischer Organisationsformen und zu einem Übergewicht des doktrinalen Interesses.[89] Vor allem aber werden sich die Bischöfe von der Gemeinde entfremden und sich den Repräsentationsformen der weltlichen Herrschaft annähern.[90]

Die Konsistorialverfassung ist diejenige, die Schleiermacher in Preußen, aber auch in anderen deutschen Landen vorfand. Das Konsistorium war als Behörde des Königs eingerichtet, in der die kirchlichen Angelegenheiten durch weltliche Beamte – Theologen und Juristen – von oben geregelt wurden. Das Problem dieser Verfassung besteht für Schleiermacher nicht nur darin, dass hier ein unsachgemäßer weltlicher Einfluss auf die Kirche ausgeübt wird, sondern auch darin, dass ein Einzelner einen ihm nicht zustehenden Einfluss auf das Ganze hat:

> [I]n dieser Verfassung wird die Entwicklung der Lehre durch das Schriftverständniß abhängig gemacht von der Persönlichkeit des Staatsoberhauptes. [...] Daraus entstehen die größten Schwankungen in den Bewegungen der evangelischen Kirche und das ist schon an sich ein Uebel. Denn in der Kirche ist das Landesoberhaupt ein einzelner in kirchlicher Hinsicht, und der einzelne bewegt sich stets anders als das Ganze. [...] Wenn aber ein einzelner[,] der so ganz auf dem einen Extrem steht[,] einen solchen überwiegenden Einfluß ausüben kann, wird die Bewegung durch den einzelnen alteriert, was höchst verderblich ist.[91]

Die Trennung der Kirche vom Staat ist also primär dadurch motiviert, dass die größtmögliche Einflussnahme aller Gemeindeglieder auf das Ganze durch das staatliche Dirigat von oben verhindert wird. Wie recht Schleiermacher damit hatte, sollte sich dann in den Auseinandersetzungen um die Einführung der Agende Friedrich Wilhelms III. zeigen. Schleiermacher, der das *ius liturgicum* des Kö-

---

87 Vgl. Schleiermacher 1850, 554 (Anm. 23).
88 Vgl. Schleiermacher 1850, 554–555 (Anm. 23).
89 Vgl. Schleiermacher 1850, 545–547, 550–553, 559–561 (Anm. 23).
90 Vgl. Schleiermacher 1850, 552–553 (Anm. 23).
91 Schleiermacher 1850, 561 (Anm. 23).

nigs vehement bestritten hat, ist freilich mit seiner Kritik an der bestehenden Kirchenverfassung Preußens nicht durchgedrungen. In seinen Vorlesungen zur Praktischen Theologie führte er mutig aus, dass die evangelische Kirche überall „in ihrer freien Existenz vom Staat beeinträchtig ist".[92] Schleiermacher war es freilich nicht vergönnt, die Aufhebung dieses Zustands zu erleben. Im Gegenteil: Auch die moderaten Versuche, presbyteriale und synodale Elemente mit der Konsistorialverfassung zu verbinden, wurden von oben ausgebremst. Schleiermachers Enttäuschung darüber kommt deutlich im Nachtrag zur Stellungnahme zum Ausdruck, die er 1817 zu der in Preußen einzurichtenden Synodalverfassung verfasste.[93] Als er das Gutachten gerade abgeschlossen hatte, erhielt er den Entwurf einer Synodalordnung aus der Kirchenbehörde. Die darin getroffenen Regelungen legten sich wie Mehltau auf Schleiermachers Hoffnung auf eine Mäßigung und Eingrenzung des landesherrlichen Zentralismus.[94] Die formale Stellung des Gemeindepresbyteriums war zwar gefestigt, aber der Kirchenpatron war geborenes Mitglied desselben. Auf den Synoden auf Kreis- und Provinzebene blieben die Kleriker unter sich, an eine Mitwirkung von Synodalen aus dem Kreis der Gemeindeglieder war nicht gedacht.[95]

Im Hinblick auf die Einrichtung und Beschickung von Synoden hielt sich Schleiermacher mit weiterführenden Vorschlägen zurück, obwohl er zu denjenigen gehörte, die auch Presbyter auf die Synoden entsenden wollten. Es ist aufschlussreich, dass er beim Lob der Presbyterialverfassung die an sich folgerichtige Vernetzung der Presbyterien durch die Synoden allenfalls beiläufig behandelte. Vermutlich sah er auch hier die Gefahr einer Fremdbestimmung der Gemeinde aufziehen. Immerhin hielt er es für denkbar, dass die Presbyterialverfassung ein von Deputierten getragenes Kirchenregiment ermögliche, dass sogar die Grenzen eines Staates überschreiten könne.[96] Ein solches Kirchenregiment kann im Rahmen der Presbyterialverfassung nur synodal ausgeübt werden.

Der Vorschlag zu einer neuen Kirchenverfassung, den Schleiermacher 1808 unterbreitet hatte, bleibt im Blick auf die Einrichtung von Synoden hinter den

---

92 Vgl. Schleiermacher 1850, 672 (im Original hervorgehoben) (Anm. 23).
93 Friedrich Daniel Ernst Schleiermacher [1817], *Ueber die für die protestantische Kirche im preußischen Staat einzurichtende Synodalverfassung. Einige Bemerkungen vorzüglich der protestantischen Geistlichkeit des Landes gewidmet*, in: ders. 2000, Kirchenpolitische Schriften, 107–172 (Anm. 12).
94 Vgl. Schleiermacher [1817] 200, 149: Durch den Entwurf sei „wieder [...] manche Hoffnung zerstört, die ich mir gemacht hatte." (Anm. 93).
95 Vgl. den Abdruck: *Entwurf der Synodal-Ordnung für den Kirchenverein beider evangelischer Konfessionen im Preußischen Staate* [Zirkular, 1817], in: Schleiermacher, *Kirchenpolitische Schriften*, 514–531 (Anm. 12).
96 Vgl. Schleiermacher 1850, 664–665 (Anm. 23).

synodalen Implikationen der Presbyterialverfassung zurück. Die Synoden sind de facto als Pfarrkonferenzen gedacht[97] und an der Spitze jeder Kirchenprovinz soll sogar ein Bischof stehen[98]. Das läuft auf eine presbyterial-episkopale Mischverfassung hinaus. Der Vorschlag ist vermutlich der strategisch-politischen Einschätzung Schleiermachers geschuldet, nach der sich die presbyteriale Ordnung im Rahmen des landesherrlichen Kirchenregiments nicht anders durchsetzen lasse. Mit der Einführung des Bischofsamtes sollte die Selbständigkeit der Kirche gegenüber dem Staat gestärkt werden; Bischöfe haben im Gegenüber zur konsistorialen Oberaufsicht ein ganz anderes Gewicht als Presbyterien und Pfarrsynoden. Demgemäß wird die „Oberaufsicht des Staates auf das Kirchenwesen"[99] auf die *iura circa sacra* begrenzt. Der die Rechte des Staates wahrnehmende Minister ist gegenüber der Kirche nicht unmittelbar weisungsbefugt: „Der Minister hat den Bischöfen im Kapitel nicht unmittelbar zu befehlen, sondern sie nur zu erinnern."[100]

6 Resümee

Schleiermachers Überlegungen zur Organisation der Kirche und einer ihr angemessenen Verfassung weisen weit über seine Zeit hinaus und sind an vielen, ja an den entscheidenden Punkten von erfrischender Aktualität. Heutige Kirchenmodernisierer sollten an der Weisheit seiner Reformideen nicht achtlos vorbeigehen.[101] Sein Aphorismus: „Es ist also auch gar nicht so schwer, die Kirche zu regieren, wenn man nur nicht zuviel regieren will" lässt sich auch im Blick auf Reformprojekte variieren: „Es ist also gar nicht so schwer, die Kirche zu reformieren, wenn man nur nicht zuviel reformieren will".

Die reformierten Akzente in Schleiermachers Kirchentheorie sind unübersehbar. Sie stehen in einem unverkennbaren Wechselverhältnis zu den Gemeindeerfahrungen, die Schleiermacher aus der Brüdergemeine mitgebracht hat. Auf jeden Fall sind Herrnhuter Impressionen bei der Hochschätzung der Ortsgemeinde und bei der konfessionsüberschreitenden Öffnung der Mahlfeiern im Spiel. Solche Impressionen lassen sich unschwer mit dem Erfahrungsschatz

---

97 Vgl. Schleiermacher [1808] 2000, 10–13 (Anm. 77).
98 Vgl. Schleiermacher [1808] 2000, 13–17 (Anm. 77).
99 Schleiermacher [1808] 2000, 17 (Anm. 77).
100 Schleiermacher [1808] 2000, 18 (§ 6) (Anm. 77).
101 Das wird eindrucksvoll von Christoph Dinkel herausgearbeitet; vgl. Dinkel 1996, 250–275: „Schleiermachers Theorie des Kirchenregiments als Reformprogramm für Kirche und Theologie" (Anm. 8).

plausibilisieren und kombinieren, den die westeuropäischen Reformierten in ihrer spezifischen Situation einer staatsfernen Organisation des Kirchenwesens gesammelt hatten. Etwas überspitzt könnte man von bestimmten Synergieeffekten zwischen Herrnhut, Zürich und Genf reden. Freilich darf man einem Theologen vom Format Schleiermachers zugestehen, dass er nicht von geschichtlichen Vorlagen und Vorbildern abhängig war, sondern schöpferisch zu konzeptualisieren vermochte. Deshalb sind die zu identifizierenden reformierten Akzente am besten als Konvergenzen zu verstehen, die nicht an die konfessionelle Herkunft des Autors gebunden waren, wohl aber durch sie begünstigt worden sind.

Arnulf von Scheliha
„Kirchenzucht"?
Reformierte Themen in der Christlichen Sittenlehre Friedrich Schleiermachers

Der US-amerikanische Theologe James M. Brandt ist vor einigen Jahren mit der These von Friedrich Schleiermacher als „a Calvinist of a higher order" [1] hervorgetreten und hat damit ein von Schleiermacher auf seine pietistische Prägung bezogenes Diktum variiert.[2] Zur Begründung seiner These, „Schleiermacher's tree is deeply rooted in the Reformed tradition"[3], führt Brandt bildungsbiographische Aspekte, die Glaubenslehre und vornehmlich Schleiermachers Konzept der Christlichen Sittenlehre an. In der Perspektive dieser These werden im folgenden Beitrag die Manuskripte und ausgewählte Abschnitte der Nachschriften von Schleiermachers Vorlesungen zur Christlichen Sittenlehre vorgestellt und es wird in diesen bislang zu wenig beachteten Teil von seinem Werk eingeführt. Am Ende steht ein kritischer Kommentar von Brandts Einschätzung.

1 Die Stellung der Christlichen Sittenlehre im Werk Schleiermachers

Friedrich Schleiermacher hat in seiner Eigenschaft als Universitätsprofessor an den Universitäten Halle (1806–1807) und Berlin (1810–1834) die Vorlesung über die Christliche Sittenlehre zwölf Mal gehalten. Sie gehört mit den Vorlesungen über die Dogmatik und über die theologische Enzyklopädie zu seinen theologischen Hauptvorlesungen.[4] Im Unterschied zu den Dogmatik- und Enzyklopädievorlesungen hat er seine Vorlesungen zur christlichen Ethik nicht publiziert, was wohl, wie Hermann Fischer vermutet, mit den politischen Repressionen, denen

---
[1] James M. Brandt, *All Things New. Reform of Church and Society in Schleiermacher's Christian Ethics*, Louisville/Kentucky 2001, 137.
[2] Die Formulierung findet sich einem Brief an seinen Verleger Reimer aus dem Jahre 1802 (Brief Nr. 1220), vgl. Friedrich Schleiermacher, *Briefwechsel 1801–1802*, KGA V/5, hg. v. Andreas Arndt/ Wolfgang Virmond, Berlin/New York 1999, 392–393, Z. 20–21.
[3] Brandt 2001, 137 (Anm. 1).
[4] Vgl. die auswertende Übersicht von Dirk Schmid, „Schleiermacher als Universitätstheoretiker und Hochschullehrer", in: *Schleiermacher-Handbuch*, hg. v. Martin Ohst, Tübingen 2017, 212–226, 222–226.

Schleiermacher in den 1820er Jahren ausgesetzt war und den vielfältigen wissenschaftsorganisatorischen Aufgaben, die er in diesen Jahren übernommen hatte, zusammenhängen dürfte.[5]

Bei der Bestimmung des Ortes der *Christlichen Sittenlehre* im Werk Schleiermachers ist zu beachten, dass für ihn die Ethik oder Sittenlehre in erster Linie eine philosophische Grundlagenwissenschaft war, in der in kategorialer Absicht die notwendigen Hervorbringungen der humanen Kulturentwicklung abgebildet und bestimmt werden. Ihre Aufgabe besteht in der Rekonstruktion der rationalen Grundlagen und Ziele (Güter) des menschlichen Kulturstrebens. Dementsprechend wird ein hoher formaler Allgemeinheitsanspruch vertreten. Diese Philosophische Ethik hat Schleiermacher im Rahmen der Vorlesungen an der Philosophischen Fakultät der Universität Berlin, die er dort als Mitglied der Königlichen Akademie der Wissenschaften halten konnte, entwickelt. Auch diese Vorlesungen hat er nicht veröffentlicht. Allerdings hat er die Grundzüge seiner ethischen Kulturphilosophie in vier Abhandlungen vor der philosophisch-historischen Klasse jener Akademie vorgetragen und diese anschließend publiziert.[6]

Von der Philosophischen Ethik streng unterschieden ist das theologische Fach der Christlichen Sittenlehre oder Christlichen Ethik, das neben der Dogmatik eine historische Disziplin der Theologie darstellt, die Schleiermacher wiederum als positive, d. h. handlungsleitende Wissenschaft versteht. In Dogmatik, Sittenlehre und kirchlicher Statistik geht es um die „geschichtliche [...] Kenntniß des Christenthums in seinem gegenwärtigen Zustande"[7]. Dogmatik und Ethik haben „es [...] zu thun mit der zusammenhangenden Darstellung des in der Kirche jetzt grade geltenden Lehrbegriffs".[8] Dieser wird in der Dogmatik „von der theoretischen Seite", in der Ethik „von seiner praktischen"[9] Seite beleuchtet. Die Frage, ob beide Aufgaben gemeinsam erfüllt oder ob es sich um „getrennte Disciplinen"[10] handelt, kann nach Schleiermacher nur historisch beantwortet

---

5 Vgl. Hermann Fischer, *Friedrich Schleiermacher*, München 2001, 47–50.

6 „Über die wissenschaftliche Behandlung des Tugendbegriffs" (1819), „Versuch über die wissenschaftliche Behandlung des Pflichtbegriffs" (1824), „Über den Begriff des höchsten Gutes. Erste Abhandlung" (1827), „Über den Begriff des höchsten Gutes. Zweite Abhandlung" (1830), in: Friedrich Schleiermacher, *Akademievorträge*, KGA I/11, hg. v. Martin Rössler unter Mitwirkung von Lars Emersleben, Berlin/New York 2002, 313–335. 415–428. 535–553. 657–677.

7 Friedrich Schleiermacher, „Kurze Darstellung des theologischen Studiums zum Behuf einleitender Vorlesungen, Berlin 1811", in: ders., *Universitätsschriften – Herakleitos – Kurze Darstellung des theologischen Studiums*, KGA I/6, hg. v. Dirk Schmid, Berlin/New York 1998, 243–315, 287, Z. 14–15.

8 Schleiermacher [1811] 1998, 288, Z. 7–9 (Anm. 7).

9 Schleiermacher [1811] 1998, 292, Z. 18–20 (Anm. 7).

10 Schleiermacher [1811] 1998, 292, Z. 22 (Anm. 7).

werden und ist nach Zweckmäßigkeitsgesichtspunkten zu entscheiden.[11] Für das Thema dieses Beitrages ist Schleiermachers Einschätzung wichtig, nach der der „kirchliche Gegensaz der jezigen Periode [...] sich auf der praktischen Seite des Lehrbegriffs für jetzt noch nicht so stark ausgeprägt [hat] als auf der theoretischen."[12] Das bedeutet: Mit Spuren aus der reformierten Tradition ist auf dem Gebiet der christlichen Ethik weniger stark zu rechnen als in der Glaubenslehre oder Dogmatik.

Das Verhältnis von philosophischer und theologischer Ethik im Werk Schleiermachers wirft eigene Interpretationsprobleme auf, die Schleiermacher selbst angedeutet hat[13] und die nicht ignoriert werden dürfen. Schon der unterschiedliche wissenschaftstheoretische Ort zeigt an, dass die beiden wissenschaftlichen Disziplinen formal voneinander unabhängig sind. Da jedoch beide handlungstheoretisch konzipiert sind, können sie inhaltlich aufeinander bezogen werden und sich – gerade durch die unterschiedliche Perspektivierung des menschlichen Handelns – wechselseitig ergänzen und erläutern.[14] Grundsätzlich wird man sagen können, dass die Christliche Sittenlehre als theologische Teildisziplin den Beitrag des Christentums zur humanen Kulturbewegung beschreibt. Allerdings sind die Handlungsformen bzw. Wirkweisen andere als diejenigen, die Schleiermacher in der Philosophischen Ethik veranschlagt.

Gegenwärtig stehen zwei Ausgaben der *Christlichen Sittenlehre* zur Verfügung. Zuvörderst ist die von Schleiermachers Schüler und Freund Ludwig Jonas (1797–1852) veranstaltete Ausgabe, deren Nachdruck bis heute gekauft werden kann.[15]

---

11 Vgl. Schleiermacher [1811] 1998, 293, Z. 2–8 (Anm. 7).
12 Schleiermacher [1811] 1998, 293, Z. 21–23 (Anm. 7). Diese Einschätzung hat Schleiermacher in der zweiten Auflage der Kurzen Darstellung bekräftigt (vgl. Friedrich Schleiermacher, „Kurze Darstellung des theologischen Studiums zum Behuf einleitender Vorlesungen. Zweite umgearbeitete Ausgabe, Berlin 1830", in: ders., *Universitätsschriften – Herakleitos – Kurze Darstellung des theologischen Studiums*, KGA I/6, hg. v. Dirk Schmid, Berlin/New York 1998, 319–446, 407 Z. 4–8).
13 Vgl. Schleiermacher [1811] 1998, 293, Z. 10–19 (Anm. 7) und Schleiermacher [1830] 1998, 407, Z. 9–16 (Anm. 12).
14 Vgl. Poul H. Jörgensen, *Die Ethik Schleiermachers*, München 1959, der den Schwerpunkt auf die Philosophische Ethik legt. Zur Verhältnisbestimmung grundlegend ist noch immer das Buch von Hans-Joachim Birkner, *Schleiermachers christliche Sittenlehre im Zusammenhang seines philosophisch-theologischen Systems*, Berlin 1964. Neuerdings können auch die beiden Artikel von Matthias Heesch herangezogen werden: Matthias Heesch, „Philosophische Ethik" und „Die Christliche Sitte", in: *Schleiermacher-Handbuch*, hg. v. Martin Ohst, Tübingen 2017, 267–280. 383–399.
15 Vgl. Friedrich Schleiermacher [¹1843, ²1884], *Die christliche Sitte nach den Grundsätzen der evangelischen Kirche im Zusammenhang dargestellt*. Aus Schleiermacher's handschriftlichem Nachlasse und nachgeschriebenen Vorlesungen, hg. v. L. Jonas, Sämmtliche Werke I/12, Nachdruck der zweiten Auflage, neu hg. v. Wolfgang Erich Müller, Waltrop 1999.

Schleiermacher selbst hatte kurz vor seinem Tod seinen Schüler mit der Ausgabe der unveröffentlichten Werke (Vorlesungen) beauftragt. Die *Christliche Sittenlehre* erschien als zwölfter Band der *Ersten Abtheilung* („Zur Theologie") 1843 in erster und 1884 in zweiter Auflage. Bei seiner Edition stützte sich Jonas auf fünf Vorlesungsmitschriften aus dem Wintersemester 1822/23. Dazu bietet er Schleiermachers Manuskript von 1809, dessen Überarbeitung aus dem Wintersemester 1822/23 sowie alle weiteren Manuskripte zur Vorlesung als sogenannte Beilage. Aus den Mitschriften erstellte er nach den damaligen editorischen Grundsätzen einen gut lesbaren Text. Als Kriterium galt seinerzeit nicht die Vollständigkeit der diplomatisch genauen Wiedergabe, sondern die Präsentation der systematischen Position. Jonas ergänzt diese Version der Vorlesung um Texte aus späteren Mitschriften, insbesondere von 1826, die er den inhaltlich entsprechenden Passagen als Anhang in Petit-Druck anfügt. Insgesamt handelt es sich um eine verlässliche Edition, die freilich heutigen Maßstäben nicht mehr genügt.

Hermann Peiter teilt in seiner Ausgabe einen Text mit, der sich aus drei wechselnden Vorlesungsmitschriften aus dem Wintersemester 1826/27 zusammensetzt, und präsentiert in den Fußnoten ergänzende Texte aus Schleiermachers Hand.[16] Sie sollen in einem geplanten, aber bisher nicht erschienenen zweiten Band der Edition gemeinsam mit einem textkritischen Apparat vollständig präsentiert werden. Diese Ausgabe behandelt die Mitschriften als Zeugen für die gehaltene Vorlesung und versucht dem mutmaßlichen Wortlaut der Vorlesung so nah wie möglich zu kommen. Auch diese Ausgabe ist verdienstvoll, allerdings erlauben die zum Teil recht heterogenen Manuskripte den Rückgang auf den Vortrag wohl nicht in allen Passagen. Obwohl Konzeption und Inhalt beider Editionen nicht vollständig überzeugen, kann mit ihnen doch gearbeitet werden. Bei der Interpretation der Hörernachschriften muss man freilich mögliche Hörfehler und Verständnisprobleme der Schreiber in Rechnung stellen. Die Formulierungen, die den Vorlesungsmitschriften entnommen sind, dürfen interpretatorisch also nicht gepresst werden. Für diesen Beitrag wird daraus der methodische Schluss gezogen, dass die Interpretation vom Manuskript Schleiermachers ausgeht und die Mitschriften als Erläuterung herangezogen werden.

Der Titel der von Jonas (1797–1852) veranstalteten Ausgabe *Die christliche Sitte nach den Grundsätzen der evangelischen Kirche im Zusammenhang dargestellt* ist parallel zur Dogmatik *Der christliche Glaube* konstruiert und weicht von den (im Einzelnen differierenden) Vorlesungsankündigungen ab. Zieht man die Be-

---

16 Vgl. Friedrich Daniel Ernst Schleiermacher, *Christliche Sittenlehre (Vorlesung im Wintersemester 1826/27)*. Nach größtenteils unveröffentlichten Hörernachschriften und nach teilweise unveröffentlichten Manuskripten Schleiermachers hg. u. eingel. v. Hermann Peiter, Berlin 2011.

stimmung der Begriffe „Dogmatik" und „Sittenlehre" in der *Kurzen Darstellung* heran, gehört das Merkmal „Kirche" zu beiden Fächern, sodass Jonas mit seinem Titel Schleiermachers Intention getroffen haben dürfte. Er signalisiert die Ausrichtung auf die kirchliche Union in Preußen. Ebenso wie die Glaubenslehre eine *Unionsdogmatik* darstellt, so repräsentieren die Vorlesungen zur Christlichen Ethik eine *Unionsethik* und nicht die Morallehre einer protestantischen Einzelkonfession. In seinen Manuskripten und ausweislich der Vorlesungsmitschriften verwendet Schleiermacher durchgängig den Begriff „Protestantismus". Dieser Befund muss hier vorausgeschickt werden, wenn im Folgenden nach Spuren reformierter Theologie in Schleiermachers Ethik gesucht wird.

2 Die Handlungstheorie der christlichen Sittenlehre

2.1 Das Verhältnis von Glaubens- und Sittenlehre

Wie die *Glaubenslehre* so nimmt auch die *Christliche Sittenlehre* ihren Ausgangspunkt vom christlich-frommen Gefühl. „Das religiöse Gefühl, wie es im Christenthume modificirt ist, ist die Basis der christlichen Sittenlehre."[17] Parallel zur Glaubenslehre bringt Schleiermacher auch in der Grundlegung der christlichen Ethik die christliche Bestimmtheit des Gefühls auf den Begriff der Erlösung. „Das modificirende des Christenthums ist die Idee der Erlösung als Centrum".[18] Man begegnet also auch in der *Christlichen Sittenlehre* jener Bestimmung des Wesens der christlichen Religion, in der kategoriale Klärung und historische Auffassung in besonderer Weise miteinander verbunden sind.[19] Sie wird in der Christlichen Sitte freilich inkarnationstheologisch zugespitzt: „Die Idee der Erlösung beruht auf dem Bewußtsein, daß die werdende Einheit der Vernunft mit der Organisation vermittelt wird durch die absolute Identität des göttlichen Wesens mit der menschlichen Natur."[20] Mit dem Auftreten Jesu von Nazareth wird diese Idee historische Wirklichkeit. Von diesem geschichtlichen Punkt aus entwickelt sich die christlich inspirierte Kultur, die in der *Christlichen Sittenlehre* rekonstruiert

---

[17] Schleiermacher [1884] 1999, Beilage A, § 22, 8 (Anm. 15).
[18] Schleiermacher [1884] 1999, Beilage A, § 23, 8 (Anm. 15).
[19] Vgl. Markus Schröder, *Die kritische Identität des neuzeitlichen Christentums. Schleiermachers Wesensbestimmung der christlichen Religion*, Tübingen 1996.
[20] Schleiermacher [1884] 1999, Beilage A, § 24, 8 (Anm. 15).

wird. Insofern ist diese – obwohl auf die Gegenwart bezogen – zugleich geschichtstheologisch angelegt.

Die Aufgabe der Dogmatik oder Glaubenslehre besteht in der konfessionell perspektivierten Rekonstruktion der inhaltlichen Bestimmtheit des christlichen Gefühls unter den Bedingungen der jeweiligen Gegenwart, die Aufgabe der Sittenlehre in der Entfaltung der vom gegebenen christlichen Gefühl ausgehenden Bestimmung des menschlichen Handelns. Der Grund für diese Arbeitsteilung ist im Gefühlsbegriff verankert. Denn als Teil des Lebens zeigen sich im Gefühl gewissermaßen eine passive und eine aktive Seite. „Das Leben ist nur wechselndes Sich verlieren und sich herstellen aus dem ganzen. In jedem Acte ist Bestimmtsein des einzelnen durch das ganze, und Bestimmtsein des ganzen durch das einzelne. Jenes Leiden, dieses Handeln."[21] Daher gilt für das christliche Gefühl: „Die Dogmatik ergreift das Gefühl bei dem ersten Ende, die christliche Sittenlehre bei dem lezten".[22] Das spezifische Thema der Sittenlehre ist also nicht das christliche Bestimmt-Sein des Gefühls, das vielmehr vorausgesetzt ist, sondern sein Bestimmungspotenzial, d. h. die von ihm ausgehenden Handlungsimpulse und -ziele. Die Grundidee besagt, dass das christlich bestimmte Gefühl Handlungen freisetzt, die jene Identität von göttlichem Wesen und menschlicher Natur in der kulturellen Wirklichkeit umsetzen. Inkarnationstheologisch zugespitzt: Die absolute Identität des göttlichen Wesens mit der menschlichen Natur realisiert sich durch die Bestimmung qualifizierter Handlungen von Christinnen und Christen und bewirkt reale Folgen in der humanen Kultur. Diese müssen also nicht erst eingefordert werden, sondern stellen sich gewissermaßen durch „die lebendige Sitte"[23] des Christentums ein. Schleiermacher verfolgt in seiner christlichen Ethik also keinen deontologischen Ansatz, sondern versteht seine Aufgabe zunächst deskriptiv, indem es darum geht, christliche Substanz in der menschlichen Kulturbewegung zu identifizieren.[24] Daher nimmt Schleiermacher weniger den Einzelnen in den Blick als vielmehr die Sozialformen, in denen christlicher Glaube gelebt wird. Im Mittelpunkt steht dabei die „Kirche", die den sozialen Rahmen bildet,[25] die freilich in historischer Variabilität und konfessioneller Dif-

---

21 Schleiermacher [1884] 1999, Beilage A, § 28, 9 (Anm. 15).
22 Schleiermacher [1884] 1999, Beilage A, § 30, 10 (Anm. 15).
23 Schleiermacher [1884] 1999, Beilage A, § 32, 11 (Anm. 15).
24 Die christliche Sittenlehre „wird nichts sein können, als eine Beschreibung derjenigen Handlungsweise, welche aus der Herrschaft des christlich bestimmten religiösen Selbstbewußtseins entsteht. Indem wir aber sagen Beschreibung: so scheint darin selbst auch schon eine nähere Bestimmung der Form zu liegen, und noch dazu einer von der gewöhnlichen sehr abweichenden" (Schleiermacher [1884] 1999, 32–33 [Anm. 15]).
25 Vgl. Schleiermacher [1884] 1999, Beilage A, § 32–34, 11. Vgl. auch § 56, 19 (Anm. 15).

ferenzierung betrachtet wird.[26] Schleiermacher fokussiert vor allem die von der evangelischen Kirche beförderte sittliche Substanz, wiewohl er in den Vorlesungen zur Sittenlehre wesentlich häufiger als in anderen Werken Seitenblicke auf die katholische Kirche wirft und Vergleiche zieht. Vergleiche zwischen den unterschiedlichen Traditionen der evangelischen Kirchen sind dagegen sehr rar. Freilich geht die Aufgabe der Darstellung der christlichen Sitte nicht in einer bloßen Beschreibung auf. Vielmehr gilt: Weil die christliche Kirche zugleich der Ort ist, „wo das christlich religiöse Bewußtsein dominirender Impuls immer erst wird, und in sofern noch nicht ist, [...] [w]ird aber in der christlichen Kirche noch nicht gehandelt nach den Vorschriften der christlichen Sittenlehre: so ist ja diese als Beschreibung immer auch zugleich Gebot".[27] Ebenso wie Philosophische Ethik[28] enthält auch die Christliche Sitte präskriptive Komponenten.

2.2 Die Deduktion des Handlungsschemas

Zwei unterschiedliche Zustandsweisen des christlichen Gefühls, die Schleiermacher voneinander unterscheidet, bilden den Ausgangspunkt für die Ableitung von zwei unterschiedlichen Handlungstypen, an denen Schleiermacher das Bestimmungspotenzial des Gefühls identifiziert. Ausgangspunkt der Ableitung ist der „Grundzustand" einer vollständigen Bestimmtheit des Gefühls durch die „Gemeinschaft mit Gott durch Christum",[29] deren affektive Seite Schleiermacher als „Seeligkeit"[30] oder „Freude am Herrn"[31] bezeichnet. Schleiermacher versteht diesen Gefühlszustand als regulativen Zielbegriff. „Seeligkeit [...] ist das absolute Sein als Bewußtsein gedacht, also auch das Sein des göttlichen Princips in dem Menschen. Der Christ ist seelig in dem Herrn."[32] Dieses ungetrübte Gefühl der Gemeinschaft mit Gott bestimmt den Menschen zu Handlungen, die Schleiermacher als „das rein darstellende Handeln"[33] typisiert. Dieses darstellende Handeln verleiht der vollständigen durch die Erlösung erfolgten Bestimmtheit des

---

26 „Offenbare Verschiedenheit der Lebensweise in Katholicismus und Protestantismus" (Schleiermacher [1884] 1999, Beilage A, § 34, 11 [Anm. 15]).
27 Schleiermacher [1884] 1999, 34 (Anm. 15).
28 Vgl. Arnulf von Scheliha, „Sources of Normativity in Schleiermacher's Interpretation of Culture", in: *Schleiermacher, the Study of Religion and the Future of Theology. A Transatlantic Dialogue*, hg. v. Brent W. Sockness/Wilhelm Gräb, Berlin/New York 2010, 285–298.
29 Schleiermacher [1884] 1999, Beilage A, § 44, 15 (Anm. 15).
30 Schleiermacher [1884] 1999, Beilage A, § 45, 15 (Anm. 15).
31 Schleiermacher [1884] 1999, Beilage A, § 53, 17 (Anm. 15).
32 Schleiermacher [1884] 1999, Beilage A, § 45, 15 (Anm. 15).
33 Schleiermacher [1884] 1999, Beilage A, § 53, 17 (Anm. 15).

Gefühls Ausdruck. Als Prototyp für das darstellende Handeln gilt für Schleiermacher der gemeinsame Gottesdienst.[34]

Die andere Zustandsweise des Gefühls zeichnet sich durch die Differenz von Lust und Unlust aus. „Das wirkliche Leben des frommen ist fortschreitende Einigung im Schwanken; also spaltet sich die Seeligkeit in Lust und Unlust."[35] Schleiermacher ist der Auffassung, dass das christliche Gefühl faktisch unter der Bedingung von „Lust" und „Unlust" steht, weil die Hemmungen, es aufzurichten, Teil seiner Realisierung sind. Der dogmatische Begriff dafür ist „Sünde", auf die im Modus der „Lust" reflektiert wird, wenn sie überwunden ist, und die als „Unlust" registriert wird, wenn sie das Gefühl noch oder wieder mitbestimmt. Aus Lust- und Unlustzuständlichkeit des Gefühls leitet Schleiermacher das sogenannte wirksame Handeln als Bestimmungspotenzial ab, das zugleich in das sogenannte verbreitende Handeln (als Folge der „Lust") und in das sogenannte reinigende Handeln (als Folge der „Unlust") zerfällt. „Das als Unlust bestimmte religiöse Gefühl geht aus in ein reinigendes Handeln."[36] Dieses reinigende Handeln zielt darauf, die „Resistenz" bzw. „Hemmung"[37] zu beseitigen und Störungen jener „Einigung" aufzuheben. Da die Ursache für diese Störungen nicht im Gottesbewusstsein liegt, wirkt dieser Handlungstyp „auf die niedere Natur zurück"[38], also auf die physischen oder sozialen Bedingungen des Lebens.

„Das als Lust bestimmte religiöse Gefühl geht aus in ein verbreitendes Handeln."[39] Es stellt darauf ab, die noch nicht erfolgte, aber mögliche Verbindung des göttlichen Wesens mit der menschlichen Natur „in eine wirkliche zu verwandeln [...]. Und eben deshalb ist dies Handeln eine Verbreitung der Einigung."[40]

Durch diesen Handlungstyp wird die Natur mit der Struktur Geist überformt. Die Unterscheidung von darstellendem und wirksamem Handeln gilt nicht absolut, vielmehr führt jeder Handlungstyp Momente der anderen mit sich. „Kein wirkliches Handeln enthält Ein Glied eines dieser Gegensäze ausschließend".[41] Vielmehr muss zum Beispiel jedes „darstellende Handeln [...] ein wirksames Element haben als Minimum und umgekehrt".[42] Die Unterscheidung hat also vor allem heuristischen Wert, „indem man sie auf den dominierenden Charakter in

---

34 Schleiermacher [1884] 1999, Beilage A, § 53, 17 (Anm. 15).
35 Schleiermacher [1884] 1999, Beilage A, § 48, 16 (Anm. 15).
36 Schleiermacher [1884] 1999, Beilage A, § 54, 18 (Anm. 15).
37 Vgl. Schleiermacher [1884] 1999, Beilage A, § 54, 18 (Anm. 15).
38 Schleiermacher [1884] 1999, Beilage A, § 54, 19 (Anm. 15)
39 Schleiermacher [1884] 1999, Beilage A, § 55, 19 (Anm. 15).
40 Schleiermacher [1884] 1999, Beilage A, § 55, 19 (Anm. 15).
41 Schleiermacher [1884] 1999, Beilage A, § 61, 21 (Anm. 15).
42 Schleiermacher [1884] 1999, Beilage A, § 61, 21 (Anm. 15).

jedem Handeln bezieht"⁴³ und auf diese Weise den Sinn der einzelnen Elemente der christlichen Sitte klärt. Dazu differenziert Schleiermacher noch einmal zwischen einer gemeinschaftlichen (kirchlichen), eine prä-institutionellen (Einzelne, Ehe und Familie) und eine universellen (d. h. über das Christentum hinausweisenden) Dimension, die er in der Regel unter den Stichworten „Staat" oder „Kultur" diskutiert. Auf diese Weise ergibt sich ein Neunerschema, das die Gliederung des Stoffes der Christlichen Sitte bestimmt.

3 Das darstellende Handeln

„Alles darstellende Handeln ist insgesammt Gottesdienst",⁴⁴ die reine Verkörperung des christlichen Bewusstseins durch Handlungszusammenhänge. In ihnen wird das Eingehen des göttlichen Wesens in die menschliche Natur real. „Gottesdienst ist [...] der Inbegriff aller Handlungen, durch welche wir uns als Organe Gottes vermöge des göttlichen Geistes darstellen".⁴⁵ Das darstellende Handeln bildet die religiöse Gemeinschaft, ebenso wie sie sie voraussetzt. „Die religiöse Gemeinschaft und das darstellende Handeln sind also gleich primitiv".⁴⁶ Schleiermacher unterscheidet einen Gottesdienst in einem engeren und einem weiteren Sinn des Begriffs. Bei Letzterem knüpft er in der Sache und vom Wortlaut her an Röm 12,1 an, wo Paulus die Christenmenschen zu einem „vernünftigen Gottesdienst" auffordert. Es handelt sich um eine Art Habitus, durch den das göttliche Wesen in den gesamten Lebensvollzug hineinwirkt. Der tätige Gottesdienst entspricht der „Tendenz, in dem gesammten thätigen Leben das darstellende Handeln fortzusetzen, dem gesammten thätigen Leben diesen Charakter aufzudrükken, daß es die Darstellung sei der Herrschaft des Geistes über das Fleisch"⁴⁷. Im Unterschied dazu unterbricht der Gottesdienst im engeren Sinne das tätige Leben, in der gemeinsamen Feier wird das christliche Gefühl an ihm selbst zur kultischen Darstellung gebracht. In moderner Terminologie gesprochen: Hier wird das christliche Gefühl performativ wirklich.

Die grundlegende Sozialform für diesen Zusammenhang bildet die „Familie", die Schleiermacher als die „ursprüngliche Kirche"⁴⁸ bezeichnet. Hier vollzieht sich das darstellende Handeln in der privaten Andacht, die vom einzelnen

---

43 Schleiermacher [1884] 1999, Beilage A, § 61, 21 (Anm. 15).
44 Schleiermacher [1884] 1999, Beilage A, § 68, 23 (Anm. 15).
45 Schleiermacher [1884] 1999, 525–526 (Anm. 15).
46 Schleiermacher [1884] 1999, Beilage A, § 71, 24 (Anm. 15).
47 Schleiermacher [1884] 1999, 536 (Anm. 15).
48 Schleiermacher [1884] 1999, Beilage A, § 72, 24 (Anm. 15).

religiösen Bewusstsein ausgeht und das soziale Umfeld (etwa Familie oder Freunde) einbezieht. In diesem Rahmen werden „Privatgottesdienste" nach Maßgabe der Bedürfnisse und je nach Stellung der Mitwirkenden gefeiert. Daneben steht die institutionelle Form der Kirche, die Subjekt des öffentlichen Gottesdienstes ist und die Einzelnen einbezieht. Das Verhältnis von Privatgottesdienst und öffentlichem Gottesdienst denkt Schleiermacher komplementär. Charakteristisch für den öffentlichen Gottesdienst ist die Differenz von Klerus und Laien. Sie ist Teil der christlichen Sitte, hat aber in der reformatorischen Tradition einen bloß funktionalen Charakter, markiert keinen Unterschied im geistlichen Stand. Schleiermacher versteht den Gottesdienst immer als eine gemeinschaftliche Angelegenheit, denn auch die „Laien" wirken mit, wirken durch ihre Partizipation sogar auf den Klerus ein. Die Predigt ist nicht belehrend oder kerygmatisch-autoritär, sondern exemplarische Mitteilung des christlichen Gottesbewusstseins.[49]

Für die Leitfrage dieses Beitrages ergibt sich in diesem Kontext eine Pointe. Denn die bloß funktionale Unterscheidung von Klerus und Laien bedeutet: „Die Kirche strebt daher nach allgemeiner Verbreitung und hat eine demokratische Tendenz."[50]

> Diese Gleichheit ist eigenthümlich christlich und beruht auf dem Erhabensein Christi über alle, wobei alle andre Ungleichheit verschwindet und nur secundär wieder aus der Gleichheit entstehen kann. – Priesterkirchen sind auf dem Principe der Ungleichheit gebaut weil sie jenen Gegensaz nicht kennen.[51]

In diesem Satz kommt Schleiermacher erneut auf die Gleichheitsidee zu sprechen und wendet sie kirchenorganisatorisch. Die kulturgeschichtliche Leistung des Christentums besteht in der geschichtlichen Realisierung der Gleichheitsidee, die auch den Aufbau der Kirche bestimmt. Das gilt selbst für die katholische Kirche, denn: „Die katholische Kirche ist aber nur scheinbar und untergeordnet eine Priesterkirche, indem die Ungleichheit als von Christo eingesezt angesehen wird."[52] Weil nach katholischer Auffassung das Petrusamt durch Christus eingesetzt ist, ist die Gleichheit aller Christen vor Christus auch in der katholischen

---

[49] Vgl. Wilhelm Gräb, *Predigt als Mitteilung des Glaubens. Studien zu einer prinzipiellen Homiletik in praktischer Absicht*, Gütersloh 1988, 168–235 sowie Christian Albrecht, „Schleiermachers Predigtlehre. Eine Skizze vor dem Hintergrund seines philosophisch-theologischen Systems", in: *Klassiker der protestantischen Predigtlehre*, hg. v. Christian Albrecht/Martin Weeber, Tübingen 2002, 93–119.
[50] Schleiermacher [1884] 1999, Beilage A, § 77, 25 (Anm. 15).
[51] Schleiermacher [1884] 1999, Beilage A, § 77, 25–26 Randbemerkung (Anm. 15).
[52] Schleiermacher [1884] 1999, Beilage A, § 77, 26 Randbemerkung (Anm. 15).

Kirche größer als die Differenz von Klerus und Laien. Auf dieser Basis skaliert Schleiermacher in der Vorlesung zwischen zwei Extremen. Der Gottesdienst der Quäker repräsentiert für ihn das „Minimum der Ungleichheit"[53], der von einem Priester zelebrierte katholische „Meßgottesdienst in fremder Sprache"[54] das Maximum an Ungleichheit. Für die Kirchen der Reformation aber ist die rein funktionale Unterscheidung von Klerus und Laien charakteristisch und als Kriterium für einen christlichen Gottesdienst gilt: „Darum darf es keinem Gottesdienste an einem Elemente fehlen, in welchem sich die Productivität Aller äußeren [sic!] kann, wenn auch nur auf untergeordnete Weise, und dieses Element ist bei uns vorzüglich repräsentirt durch den Gesang der Gemeinde".[55] Die grundlegende Nivellierung der Differenz von Klerus und Laien, die Errichtung bloß funktionaler Unterschiede in der kirchlichen Organisation und die Einführung von demokratischen Strukturen begründet die von Schleiermacher bevorzugten presbyterial-synodalen Selbstverwaltungsstrukturen in der Kirche, die er in der reformierten Tradition eher als in der staatskirchenähnlichen Tradition des Luthertums präfiguriert findet und daher als Vorbild für die Weiterentwicklung staatlicher Strukturen gesehen hat.[56]

Die symbolische Sichtbarmachung des Gefühls in Andacht und Gottesdienst erfordert ästhetische Anteile, weswegen das religiöse Handeln eine enge Verbindung mit der Kunst eingeht.[57] In der Musik, in der bildenden Kunst und in der Rhetorik gehen religiöses Gefühl und ästhetischer Ausdruck eine enge Verbindung ein. Dies gilt für Schleiermacher insbesondere für das Christentum, das sich in der Regel subtiler, nämlich geistiger ästhetischer Darstellungsmittel bedient, freilich in gestufter Weise, wie Schleiermacher an einem konfessionellen Vergleich deutlich macht. Grundsätzlich deutet er mit Blick auf die „leiblichen Darstellungsmittel" an, dass diese im christlichen Gottesdienst geringeres Gewicht haben als „in den anderen Religionsformen [...], sofern diese Naturreligion sind."[58] Das Christentum dagegen strebt nach vergeistigten Ausdrucksformen, sodass jene „zurükktreten", freilich nicht verschwinden. An dieser Stelle skaliert

---

53 Schleiermacher [1884] 1999, 542 (Anm. 15).
54 Schleiermacher [1884] 1999, 543 (Anm. 15).
55 Schleiermacher [1884] 1999, 556 (Anm. 15).
56 Vgl. Brandt 2001, 95 (Anm. 1). Vgl. dazu den Beitrag von Simon Gerber in diesem Band, der an dieser Stelle den Einfluss der reformierten Tradition auf Schleiermachers Kirchenverständnis sehr hoch veranschlagt. Grundlegend ist die Münsteraner Dissertation von Albrecht Geck, *Schleiermacher als Kirchenpolitiker. Die Auseinandersetzung um die Reform der Kirchenverfassung in Preußen (1799–1823)*, Bielefeld 1997.
57 Vgl. Schleiermacher [1884] 1999, Beilage A, §§ 86–91 (Anm. 15).
58 Schleiermacher [1884] 1999, Beilage B, § 16, 151 (Anm. 15).

Schleiermacher zwischen dem „äußerste[n] Katholizismus", der noch viele leibliche Elemente zulässt und – gemessen an jener Norm – von „anmaaßende[r] Laxität" ist. Den anderen Pol bildet der „äußerste Protestantismus", der „eine demüthige Strenge, die Furcht das christliche Princip zu verunreinigen durch Annäherung an das heidnische" zeigt. Dagegen empfiehlt Schleiermacher „eine mittlere Construction", nach der zu streben sei.[59] Mutmaßlich hat Schleiermacher beim „äußersten Protestantismus" nicht strenge Calvinisten vor Augen, sondern die Quäker, die soeben erwähnt wurden. Die von ihm bevorzugte „mittlere Construction" dürfte von Lutheranern *und* Reformierten angestrebt werden.

4 Das wirksame Handeln

Die beiden Modi des wirksamen Handelns führen in die Themen der christlichen Ethik im engeren Sinne. Die folgende Darstellung hat keinen Anspruch auf Vollständigkeit. Es werden nur diejenigen Aspekte herausgegriffen, die eine gewisse Nähe zur reformierten Tradition aufweisen.

4.1 Das verbreitende Handeln

Die entscheidende Einsicht Schleiermachers auf diesem Gebiet ist, dass der Grundtypus des verbreitenden Handelns als Initiierung von Bildungsprozessen verstanden wird. „Der allgemeine Typus des verbreitenden Handelns ist […] Bildung".[60] Der Bildungsbegriff ist für Schleiermacher eine anthropologische und ethische Schlüsselkategorie.[61]

---

[59] Schleiermacher [1884] 1999, Beilage B, § 16, 150–151 (Anm. 15). Laut Mitschrift hat Schleiermacher diesen Gedanken noch weiter ausgeführt und die binnenprotestantische Differenz zurückgefahren: „In der protestantischen Kirche sind in verschiedenen Gegenden, und auch in der Differenz der beiden evangelischen Confessionen, jedoch so, daß der Confessionsunterschied eigentlich nichts damit zu thun hat, Differenzen in der Construction des Gottesdienstes in dieser Hinsicht vorhanden. In der reformirten Kirche nämlich ist der Gegensatz gegen das katholische, in der lutherischen die Annäherung an dasselbe am stärksten. Aber wir können deshalb nicht sagen, in der lutherischen Kirche sei das Streben nach der Mitte von Anfang an mehr gewesen, sondern es war nur eine […] Behutsamkeit, vom Volke nicht gleich zu viel von dem zu nehmen, woran es gewöhnt war und worin es einen Ausdrukk der Heiligkeit fand" (Schleiermacher [1884] 1999, 541 [Anm. 15]).

[60] Schleiermacher [1884] 1999, Beilage A, § 181, 63 (Anm. 15).

Die Bildung bezieht sich auf die Einzelnen, hier geht es um die Formierung von „Gesinnung" und „Talent", mit denen diese im Verein mit den anderen Christ*innen am verbreitenden Handeln mitwirken.[62] Spezifischer für das Thema dieses Beitrages ist die Bedeutung von Ehe und Familie für das verbreitende Handeln. Für Schleiermacher ist völlig unstrittig, dass das Christentum wesentlich durch die Bildung eines christlichen Hausstandes verbreitet wird. Sehr treffend hat Birkner von der Familie als „Elementarsphäre des kirchlichen Lebens" gesprochen,[63] denn zugespitzt heißt es bei Schleiermacher: „Die Familie ist die ursprüngliche Kirche."[64] Anders gewendet: Bei der Eheschließung, der nur in der Ehe erfolgenden Mitwirkung an der Reproduktion des Menschengeschlechtes und der Erziehung der Kinder im Geiste des Christentums handelt es sich um die elementaren Beiträge der Einzelnen zum verbreitenden Handeln: „Die Geschlechtsgemeinschaft als verbreitendes Handeln angesehen geht auf die Erzeugung vernunftfähiger Individuen".[65] Für Schleiermacher stellen der Wille zur Schließung einer lebenslangen Ehe und die Gründung einer Familie so etwas wie eine christliche Pflicht dar.[66] Andere Lebensformen konnte er sich nicht vorstellen, jedenfalls hat er sie nicht als Teil des verbreitenden Handelns ethisch gewürdigt.[67] In diesem Kontext begegnet eine konfessionelle Überlegung. Die Ehe gilt als „einfach und unauflöslich"[68]. Schleiermacher ist an diesem Punkt – im Verein mit der ethischen Tradition – rigoros. Ehescheidung ist eigentlich ausgeschlossen. Anders als in der katholischen Kirche fällt die Begründung jedoch nicht sakramentstheologisch aus, sondern ist neutestamentlich, ja jesuanisch verankert.[69] Die Konzession wird umwegig erzielt, indem Schleiermacher argumentiert: Wenn der Staat durch Gesetz die bürgerliche Ehescheidung erlaubt, dann kann die christliche Sitte nicht das Gegenteil gebieten. Das käme einer Begründung einer Sonder- oder Doppelmoral gleich und würde die christlichen Eheleute gegen die staatlichen Gesetze aufbringen. Daher darf die Kirche Geschiedene nicht mit Sanktionen versehen, sondern wird sie als gleichberechtigte

---

61 Vgl. Arnulf von Scheliha/Jörg Dierken (Hg.), *Der Mensch und seine Seele. Bildung – Frömmigkeit – Ästhetik. Akten des Internationalen Kongresses der Schleiermacher-Gesellschaft in Münster*, September 2015, Schleiermacher-Archiv 26, Berlin/Boston 2017.
62 Vgl. Schleiermacher [1884] 1999, Beilage A, § 190, 67 (Anm. 15).
63 Birkner 1964, 127 (Anm. 14).
64 Schleiermacher [1884] 1999, Beilage A, § 72, 24 (Anm. 15).
65 Schleiermacher [1884] 1999, Beilage A, § 193, 69 (Anm. 15).
66 Vgl. Schleiermacher [1884] 1999, 354–364 (Anm. 15).
67 Vgl. Schleiermacher [1884] 1999, 346–348 (Anm. 15).
68 Schleiermacher [1884] 1999, Beilage A, § 194, 69 (Anm. 15).
69 Vgl. Schleiermacher [1884] 1999, 340–341 (Anm. 15)

Mitglieder weiter behalten und muss gegebenenfalls einer Wiederverheiratung zustimmen.[70]

Während sich bei der ethischen Bearbeitung des Themas Ehe der protestantisch-katholische Gegensatz auswirkt, nähert sich Schleiermacher bei der Erörterung der sittlichen Bedeutung der Taufe der reformierten Tradition an. Dazu muss etwas ausgeholt werden. In seiner Dogmatik *Der christliche Glaube* kritisiert Schleiermacher ausdrücklich die von Martin Luther herkommende sakramentstheologische Begründung von Taufe und Abendmahl. Den Begriff des Sakramentes weist er ausdrücklich zurück und stellt fest, dass er im Rahmen seiner Glaubenslehre „Taufe und Abendmahl für sich und ohne bestimmte Beziehung auf diesen Namen behandelt"[71], weil

> durch das gewöhnliche Verfahren, welches diesen [...] allgemeinen Begriff voranschikt und erklärt, befestigt sich immer mehr die falsche Meinung, als sei dies ein eigentlich dogmatischer Begriff und sage etwas dem Christenthum wesentliches aus und als erhielten Taufe und Abendmahl ihren eigentümlichen Werth vorzüglich dadurch, daß sich dieser Begriff in ihnen realisirt.[72]

Dies aber könne mit Blick auf die Bedeutungsvielfalt des Begriffs und seine konfessionelle Strittigkeit gerade nicht gelten. Das Gemeinsame von Taufe und Abendmahl besteht für Schleiermacher darin, „daß sie fortgesetzte Wirkungen Christi sind, in Handlungen der Kirche eingehüllt und mit ihnen auf das innigste verbunden, durch welche er seine hohepriesterliche Thätigkeit auf die Einzelnen ausübt, und die Lebensgemeinschaft zwischen ihm und uns [...] erhält und fortpflanzt."[73] Als solches Abbild und Fortsetzung eines hohepriesterlichen Amtes stehen Taufe und Abendmahl gleichgewichtig neben den anderen vier wesentlichen und unveränderlichen Grundzügen der Kirche, durch welche die „wesentlichen Berufsthätigkeiten Christi"[74] auf die Einzelnen übergehen, nämlich die Heilige Schrift und der Dienst am göttlichen Wort als Abbild und Fortsetzung der prophetischen Tätigkeit Christi sowie das Gebet im Namen Jesu und das Amt der Schlüssel als Abbild und Fortsetzung seiner königlichen Tätigkeit.

---

70 Vgl. Schleiermacher [1884] 1999, 349–353 (Anm. 15).
71 Friedrich Schleiermacher [²1830/31], *Der christliche Glaube nach den Grundsätzen der evangelischen Kirche im Zusammenhange dargestellt*, KGA I/13,2, hg. v. Rolf Schäfer, Berlin/New York 2003, § 143 1., 404.
72 Schleiermacher [1830/31] 2003, 404 (Anm. 68).
73 Schleiermacher [1830/31] 2003, § 143 2., 406 (Anm. 68).
74 Schleiermacher [1830/31] 2003, § 143 1., 404 (Anm. 68).

Die Taufe nun bestimmt Schleiermacher als denjenigen „Willensact", vermittelst dessen die Kirche „den Einzelnen in ihre Gemeinschaft aufnimmt"[75]. Sie ist der äußere Akt und „Leiter" für das Geschehen des Glaubens, d. h. „für die rechtfertigende göttliche Thätigkeit, wodurch der Einzelne in die Lebensgemeinschaft Christi aufgenommen wird."[76] Die Gestalt dieses äußeren Aktes ist für Schleiermacher hoch variabel und mit Blick auf die intendierte Lebensgemeinschaft mit Christus sogar verzichtbar, wie er am Beispiel von dessen Jüngern deutlich macht. „Denn die persönliche Erwählung Christi muß für sich als ein Akt seines Willens vollkommen hinreichend gewesen sein"[77]. Entscheidend sind die beiden Komponenten, nämlich die „Erwählung Christi" oder „die Anwendung des göttlichen Rathschlusses der Erlösung auf den Einzelnen"[78] einerseits und dessen „Versetzung [...] in die Gemeinschaft mit Allen schon Gläubigen"[79] andererseits. Die Taufe als kirchliche Handlung sei später „als allgemeine Anordnung Christi an die Stelle seiner einzelnen persönlichen Erwählung getreten"[80]. Diese erwählungstheologische Relativierung der kirchlichen Taufhandlung dürfte sich reformiertem Erbe verdanken.

In soteriologischer Hinsicht skaliert Schleiermacher den initiierenden Charakter der Taufe. Er sieht es als in der Natur der Sache liegend, „daß die Neigung der Kirche zu taufen den innerlichen auf die Wiedergeburt abzwekkenden Wirkungen des Geistes bald voraneilen [...] und bald hinter denselben zurükkbleiben"[81] wird. Daraus entwickelt er den Kanon, dass bei festgestelltem Vorliegen von Gnadenwirkungen „die Taufe als Aufnahme in die Gemeinschaft" unmittelbar zu folgen habe, während umgekehrt „das Vorangehn der Taufe nur zu rechtfertigen [ist] durch den festen [...] Glauben, daß nun auch die Wiedergeburt des Aufgenommenen aus den Einwirkungen der Gesammtheit hervorgehen werde".[82] Innerhalb dieser Grenzen kann die Taufe zu jedem biographischen Zeitpunkt erfolgen. In diesem Sinne ist auch die Kindertaufe begründbar, sofern in dieser Handlung die Zuversicht ausgedrückt ist, „daß es den von christlichen Eltern gebohrnen Kindern an der Bearbeitung des göttlichen Geistes nicht fehlen könne."[83] Dagegen kritisiert Schleiermacher die Begründung der Kindertaufe in den

---

75 Schleiermacher [1830/31] 2003, § 136 Leitsatz, 353 (Anm. 68).
76 Schleiermacher [1830/31] 2003, § 136 Leitsatz, 353 (Anm. 68).
77 Schleiermacher [1830/31] 2003, § 136. 2., 356 (Anm. 68).
78 Schleiermacher [1830/31] 2003, § 136. 2., 356 (Anm. 68).
79 Schleiermacher [1830/31] 2003, § 136. 2., 356 (Anm. 68).
80 Schleiermacher [1830/31] 2003, § 136. 2., 356 (Anm. 68).
81 Schleiermacher [1830/31] 2003, § 136. 3., 358 (Anm. 68).
82 Schleiermacher [1830/31] 2003, § 136. 3., 358 (Anm. 68).
83 Schleiermacher [1830/31] 2003, § 138. 1., 374 (Anm. 68).

Bekenntnisschriften der lutherischen Tradition, die er für nicht stichhaltig hält. Die Kindertaufe ergibt sich vielmehr zwanglos aus der Idee der kirchlichen Gemeinschaft, deren Aufgabe es sei, die Menschen an ihrem „äußeren Kreis in Zusammenhang mit dem göttlichen Wort zu bringen, und bis zur Entstehung des Glaubens darin zu erhalten."[84] In diesem Sinne sind auch die Kinder christlicher Familien in den „Zusammenhang mit der christlichen Ordnung"[85] gestellt. Das bei ihrer Taufe zu sprechende Glaubensbekenntnis gilt als der „Zielpunkt [...], welches sie erreichen und woran sie sich bewähren muß."[86] Dogmatisch markiert die Taufe also den Anfang des christlichen Lebens, den Schleiermacher mit „Rechtfertigung" und „Wiedergeburt" begrifflich festhält. Da dieser begrifflichen Genauigkeit ein entsprechend fixiertes Datum im christlichen Leben nicht entspricht, sind die Übergänge fließend und das Ziel der Taufe wird als Ergebnis eines Bildungsgeschehens betrachtet, an dem Kirche und getaufter Christ gleichermaßen beteiligt sind. „In der Taufe als Aufnahme in die christliche Gemeinschaft wird [...] die selbsttätige Teilhabe der Einzelnen am Gemeingeist begründet"[87], deren Ziel im selbstständigen „Bekenntnis des Täuflings"[88] besteht.

Den zuletzt genannten Sachverhalt entfaltet Schleiermacher im Rahmen seiner Vorlesungen zur Christlichen Sittenlehre. Innerhalb des verbreitenden Handelns wird zwischen extensivem und intensivem Handeln der Kirche unterschieden. Letzteres dient der qualitativen Steigerung des christlichen Glaubens von denen, die schon Mitglieder der Kirche sind. Dies geschieht vor allem durch die kirchliche Bildungsarbeit. Schleiermacher versteht Kirche in diesem Zusammenhang vor allem als „Schule"[89], die sich als „Predigt", „Uebung" und „Unterricht" realisiert und die Aufgabe hat, die Christen „auf den Punkt der religiösen Mündigkeit zu bringen, und sie dann so weit zu fördern" hat, „daß sie ein Recht gewinnen zur Mittheilung ihres Urtheils über alles, was die Vervollkommung der christlichen Gesinnung darstellt"[90]. Ziel der Bildungsarbeit sind also die selbstständige Sprachfähigkeit des Glaubens und damit die Fähigkeit zur aktiven Teilnahme an der religiösen Kommunikation. Das extensive Handeln ist eher quantitativ ausgerichtet und zielt darauf, die Zahl der Christen zu vergrößern. In diesem Kontext steht die Taufe. „Nämlich Taufen ist die Aufnahme in die Ge-

---

84 Schleiermacher [1830/31] 2003, § 138. 1., 375 (Anm. 68).
85 Schleiermacher [1830/31] 2003, § 138. 1., 375 (Anm. 68).
86 Schleiermacher [1830/31] 2003, § 138. 1., 375 (Anm. 68).
87 Dorothee Schlenke, ‚Geist und Gemeinschaft'. *Die systematische Bedeutung der Pneumatologie für Friedrich Schleiermachers Theorie der christlichen Frömmigkeit*, Berlin/New York 1999, 423.
88 Schleiermacher [1830/31] 2003, § 137 2., 367.
89 Schleiermacher [1884] 1999, Beilage A, § 202, 73 (Anm. 15).
90 Schleiermacher [1884] 1999, 388–389 H. i. O. (Anm. 15).

meinschaft des extensiven Prozesses"[91] der Kirche. Sie ist gebunden an die lehrhafte Mitteilung des Glaubens. Insofern gilt: „Daher beim Wachsen von außen Taufen nach dem Lehren."[92] Im volkskirchlichen Kontext gilt bei denen, die in der Kirche bzw. in eine christliche Familie hineingeboren sind, das Umgekehrte. Hier erfolgt der intensive Prozess der Lehre und der Sprachbildung im Anschluss an die Taufe.

Dadurch erhält die Taufe einen ethischen Richtungssinn, weil auf das Tauf-Initial der Prozess der lebenslangen Intensivierung folgt, der im Aufbau und in der Festigung der Sprachfähigkeit im Glauben und in der selbsttätigen Mitwirkung an der Glaubenskommunikation besteht. In der Taufe steht daher das ganze christliche Leben zur Disposition. Diese lebensgeschichtlich-ethische Interpretation der Taufe weist voraus in die Interpretation der Taufe im 20. Jahrhundert, bei der sich so unterschiedliche Theologen wie Karl Barth oder Emanuel Hirsch mit ihrer ethischen Interpretation der Taufe in der reformierten Tradition stehend gesehen haben.[93]

Ein letzter Aspekt, der im Kontext des verbreitenden Handelns womöglich eine Nähe zum reformierten Erbe erkennen lässt, betrifft erneut das Kirchenverständnis. Schleiermacher relativiert nämlich die Bedeutung der Kirche bzw. der Amtskirche beim verbreitenden Handeln in einer bemerkenswerten Weise. Grundsätzlich unterscheidet Schleiermacher zwischen *der* Kirche als die Gesamtheit der von Christus ausgehenden geschichtlichen Wirkungen des Christentums und den Konfessionskirchen, in denen das Christentum institutionell und kulturrelativ wirklich wird.[94] Ein äquivalentes Mittelglied findet sich zwischen dem Einzelnen bzw. der Ehe und Familie und der Konfessionskirche. Es ist die „Freundschaft" als institutionell ungebundener sozialer Ort der Kommunikation im Geist des Christentums. Zwischen den Konfessionskirchen und den Freundschaften stehen „religiöse Gesellschaften" als vereinsähnliche Verstetigungen religiöser Freundschaftskultur und „Ordenscorporation"[95] als besondere Gesellschaften in oder jenseits der Konfessionskirchen.[96] Man könnte an dieser Stelle insofern ein reformiertes Erbe identifizieren, als Schleiermacher die Bedeutung der *einen* Kirche zugunsten der basisnahen Selbstorganisation der

---

[91] Schleiermacher [1884] 1999, § 210, 77 (Anm. 15).
[92] Schleiermacher [1884] 1999, § 210, 77 (Anm. 15).
[93] Vgl. dazu Arnulf von Scheliha, „Die Taufe. Ein Beitrag zur ethischen Interpretation eines dogmatischen Themas", in: *Erleben und Deuten. Dogmatische Reflexionen im Anschluss an Ulrich Barth*, hg. v. Roderich Barth/Andreas Kubik/Arnulf von Scheliha, Tübingen 2015, 325–344.
[94] Vgl. dazu Birkner 1964, 110–112 (Anm. 14).
[95] Schleiermacher [1884] 1999, 413 (Anm. 15).
[96] Vgl. Schleiermacher [1884] 1999, 408–415 (Anm. 15).

frommen Gemeinschaft ermäßigt und damit in systematischer Hinsicht seiner kirchengeschichtlichen Einsicht Rechnung trägt, nach der die Reformation nicht allein von Martin Luthers Tat in Wittenberg ausging, sondern als dezentrale und plurale Bewegung verstehen ist.[97] Schleiermacher sieht die Maßnahmen zur Kirchenverbesserung durch Einzelne an vielen Stellen wirksam, sodass an der Pluralität der reformatorischen Bewegung die Bedeutung der lokalen Selbstorganisation von Kirche sichtbar wird.

4.2 Das reinigende oder wiederherstellende Handeln

Mit dem Thema „Reformation" ist innerhalb der Systematik der Vorlesungen zur Christlichen Sittenlehre bereits der Handlungstyp des reinigenden oder wiederherstellenden Handelns angesprochen. Das Handeln in Richtung „Kirchenverbesserung" repräsentiert hier geradezu einen eigenen Handlungsstrang, der beschreibt, wie Einzelne in das Gefüge der religiösen Gemeinschaft eingreifen, um Mängel oder Dysfunktionen abzustellen, mit dem Ziel nicht der Kirchenspaltung oder Separation, sondern der Wiederherstellung des Grundsinns des kirchlichen Lebens. Das bezeichnet den sittlichen Ort der *ecclesia semper reformanda*. Die Reformation ist für Schleiermacher das Paradigma dafür, wie vom Handeln eines oder – mit Blick auf die reformierte Tradition – von einigen Einzelnen die „Wiederherstellung"[98] der christlichen Gemeinschaft erreicht wird, die im 16. Jahrhundert „vorzüglich auf Rechtfertigung, Abendmahl und Priesterstand"[99] bezogen war. Dabei besteht die sittliche Voraussetzung darin, dass das Handeln der Reformatoren stets auf das Ganze bezogen ist und öffentlich geschieht.

Analoges denkt Schleiermacher im Verhältnis des Einzelnen zum Staat. Auch hier sind Beiträge Einzelner zur Staatsverbesserung denkbar. Der Grundsatz, den Schleiermacher in diesem Kontext verlautet, besagt allerdings, dass „jeder einzelne auf das ganze nur wirken [darf] nach der Form seiner politischen Stellung".[100] Schleiermacher stellt auf geordnete Verfahren zur Staatsverbesserung ab. Revolutionen oder den „Tyrannenmord [...] kann die christliche Sittenlehre nicht anerkennen. Die Bewährung dafür liegt in der Vorschrift, die Obrigkeit als eine göttliche Institution heilig zu halten"[101]. Hier rekurriert Schleiermacher auf den Mainstream reformatorischer Theologie. Dass etwa Calvin im Unterschied zu

---

[97] Vgl. Simon Gerber, *Schleiermachers Kirchengeschichte*, Tübingen 2015, 353–385.
[98] Schleiermacher [1884] 1999, Beilage B, Einleitung, 104 (Anm. 15).
[99] Schleiermacher [1884] 1999, Beilage B, Einleitung, 104 (Anm. 15).
[100] Schleiermacher [1884] 1999, Beilage B, § 9, 124 (Anm. 15).
[101] Schleiermacher [1884] 1999, Beilage B, § 9, 124 (Anm. 15).

Luther das Widerstandsrecht etwas weniger eng sieht, wird von Schleiermacher ignoriert.[102] Schleiermacher setzt positiv auf die Unterstützung der „Constitutionstendenz" seiner Zeit, die ausdrücklich gegen die Restaurationspolitik der sog. Heiligen Allianz der Fürsten nach dem Wiener Kongress gerichtet ist. Er versteht sie – ganz im Sinne seines ekklesiologischen Programms – als „Tendenz, immer mehrere positiven Anteil nehmen zu lassen an den gemeinsamen Angelegenheiten, sodass der Gegensatz des Gebietens und des Gehorchens immer mehr nur ein functioneller wird und immer mehr aufhört ein persönlicher zu sein".[103] Die umgekehrte Richtung, d.h. das reinigende Handeln des Staates auf Andere thematisiert Schleiermacher unter den Stichworten „Strafrecht" und „Völkerrecht". Hier analysiert er die humanisierenden Wirkungen der christlichen Sitte im Strafrecht, das er unter dem Einfluss des Christentums von der Vergeltungstheorie abgekoppelt sieht. Nachdrücklich plädiert er für eine Abschaffung der Todesstrafe.[104] Analoges gilt für die Entwicklung der Beziehungen zwischen den Staaten. So baut die christliche Religion ein kosmopolitisch wirksames Ethos von der Gleichheit aller Menschen über die Grenzen der Völker, Staaten und Kulturen auf. Die Möglichkeiten zum bewaffneten Konflikt werden unter dem Einfluss der christlichen Sitte eingeschränkt. Die Verbreitung der christlichen Religion mit Zwangsmitteln wird von Schleiermacher sittlich geächtet.[105]

Das reinigende Handeln innerhalb der Familie fällt in die Erziehung, also in das Verhältnis der Eltern zu ihren Kindern. Hier äußert sich Schleiermacher sehr zurückhaltend. Er beschränkt die häusliche Zucht (also Strafen) im Erziehungsverhältnis auf ihren pädagogischen Sinn. Die im engeren Sinn christliche Erziehung kommt ganz ohne Strafen aus. Schleiermacher sagt: „Wir leugnen, daß Strafe und Belohnung der christlichen Hauszucht angehören"[106]. Die Hauszucht darf niemals die Bildung des Gewissens behindern oder die Gewissen belasten. Die christliche Erziehung findet ihr Ziel, wenn der Gehorsam in religiöse Mün-

---

102 Immerhin markiert er in der Vorlesung von 1826/27 einen Grenzfall, der „alle Pflichterfüllung unmöglich" macht, nämlich dort, „wo der Staat mit der Freiheit der Mittheilung alles öffentliche Leben hemmt und wo er seine Bürger zwingen will, bestimmte Aemter anzunehmen oder zu behalten und so positiv mitzuwirken zu demjenigen, was sie eben für eine aufzuhebende Verschlimmerung halten" (Schleiermacher [1884] 1999, 272 [Anm. 15]).
103 Schleiermacher [1884] 1999, Beilage D, Anmerkung zu § 75, 190 (Anm. 15).
104 Vgl. dazu Birkner 1964, 132–133 (Anm. 14).
105 Vgl. dazu Birkner 1964, 133–136 (Anm. 14) und Arnulf von Scheliha, „Die Beziehungen der Völker nach Schleiermachers Staatslehre", *Zeitschrift für Neuere Theologiegeschichte/Journal for the History of Modern Theology* 12 (2005), 1–15.
106 Schleiermacher [1884] 1999, 234 (Anm. 15).

digkeit übergegangen ist. Die Beachtung dieses Überganges zieht jeder erzieherischen Handlung mit reinigender Absicht eine Grenze.[107]

Diesen Grenzen verschafft Schleiermacher auch im Rahmen der Kirchenzucht Geltung, dem klassischen Thema der reformierten Tradition. Zunächst erinnert Schleiermacher daran, dass das reinigende oder wiederherstellende Handeln als die Kehrseite des als Bildungsprozess gedachten verbreitenden Handelns anzusehen ist und daher keinen Selbstzweck verfolgt. Daher verwirft er die mittelalterliche Praxis der „Geisselungen und was denselben Typus trägt"[108] sowie das „Fasten"[109]. Letzteres kritisiert er vor allem deshalb, weil es zu einer Schwächung der körperlichen Kräfte führt, die dem Christenmenschen die Ausführungen der anderen Handlungsformen sogar erschweren. In dieser Perspektive ist das Fasten, sofern es kirchlicherseits vorgeschrieben wird, sogar unsittlich.

Positiv bestimmt Schleiermachers das reinigende Handeln auf den Körper als *Gymnastik*. Er kombiniert hierbei aristotelische Motive mit Impulsen seines Zeitgenossen „Turnvater" Friedrich Ludwig Jahn (1778–1852) und nimmt die beim Apostel Paulus erkennbare Bewältigung der Realpugnanz von „Geist" und „Fleisch" auf. Die körperlichen Übungen dienen dazu, das Eigenleben des „Fleisches" niederzuringen, den menschlichen Körper von innen heraus zu bestimmen und für die christliche Liebe in den Dienst zu nehmen. Schleiermacher empfiehlt daher die Institution „einer productiven freien Gymnastik auf dem Gebiete der erst mit dem Christenthume gegebenen brüderlichen Liebe"[110]. Sie dient einerseits dazu, dass jedes Mitglied der Kirche „in den Stand gesezt wird, die am meisten dem Geiste widerstrebenden Richtungen seiner sinnlichen Natur durch Uebungen [...] dem Geiste zu unterwerfen".[111] Anderseits soll sich der Christ aus der Fülle der gymnastischen Übungen diejenigen herausgreifen, die dasjenige vermitteln, „was ihm die Einseitigkeit seines besonderen Berufes zu ergänzen im Stande ist"[112]. Freilich kritisiert Schleiermacher in diesem Zusammenhang eine gewissermaßen leerlaufende Athletik, vielmehr soll die Gymnastik das Ziel des christlichen Lebens, die Liebe zu verwirklichen, im Blick behalten.

Schleiermacher ersetzt also im Abschnitt über die Kirchenzucht die traditionellen körperlichen Maßnahmen durch die „Gymnastik". Mit Blick auf Wiederherstellung des Geistes notiert er, dass „die evangelische Kirche vorgeschrie-

---

107 Vgl. Schleiermacher [1884] 1999, 232–241 (Anm. 15).
108 Schleiermacher [1884] 1999, Beilage B Nr. 1, 105 (Anm. 15).
109 Schleiermacher [1884] 1999, Beilage B Nr. 2, 105 (Anm. 15).
110 Schleiermacher [1884] 1999, 172 (Anm. 15).
111 Schleiermacher [1884] 1999, 226 (Anm. 15).
112 Schleiermacher [1884] 1999, 172 (Anm. 15).

bene Gebete als reinigende Uebungen mit Recht abgeschafft"[113] habe, weil die mit den Gebetsformularen verknüpfte Veräußerlichung der Gebetshandlung das innerliche Ziel des reinigenden Handelns, nämlich die Wiederstellung des Geistes, nicht erreicht. Sehr grundsätzlich spricht sich Schleiermacher gegen kirchliche Strafen aus, die etwa durch Beschränkung der „Zulassung zu den Mysterien"[114] (also Exkommunikation) erfolgen könnten. Das sei kontraproduktiv, weil es die Bildung einer gefährlichen Doppelmoral befördern würde. Insofern bleibt – jenseits der immer möglichen Bildungsprozesse – von der üblicher Weise der reformierten Tradition zugewiesenen „Kirchenzucht" in diesen Vorlesungen zur Christlichen Sittenlehre nichts übrig.[115] Vielmehr fordert Schleiermacher gerade umgekehrt die Teilnahme aller, auf die reinigend gehandelt werden sollte, am Gottesdienst, weil durch das darstellende Handeln selbst diejenige reinigende Kraft zwanglos freigesetzt wird, die durch gezielte Handlungen verfehlt werden kann. Daher gilt:

> Der Geist im Einzelleben muß [...] gestärkt werden durch Mittheilung aus dem Geiste des ganzen. Diese ist wesentlich Cultus, d.h. dem hauptsächlich darstellenden Handeln, welches aber nebenbei belehrend (d.h. verbreitend) und erweckend (d.h. reinigend) ist. [...] Eben so kann sich in Theilnahme an Gesang und liturgischen Gebeten der Geist im einzelnen durch den im ganzen restauriren.[116]

Insofern laufen am Ende alle Handlungsformen im Handlungstyp des darstellenden Handelns zusammen, das der „Seeligkeit" Ausdruck gibt und so etwas wie das Integral aller christlichen Handlungsformen ist.

5 Abschluss: Reformierte Ethik?

Schleiermachers *Christliche Sittenlehre* ist hoch originell und, was die kirchliche Ausrichtung angeht, an der Union der Evangelischen Kirchen in Preußen orientiert. Dispositorisch und gedanklich steht sie auf dem Niveau von Aufklärung und Idealismus. Schon architektonisch zeigt sich die kritische Distanz zu den konfessionell geprägten Lehrtraditionen in den Vorlesungen zur Christlichen Sittenlehre wesentlich deutlicher als in der Glaubenslehre, in der jene schon allein durch den lehrtechnischen Rekurs auf die Bekenntnisschriften der Refor-

---

113 Schleiermacher [1884] 1999, Beilage B, 107 (Anm. 15).
114 Schleiermacher [1884] 1999, Beilage B, 109–110 (Anm. 15).
115 Allerdings rechnete man diesen Topos zur Zeit Schleiermachers auch gar nicht spezifisch der reformierten Tradition zu. Vgl. dazu den Beitrag von Simon Gerber in diesem Band.
116 Schleiermacher [1884] 1999, Beilage B, 109 (Anm. 15).

mationszeit präsenter sind.[117] Das reformierte Erbe wird in der *Christlichen Sittenlehre* sichtbar dort, wo sich – wie bei der Interpretation der Taufe – die Erwählungslehre bei der Beschreibung des sittlichen Lebens bemerkbar macht.[118] Ebenso schlägt reformiertes Erbe bei Schleiermachers nicht-episkopalem, vielmehr demokratisch angelegtem Kirchenverständnis durch. Dieser Befund dürfte jedoch nicht ausreichen, um von Schleiermacher als „a Calvinist of a higher Order" zu sprechen.[119] In Würdigung von Gesamtzuschnitt und Inhalt dieser Vorlesungen sind die spezifischen Einflüsse der reformierten Tradition auf Schleiermachers Rekonstruktion der Christlichen Sittenlehre zwar vorhanden, aber aufs Ganze gesehen arbiträr. Wohl auch deshalb hatte sich Schleiermacher sowohl auf der Ebene des theologischen Begriffs als auch durch sein eigenes Engagement für eine Union der Evangelischen Kirchen in Preußen eingesetzt und darin selbst eine sittliche Aufgabe gesehen.[120]

---

117 Vgl. Martin Ohst, *Schleiermacher und die Bekenntnisschriften. Eine Untersuchung zu seiner Reformations- und Protestantismusdeutung*, Tübingen 1989.
118 Dass Schleiermacher diesbezüglich in den Spuren Calvins denkt, hat B. A. Gerrish herausgearbeitet in: Brian A. Gerrish, *Tradition and the Modern World: Reformes Theology in the Nineteenth Century*, Chicago 1978, 110–119.
119 Das methodische Problem bei den Kriterien, anhand deren Brandt Schleiermachers Vorlesungen über die Christliche Sittenlehre als reformiert erweisen möchte („1. An ethics of response; 2. Comprehensive, including in its scope all areas of human life; 3. Open to and willing to appropriate for its own purposes insights from nontheological sources of knowledge; 4. Aimed at the transformation of society; and 5. Part of an ongoing, developing tradition", vgl. Brandt 2001, 137–138 [Anm. 1]), besteht darin, dass nicht darlegt wird, inwiefern sie nicht auch Motive und Ziele einer lutherischen Ethik sein können. Auch in theologiegeschichtlicher Hinsicht werden sie von Brandt nicht zurückgebunden an das, was man zur Zeit Schleiermachers unter Reformierter Ethik verstand (vgl. dazu den Beitrag von Simon Gerber in diesem Band). Schließlich krankt Brandts instruktive und bündige Darstellung der zeitkritischen Aspekte, die Schleiermacher mit den Handlungstypen der christlichen Sitte verbindet, daran, dass mit seinem deutenden Stichwort dieser Kritik „as prophetic critique" die Nähe zur reformierten Tradition semantisch zwar suggeriert wird (vgl. Brandt 2001, 118–124 [Anm. 1]), aber Schleiermacher diesen Term gerade nicht benutzt hat.
120 Vgl. Martin Ohst, „Die Preußische Union und ihre politische Bedeutung", in: *Christentum – Staat – Kultur. Akten des Kongresses der Internationalen Schleiermacher-Gesellschaft in Berlin, März 2006*, hg. v. Andreas Arndt/Ulrich Barth/Wilhelm Gräb, Berlin/New York 2008, 165–180, hier bes. 177–179.

Jan Rohls
Friedrich Schleiermacher

Reformierte Theologie und preußische Kirchenunion

Durch die Kabinettsorder vom 27. September 1817 ließ der preußische König Friedrich Wilhelm III. die Konsistorien, Synoden und Superintendenturen seines Reiches pünktlich zum 300-jährigen Jubiläum der Wittenberger Reformation wissen, dass er die Union der reformierten Kirche, der er selbst angehörte, mit der lutherischen Kirche aufs innigste wünsche. Hätten doch bereits seine erleuchteten Vorfahren, angefangen vom brandenburgischen Kurfürsten Johann Sigismund, der von der lutherischen zur reformierten Kirche übertrat, über den Großen Kurfürsten und den ersten preußischen König Friedrich I. bis zu dessen Sohn Friedrich Wilhelm I. „mit frommem Ernst es sich angelegen seyn lassen, die beiden getrennten protestantischen Kirchen, die reformirte und lutherische, zu Einer evangelisch-christlichen in Ihrem Lande zu vereinigen".[1] Dazu müsse der unglückliche Sektengeist durch einen besseren Geist überwunden werden, der die Hauptsache im Christentum, in der beide Konfessionen übereinstimmen, festhalte und das Unwesentliche ausscheide. Mit dieser Union der beiden Kirchen solle zum bevorstehenden Reformationsjubiläum der Anfang gemacht werden. Dann führt der König die sachlichen Gründe für die Union auf:

> Eine solche wahrhaft religiöse Vereinigung der beiden, nur noch durch äußere Unterschiede getrennten protestantischen Kirchen ist den großen Zwecken des Christenthums gemäß; sie entspricht den ersten Absichten der Reformatoren; sie liegt im Geiste des Protestantismus; sie befördert den kirchlichen Sinn; sie ist heilsam in der häuslichen Frömmigkeit; sie wird die Quelle vieler nützlicher, oft nur durch den Unterschied der Confession bisher gehemmter Verbesserungen in Kirchen und Schulen.[2]

Allerdings – so der König weiter – wolle er Rechte und Freiheit der reformierten und lutherischen Kirche achten und die Union keiner von beiden aufdringen, sondern die Vereinigung müsse sich der freien Überzeugung verdanken. Er hoffe aber, dass sein eigenes Beispiel, nämlich die gemeinsame Abendmahlsfeier

---

1 Teile des Beitrags sind übernommen aus: Jan Rohls, „Schleiermachers reformiertes Erbe", in: Harm Klueting/Jan Rohls (Hg.), *Reformierte Retrospektiven, Emder Beiträge zum reformierten Protestantismus*, Bd. 4, Wuppertal 2001, 53–77.
Friedrich Daniel Ernst Schleiermacher, *Kirchenpolitische Schriften*, KGA I/9, hg. v. Günter Meckenstock u. M. v. Hans-Friedrich Traulsen, Berlin/New York 2000, 178.
2 Schleiermacher 2000, 178 (Anm. 1).

der vereinigten reformierten und lutherischen Hof- und Garnison-Gemeinde zu Potsdam, vorbildhaft für alle protestantischen Gemeinden in Preußen sein werde. Die „äußere *übereinstimmende* Form der Vereinigung" überlasse er dabei den Konsistorien, den Geistlichen und ihren Synoden.³

Der Unionsaufruf des Königs war von seinem reformierten Potsdamer Hofprediger Rulemann Friedrich Eylert entworfen worden, und die preußische Union bildete den Endpunkt einer Entwicklung, die ihre Wurzeln in der Religionspolitik reformierter Höfe in Deutschland hatte. Es war zunächst die Kurpfalz, die nach dem Übertritt Friedrichs III. zum reformierten Bekenntnis eine aktive innerprotestantische Unionspolitik verfolgt hatte, und nach der politischen Katastrophe der Pfalz zu Beginn des Dreißigjährigen Kriegs wurde die Unionspolitik von den brandenburgischen Kurfürsten fortgeführt, nachdem Johann Sigismund, orientiert am pfälzischen Vorbild, Weihnachten 1613 im Berliner Dom vom Luthertum zum Reformiertentum konvertiert war. Zwar gab es vor allem in den neuerworbenen westlichen Teilen des Kurfürstentums aus der Erbmasse der Vereinigten Herzogtümer Jülich-Kleve-Berg am Niederrhein und in Westfalen reformierte Gemeinden. Doch das brandenburgische Kernland war lutherisch, und der Kurfürst verlangte bei seinem Glaubenswechsel nicht die Konversion seiner Untertanen. Vielmehr stand hier dem Luthertum der Bevölkerungsmehrheit ein auf den Hof beschränkter Calvinismus gegenüber. Umso größer war das Interesse der Kurfürsten an einer Überwindung des konfessionellen Gegensatzes. So war der reformierte Hofprediger Johann Bergius als Vertreter Brandenburgs 1631 am Leipziger Colloquium beteiligt, das angesichts des Drucks, den das kaiserliche Restitutionsedikt auf die Protestanten ausübte, die Lehrgegensätze zwischen Lutheranern und Reformierten aufheben sollte. Zwar scheiterte das Religionsgespräch am Widerstand der sächsischen Lutheraner. Doch das von reformierter Seite erstellte Protokoll wurde neben der Confessio Sigismundi, dem vom reformierten Superintendenten Füssel verfassten Privatbekenntnis des zum Calvinismus konvertierten Kurfürsten, in das Corpus Constitutionum Marchicarum aufgenommen. Dasselbe gilt für die Declaratio Thoruniensis, dem Ergebnis des Thorner Religionsgesprächs von 1645, das vom polnischen König zwischen Katholiken, Lutheranern und Reformierten veranstaltet wurde. Die drei Bekenntnisdokumente zeichnen sich durch die gegenseitige Toleranz der protestantischen Konfessionen aus, und ebendiese Toleranz war das Programm, das die brandenburgischen Herrscher schon um der Stabilisierung ihres eigenen Bekenntnisses willen verfolgten. Die brandenburgischen Geistlichen wurden auf die Toleranzedikte des Großen Kurfürsten von 1662 und 1664 verpflichtet, die die

---

3 Schleiermacher 2000, 179 (Anm. 1).

gegenseitige Kanzelpolemik untersagten, eine Bestimmung, die später Eingang in das Preußische Landrecht fand.[4] Die Toleranzedikte, die die Lutheraner als calvinistische Zwangsmaßnahme betrachteten, gingen auf die Initiative des reformierten Hofpredigers Bartholomäus Stosch zurück, der auch hinter dem Berliner Religionsgespräch von 1662/63 stand.[5] In der Folgezeit mehrten sich die Stimmen, die entschieden für eine Union eintraten. Die reformierten Hofprediger Benjamin Ursin von Bär und Daniel Ernst Jablonski waren beide an Unionsverhandlungen mit Leibniz und an dem vom preußischen König Friedrich I. 1703 anberaumten Collegium Irenicum zwischen reformierten und lutherischen Theologen beteiligt. Jablonski stand einer Union schon dank seiner Herkunft aus der Böhmischen-Brüderunität in Polnisch-Lissa, die seit dem Konsens von Sendomir mit Lutheranern und Reformierten eine Kirchengemeinschaft bildete, positiv gegenüber. Als Vorbild diente Jablonski später die Herrnhuter Brüdergemeine, in der die Brüderunität mit lutherischen Pietisten verschmolz und Lutheraner, Böhmische Brüder und Reformierte als gleichberechtigte Tropen miteinander existierten. Wenngleich der reformierte Neologe August Friedrich Wilhelm Sack der Brüdergemeine wie dem pietistischen Konventikelwesen überhaupt skeptisch gegenüberstand, war doch auch er wie alle aufgeklärten Theologen nachhaltig an einer Union der protestantischen Kirchen interessiert. Und sein Sohn Friedrich Samuel Gottfried Sack, der Vorgesetzte und Förderer Schleiermachers, unterstützte das Unionsanliegen 1812 mit seiner Schrift „Über die Vereinigung der beiden protestantischen Kirchenparteien in der preußischen Monarchie".

Dass Schleiermacher den Unionsaufruf Friedrich Wilhelms III. begrüßte und die Union der beiden protestantischen Kirchen aktiv mitgestaltete, lag somit ganz in der Konsequenz der reformierten Tradition in Preußen. Noch bevor die Unionsabsichten des Königs amtlich bekannt wurden, hatte die neue, aus Lutheranern und Reformierten bestehende Berliner Kreissynode, die sich am 1. Oktober 1817 konstituiert hatte, eine gemeinsame Abendmahlsfeier beschlossen. Schleiermacher, seit 1809 reformierter Gemeindepfarrer an der von beiden Konfessionen genutzten Dreifaltigkeitskirche und erster gewählter Präses der Synode, hatte zu diesem Zweck die „Amtliche Erklärung der Berlinischen Synode über die am 30. Oktober von ihr zu haltende Abendmahlsfeier" verfasst. Die gemeinsame Abendmahlsfeier fand am Vorabend des Reformationsjubiläums in der Nikolaikirche statt, und zwar unter Beteiligung des Berliner Oberbürgermeisters Büsching und der Stadtverordneten.[6] In Schleiermachers „Amtlicher Erklärung"

---

4 Rudolf von Thadden, *Die Brandenburgisch-Preussischen Hofprediger im 17. und 18. Jahrhundert*, Berlin 1959, 35.
5 Von Thadden 1959, 130 (Anm. 4).
6 Schleiermacher 2000, LIV–LXII (Anm. 1).

heißt es, dass die Geistlichen nach der Verabschiedung der Synodalverfassung das Herzensbedürfnis verspürt hätten, sich gemeinsam durch die Feier des Abendmahls nach einer für beide Seiten akzeptablen Form zu erbauen. Man habe mit gutem Beispiel vorangehen wollen, in der Hoffnung, dass weitere Gemeinden ihm folgen würden, damit,

> nachdem schon seit so langer Zeit unter uns vielfältig reformirte Christen sich im Gottesdienst lutherischer Gemeinden, und umgekehrt, erbaut, lutherische Christen von reformirten Geistlichen, und umgekehrt, ihre Kinder taufen und unterrichten, ihre Ehebündnisse einsegnen lassen, nun auch die letzte Scheidewand falle; und indem sich die Christen von beiden Bekenntnissen auch im Abendmahl des Herrn vereinigten, hinfort nun eine völlig ungestörte Kirchengemeinschaft beide Theile umfasse.[7]

Denn die Differenzen zwischen Lutheranern und Reformierten in der Lehre vom Abendmahl hält Schleiermacher für nicht so gravierend, dass ihr Fortbestehen einer Abendmahls- und damit auch Kirchengemeinschaft hinderlich wäre. Als Vorbild für eine derartige Kirchengemeinschaft ohne Preisgabe der bisherigen Bekenntnisse gilt auch ihm die Herrnhuter Brüdergemeine, in der er ja selbst erzogen worden war. „In diese Gemeinschaft werden immer reformirte und lutherische Christen aufgenommen, ohne daß von einer Veränderung des Bekenntnisses die Rede ist, und Mitglieder dieser Gemeine genießen ebenso das Abendmahl auch mit reformirten oder lutherischen Gemeinden."[8]

1 Die preußische Union

Schleiermacher war von Haus aus reformiert. Sein Vater war reformierter Feldprediger in Schlesien, zuständig für die wenigen reformierten Gemeinden, die es dort gab und wohnhaft in Breslau. In seinem Gutachten *Über die Trennung beider protestantischen Kirchen* von 1804, das er als reformierter Hofprediger im pommerschen Stolp verfasste, schildert Schleiermacher die Situation der schlesischen reformierten Diasporagemeinden:

> In Schlesien, wo es, wenn der Verfasser nicht irrt, nur vier stehende reformirte Gemeinden giebt, ist eben deshalb ein eigner reformirter Feldprediger angestellt, um die in der Provinz

---

[7] Schleiermacher 2000, 179–180 (Anm. 1).
[8] Schleiermacher 2000, 187–188 (Anm. 1).

zerstreuten Confessionsverwandten, die doch auch nur wenige hundert Seelen betragen, zweimal im Jahre zu dem gleichen Zweck [sc. der Sakramentsspendung, J. R.] zu besuchen.[9]

Wie der Vater stammte auch Schleiermachers Mutter aus einer reformierten Familie. Ihr Vater Timotheus Christian Stubenrauch war zunächst Hofprediger in Stolp und wurde kurz vor seinem Tod zum ersten Hofprediger in Berlin ernannt. Ernst Stubenrauch, ihr Bruder, war außerordentlicher Professor für reformierte Theologie in Halle und später reformierter Pfarrer in Drossen und Landsberg an der Warthe. Eine enge Beziehung hatte Schleiermacher auch zu dem Leiter des reformierten Kirchenwesens in Preußen, Friedrich Samuel Gottfried Sack, der ihm nach seinem ersten theologischen Examen eine Hauslehrerstelle beim reformierten Grafen Dohna im ostpreußischen Schlobitten vermittelt hatte. Auch in der Folgezeit bewegte sich Schleiermacher ganz im Kreis der reformierten Kirche in Preußen. Auf die Zeit als reformierter Prediger an der Charité folgte die Tätigkeit als reformierter Hofprediger im pommerschen Stolp, als außerordentlicher reformierter Professor und Universitätsprediger an der ansonsten lutherischen Fakultät in Halle und schließlich als reformierter Prediger an der Dreifaltigkeitskirche und reformierter Professor an der unter seiner Mitwirkung gegründeten Universität Berlin. Es steht auch außer Zweifel, dass Schleiermacher sich selbst dem reformierten Bekenntnis zurechnete. In der Reformationsrede, die er 1817 in der Berliner Universität hielt, gedachte er nicht nur Zwinglis, sondern stellte sich auch selbst als jemanden vor, der mehr der Lehre Zwinglis als derjenigen Luthers verpflichtet sei.[10] Tatsächlich legte Schleiermacher sein erstes theologisches Examen 1794 vor dem reformierten Kirchendirektorium, das zweite vor dem Hof- und Domministerium in Berlin ab. In der Vorrede zu seinen Augustana-Predigten 1831 weist er darauf hin, dass er bei seiner „Ordination als reformirter Prediger die Confession des Churfürsten Siegismund unterschrieben habe", wobei „diese Unterschrift den Zusatz hat ‚so weit sie mit der heiligen Schrift übereinstimmt' wodurch jede lästige Verpflichtung wieder aufgehoben wird".[11] Diese Relativierung gegenüber der Schrift findet in der *Confessio Sigismundi* selbst ihren Ausdruck. Denn sie bezeichnet das Wort Gottes, wie es in der Bibel verfasst ist, als einzige Richtschnur des Glaubens, die auch in der Lage sei, alle Religionsstrei-

---

9 Friedrich Daniel Ernst Schleiermacher, *Schriften aus der Stolper Zeit (1802–1804)*, KGA I/4, hg. v. Eilert Herms, Günter Meckenstock/Michael Pietsch, Berlin/New York 2002, 385.
10 Friedrich Daniel Ernst Schleiermacher, *Theologisch-dogmatische Abhandlungen und Gelegenheitsschriften*, KGA I/10, hg. v. Hans-Friedrich Traulsen unter Mitwirkung von Martin Ohst, Berlin/New York 1990, 3.
11 Friedrich Daniel Ernst Schleiermacher, *Predigten. Fünfte bis Siebente Sammlung (1826–1833)*, KGA III/2, hg. v. Günter Meckenstock, Berlin/Boston 2015, 264, (Anm. 2).

tigkeiten zu entscheiden. Gerade weil die Bekenntnisse von Menschen stammten und daher irrtumsfähig seien, müssten „alle glaubensachen einzig und allein auff das Wort Gottes [...] gegründet seyn, und menschenschrifften nicht weiter, als sie mit dem Wort Gottes übereinstimmen, sollen und können angenommen werden".[12]

Schleiermachers Einsatz für die Union lag in seiner reformierten Herkunft begründet. In Stolp verfasste er 1803 ein Gutachten „Über die Trennung der beiden protestantischen Kirchen", in dem er zunächst die Nachteile der bisherigen Trennung der lutherischen und reformierten Kirche in Preußen auflistet. Abgesehen davon, dass sie dazu geführt habe, dass man im Volksbewusstsein Äußerlichkeiten der jeweils anderen Konfession für wesentlich gehalten habe, nennt Schleiermacher als entscheidenden Punkt auch das zahlenmäßige Ungleichgewicht zwischen den beiden Konfessionen. Der Majorität von Lutheranern stünde eine Minorität von Reformierten gegenüber, wobei man noch einmal zwischen den deutsch-reformierten und der schwindenden Zahl von französisch-reformierten unterscheiden müsse. Schleiermachers eigener Vorschlag zu einer Union beider Konfessionen weicht allerdings dadurch von anderen Konzeptionen ab, dass er von den Lutheranern und Reformierten nicht verlangt, „sie sollen überall eins werden in der Lehrmeinung, in den Gebräuchen, in der Verfassung".[13] Statt eine Uniformität zu erzwingen, möchte er es bei dem überkommenen Pluralismus belassen. Denn: „Welcher verständige, nicht von jener Uniformitätssucht angesteckte Mensch könnte wohl irgend einen Gewinn daraus ahnden, wenn man in Holland und Sachsen, in Schottland und Schweden einen mittleren Proportionalglauben annähme über das Abendmahl oder die Gnadenwahl, und wenn man eine Eintrachtsformel zu Stande brächte zwischen der Eintrachtsformel und der Dordrechtschen Synode?"[14] Schleiermacher ist davon überzeugt, dass die Trennung der Kirchengemeinschaft sich nur dem Eigensinn einiger Reformatoren verdanke und ursächlich mit der Verschiedenheit der Lehrmeinungen, Verfassungen und Gebräuche gar nichts zu tun habe. Daher sei es für die kirchliche Union auch keineswegs erforderlich, dass man zu einer einheitlichen Lehre, Verfassung und Liturgie komme. Damit grenzt Schleiermacher sich von der Form der kirchlichen Union ab, wie sie in den an die Franzosen abgetretenen linksrheinischen Gebieten teilweise zwischen Lutheranern und Reformierten vollzogen wurde. Stattdessen möchte er die Kirchengemeinschaft hergestellt wissen durch folgende Erklärung:

---

12 Ernst Friedrich Karl Müller (Hg.), *Die Bekenntnisschriften der reformierten Kirche*, Leipzig 1903, 836.
13 Schleiermacher 2002, 369 (Anm. 9).
14 Schleiermacher 2002, 370 (Anm. 9).

daß es überall, weder in bürgerlicher noch in kirchlicher und religiöser Hinsicht für eine Veränderung solle gehalten werden, wenn, wer bisher nach dem einen Ritus und bei einer Gemeine der einen Confession communicirt hat, in Zukunft, es sei nun immer oder abwechselnd, bei einer Gemeine der andern Confession und nach dem andern Ritus communicirt.[15]

Als Vorbild für eine derartige Union dient Schleiermacher die Brüdergemeine, in der Lutheraner und Reformierte gemeinschaftlich kommunizieren, ohne dass von einer Veränderung des Bekenntnisses die Rede wäre. Und auch in den beiden Konfessionen selbst habe der Unterschied in der Lehre, bei den Lutheranern der zwischen Anhängern und Gegnern der Konkordienformel, bei den Reformierten der zwischen Calvinisten und Zwinglianern, die Kirchengemeinschaft ja nicht aufgehoben.

Schleiermacher wurde in seinem Interesse an einer kirchlichen Union zwischen Lutheranern und Reformierten noch bestärkt durch die konfessionalistischen Tendenzen im zeitgenössischen Luthertum. Anlässlich des Reformationsjubiläums hatte Claus Harms, Archidiakon an der Kieler Nicolaikirche, ein Pamphlet veröffentlicht mit dem gewundenen Titel „Das sind die 95 theses oder Streitsätze Dr. Luthers, theuren Andenkens. Zum besondern Abdruck besorgt und mit andern 95 Sätzen als mit einer Uebersetzung aus Ao. 1517 in 1817 begleitet". Der deutschen Ausgabe der 95 Thesen Luthers fügte Harms als Anhang 95 eigene Thesen bei, die Luthers Thesen aktualisieren sollten und in denen er mit dem Rationalismus in der Theologie abrechnete. Er führte gegen dessen Vernunftgläubigkeit als Fundament der Religion die Bibel ins Feld, wie sie durch die symbolischen Bücher der lutherischen Kirche interpretiert werde. Die Orientierung des rechten Bibelverständnisses am lutherischen Bekenntnis führte Harms auch zur strikten Ablehnung des Unionsvorhabens. Dabei genügte ihm der Hinweis auf den Dissens zwischen Luther und Zwingli in der Abendmahlslehre, um den kirchentrennenden Unterschied zwischen Lutheranern und Reformierten als unaufhebbar anzusehen.[16] Harms wurde mit diesen Thesen zum Begründer des durch die Erweckung inspirierten lutherischen Konfessionalismus des 19. Jahrhunderts. Die antiunionistische Intention genügte dem Dresdener Oberhofprediger und ehemaligen lutherischen Theologieprofessor Christoph Friedrich von Ammon, um sich zum Verteidiger der Harmsischen Thesen aufzuschwingen. Im November 1817, also kurz nach den gemeinsamen Abendmahlsfeiern von Lutheranern und Reformierten und den Unionsausrufen, ergriff Ammon in seiner

---

15 Schleiermacher 2002, 392 (Anm. 9).
16 Schleiermacher 1990, 437 (Anm. 10).

Schrift „Bittere Arznei für die Glaubensschwäche der Zeit" für Harms Partei und übte darin auch an Schleiermachers „Amtlicher Erklärung" Kritik.[17]

In seiner Antwort „An Herrn Oberhofprediger D. Ammon über seine Prüfung der Harmsischen Sätze", die Anfang 1818 erschien, wandte sich Schleiermacher zwar in erster Linie gegen Ammon und erst sekundär gegen Harms, aber seine brieflichen Versuche, Harms damit versöhnlich zu stimmen, fruchteten nicht. Ammons Gegnerschaft gegen die Union erklärte er unter anderem aus dem Bestreben des Lutheraners, sich dem antipreußischen Geist der Sachsen anzubiedern.[18] Gegen Harms These, dass die lutherischen Bekenntnisschriften die feste Norm der Bibelauslegung und aller dogmatischen Spekulationen seien, über die niemand hinaus dürfe, ohne sich von der Kirche zu trennen, macht Schleiermacher geltend, „daß eine Kirche, welche dies behauptet, ihrem Princip nach nicht evangelisch ist, sondern traditionell wie die römische, mag sie noch so viel Dogmen und Gebräuche geändert haben".[19] Er selbst betont in diesem Zusammenhang übrigens trotz seines Einsatzes für die Union, dass er sich „immer zu der theologischen Schule der Reformirten halten werde".[20] Zwar erachtet er den Unterschied zwischen den beiden Konfessionen der protestantischen Kirche für geringfügig verglichen mit dem Unterschied beider zur katholischen: „mir steht die katholische Kirche auf der einen Seite und die protestantische auf der andern, und der Unterschied der beiden Confessionen der protestantischen Kirche erscheint mir als eine Kleinigkeit im Vergleich mit jenem Unterschied".[21] Gleichwohl verteidigt er die reformierte Tradition gegenüber ihrer von Harms und Ammon vollzogenen Abwertung. Wenn sie dem lutherischen Vorwurf gemäß an klaren Begriffen und Beweisen festhält, so hält Schleiermacher dies eher für einen Vorteil. Ebenso weist er den Vorwurf zurück, dass sie grundsätzlich das Beschauliche des Kultus ablehne. Zwar habe sie alles Sinnliche, woran sich der Aberglaube heftete, zunächst ausgerottet. Aber sie habe doch dort, wo der schädliche Einfluss des Katholizismus nicht mehr zu befürchten sei, die Orgel und die Kirchenmusik wieder eingeführt, und „sie könnte jezt nach Zwinglis eigner Lehre auch Bilder wieder aufnehmen, weil unter so veränderten Verhältnissen auch der Schein nicht mehr entstehen kann, als ob sie verehrt würden".[22] Dass es den Reformierten an Einbildungskraft und Gefühl fehle, widerlegt Schleiermacher

---

17 Schleiermacher 1990, 442–443 (Anm. 10).
18 Schleiermacher 1990, XVIII–XIX (Anm. 10).
19 Schleiermacher 1990, 27 (Anm. 10).
20 Schleiermacher 1990, 32 (Anm. 10).
21 Schleiermacher 1990, 34 (Anm. 10).
22 Schleiermacher 1990, 35–36 (Anm. 10).

unter anderem mit dem Hinweis auf Lavater und die französisch-reformierte Kirche, die mit Hilfe der Rhetorik Phantasie und Gefühl anregen wolle.

Auch den Vorwurf mangelnder Duldung oder Toleranz auf Seiten der reformierten Kirche kontert Schleiermacher:

> Wenn Sie betrachten wie die Arminianischen Streitigkeiten geführt worden sind, und vergleichen sie, troz des verschiedenen Ausganges, mit den kryptocalvinischen und anderen in der lutherischen Kirche, so werden Sie wol nicht sagen können, daß weniger Duldung und Sanftmuth bei jenen sei bewiesen worden. Denn daß man die Arminianer sich lieber zu einer besonderen Sekte gestalten ließ, das können Sie nicht unduldsam und unsanft finden.[23]

Duldung und Sanftmut hätten schon die Schweizer Reformierten beim Marburger Abendmahlsgespräch zwischen Zwingli und Luther gezeigt. Als Hauptgrund gegen die Union der beiden protestantischen Konfessionen zu einer Kirche hatte Ammon genannt, dass die Kirchengemeinschaft im Sinne der Abendmahlsgemeinschaft eine Übereinstimmung in allen Punkten des Glaubens, also einen vollständigen Konsens voraussetze. Schleiermacher stellt hingegen mit dem Hinweis auf das unterschiedliche Abendmahlsverständnis von Zwingli und Calvin die Frage: „Ist es nicht notorisch, daß diese beiden Meinungen in der reformirten Kirche nebeneinander bestanden haben, ohne die Gemeinschaft des Altars zu stören?"[24] Die unterschiedlichen Vorstellungen auf Seiten der Lutheraner und Reformierten möchte Schleiermacher gerade nicht beseitigt wissen, sondern sie sind ihm Ausdruck einer legitimen Pluralität innerhalb der einen protestantischen Kirche.[25] Die einzelnen Glieder der unierten Kirche gehören daher nach wie vor entweder dem reformierten oder dem lutherischen Bekenntnis an, aber sie haben Abendmahlsgemeinschaft. Denn

> die Gewalt schroff hervortretender Einseitigkeiten nimmt allmählig ab, und wir dürfen hoffen, daß die Zeit jetzt vorübergehen will, wo eine solche allgemein werden könnte; wenigstens ist die Trennung zwischen beiden Kirchen schon viel zu lose, um hiezu wirksam sein zu können.[26]

---

23 Schleiermacher 1990, 36 (Anm. 10).
24 Schleiermacher 1990, 59 (Anm. 10).
25 Schleiermacher 1990, 71–72 (Anm. 10).
26 Schleiermacher 1990, 87 (Anm. 10).

2 Die Kirchenverfassung

Ungeachtet seiner Überzeugung, dass eine kirchliche Union keine Änderung der Lehre, der Verfassung und der Gebräuche erfordere, hat Schleiermacher sich bereits früh Gedanken über eine angemessene Kirchenverfassung gemacht. Trotz ihres Wechsels ins calvinistische Lager waren die brandenburgisch-preußischen Herrscher keine Anhänger des presbyterial-synodalen Verfassungsmodells, weil es die kirchenregimentlichen Rechte des Landesherrn schmälerte. Allerdings hatte sich in dem niederrheinisch-westfälischen Teil des Kurfürstentums die presbyterial-synodale Verfassung der niederländischen Flüchtlingsgemeinden in leicht modifizierter Form erhalten. Die Rückkehr der niederländischen Exulanten führte hier dazu, dass sich die deutschen reformierten Gemeinden 1610 auf der Duisburger Generalsynode von dem niederländischen Synodalverband, dem sie bislang angehört hatten, lösten und einen eigenen Generalsynodalverband bildeten. Dessen Selbständigkeit blieb trotz der wechselnden Landesherren in Jülich, Berg, Mark und Kleve erhalten. Es entstanden hier vier Provinzialsynoden, in denen jeweils mehrere Classes zusammengefasst waren. Die 1671 in Hamm verabschiedete Kirchenordnung für Jülich und Berg, die auch für Kleve und Mark galt, stellt einen gewissen Endpunkt in der Entwicklung der presbyterial-synodalen Verfassung dar. Danach ist die niederrheinisch-westfälische Kirche von der Ortsgemeinde aus über die Klassen und Provinzialsynoden nach dem Subsidiaritätsprinzip aufgebaut und hat ihre Spitze in der Generalsynode. Den jeweiligen Synodalgremien kommt dabei die Aufsichtspflicht zu. So haben die Klassenkonvente durch ihren jeweiligen Präses oder Inspektor und das Moderamen die ordnungsgemäße Wahrnehmung der Ämter in den einzelnen Gemeinden zu überprüfen und den bedürftigen Gemeinden ihre Unterstützung zu gewähren. Was die Classis nicht behandeln kann, soll der Provinzialsynode vorgebracht werden, und die Aufgabe der Generalsynode ist es schließlich, Missverständnisse zwischen den einzelnen Provinzialsynoden zu beheben. Zu den Synoden sind nur die von den unteren Instanzen deputierten Prediger, Älteste und Diakone zugelassen, aus denen dann die Moderatoren – Präses bzw. Inspektor, Assessor und Scriba – gewählt werden.[27]

Zwar gab es vereinzelt Versuche, dieses presbyterial-synodale Modell auch in den übrigen Landesteilen einzuführen, aber das landesherrliche Kirchenregiment in Brandenburg-Preußen ließ eine synodale Kirchenleitung auf oberster Ebene nicht zu. Zu einer Änderung kam es erst im Zusammenhang der durch

---

27 Wilhelm Niesel (Hg.), *Bekenntnisschriften und Kirchenordnungen der nach Gottes Wort reformierten Kirche*, München 1938, 303–305.

Napoleon bedingten Neuorganisation Preußens unter Heinrich Friedrich Karl vom und zum Stein, der sich wohl von Schleiermacher den Entwurf einer protestantischen Kirchenverfassung erbat. Schleiermacher legte denn auch 1808 einen „Vorschlag zu einer neuen Verfassung der protestantischen Kirche für den preußischen Staat" vor, den vom Stein auch noch kurz vor seiner Entlassung dem König zur Begutachtung zukommen ließ. Er zeichnet darin von der Kirche ein Bild des tiefen Verfalls, dessen Ursache er in einigen seit der Reformation begangenen Fehlern erblickt.

> So wie vorher die Kirche sich zu sehr von dem Staat emancipirt ja über ihn erhoben hatte, so hat man sie seitdem dem Staate zu sehr untergeordnet und die Ansicht als ob sie nur ein Institut des Staates zu bestimmten Zwekken wäre, hat seitdem immer mehr überhand genommen.[28]

Schleiermacher möchte hingegen das landesherrliche Kirchenregiment beschränken auf die Aufsicht über die Kirchengüter, das ius circa sacra, während die Verwaltung der inneren Angelegenheiten der Kirche, das ius sacrorum, bei unabhängigen kirchlichen Organen liegen soll. Dabei dachte er 1808 an eine Mischform aus episkopaler und presbyterial-synodaler Verfassung. Träger der Kirchenleitung sollten danach neben den Bischöfen, die der König ernennt, Synoden sein, die sich aus Geistlichen zusammensetzten. Die Kirchenleitung hätte in diesem Fall bei einem Gremium gelegen, das das personale Amt des Bischofs mit dem kollegialen Amt der Synode verbindet. Schleiermacher nahm dann erneut Stellung zur Frage der Kirchenverfassung in seiner Schrift von 1817 „Über die für die protestantische Kirche des preußischen Staats einzurichtende Synodalverfassung". Die Schrift entstand im Zusammenhang mit den vom König gewünschten Maßnahmen zur Etablierung presbyterial-synodaler Strukturen, die die bestehende Konsistorialorganisation ergänzen sollten. Schleiermacher geht auf diese Maßnahmen ein, „anlangend die Bildung von Presbyterien und die Vereinigung der protestantischen Geistlichkeit in Kreis- und Provinzial-Synoden, auf welche nach fünf Jahren auch eine allgemeine Landes-Synode folgen soll".[29] Noch vor der Drucklegung ergänzte Schleiermacher die Abhandlung um einen Nachtrag, der sich kritisch mit dem „Entwurf der Synodal-Ordnung für den Kirchenverein beider evangelischen Confessionen im Preußischen Staate" auseinandersetzt, der inzwischen den Superintendenten zur Begutachtung zugeleitet worden war. Die Einführung von Presbyterien und Synoden wird von Schleiermacher grundsätzlich begrüßt. Zu den Presbyterien bemerkt er:

---

28 Schleiermacher 2000, 3 (Anm. 1).
29 Schleiermacher 2000, 110 (Anm. 1).

> Wir Geistliche können, wenn es uns Ernst ist um eine gesegnete Amtsführung, nichts sehnlicher und dringender wünschen als in einer wohleingerichteten auf der freien Wahl der Gemeine ruhenden und nicht zu kleinen Aeltestenversammlung uns mit der Gemeinde enger zu verbinden.[30]

In diesem Fall würden die Geistlichen auf den Synoden nicht nur in eigener Person, sondern auch als Beauftragte ihrer Gemeinden erscheinen. Schleiermacher hält es sogar für zweckmäßig, wenn auf den Synoden Abgeordnete aus den Presbyterien vertreten wären, auch wenn er den Vorschlag der Geistlichen aus den Vereinigten Ländern Cleve, Berg und Mark für unpraktikabel erachtet, die Synoden aus gleichen Teilen aus Pfarrern und Ältesten zusammengesetzt sein zu lassen. Angesichts der Freiheit der wissenschaftlichen Bearbeitung der Theologie dürfen die Synoden laut Schleiermacher allerdings nicht über die Richtigkeit der Lehre entscheiden. „Unsern Synoden bleibt also von der Sorge für die Einigkeit in der Lehre nichts übrig in ihren Zusammenkünften, als was sich unmittelbar auf den Gottesdienst und die übrige Amtsführung bezieht."[31]

Bereits seine Befürwortung der Ergänzung der Konsistorialverfassung durch presbyterial-synodale Strukturen lässt erahnen, dass Schleiermacher direkte Eingriffe des preußischen Königs in die Gottesdienstgestaltung ablehnen würde. Als Friedrich Wilhelm III. die von ihm in Auftrag gegebenen „Kirchenagende für die Königlich Preußische Armee" 1822 durch Kabinettsordre in der reformierten Domgemeinde und in der den Dom mitbenutzenden lutherischen Petrigemeinde einführte, rief dies den Protest der reformierten Domgeistlichkeit hervor. Er löste damit den Agendenstreit aus, in den auch Schleiermacher eingriff. Die vom König selbst entworfene Agende orientierte sich an der Brandenburgischen Kirchenordnung von 1540, und ihr dem romantischen Geist entgegenkommender katholischer Charakter musste auch einen Reformierten wie Schleiermacher abstoßen. Es

> muß im Ganzen eine solche Liturgie der Union unangemessen sein, welche das bestimmte Gepräge der Einen Confession aus einer Zeit trägt, wo beide evangelische Kirchengemeinschaften einander noch ganz feindlich gegenüberstanden und wo die evangelische Kirche des Landes noch unter der anderwärts längst abgestreiften Hülle des Katholicismus lag."[32]

Es war aber nicht nur die von der neuen Agende dem Gottesdienst verliehene Gestalt, die bei vielen Reformierten und so auch bei Schleiermacher auf Ableh-

---

30 Schleiermacher 2000, 120 (Anm. 1).
31 Schleiermacher 2000, 134 (Anm. 1).
32 Schleiermacher 2000, 276 (Anm. 1).

nung stieß. Der Agendenstreit wurde vielmehr schon bald auf eine prinzipielle kirchenrechtliche Ebene gehoben, insofern, die reformiert geprägten Synoden in den preußischen Westprovinzen dem König das Recht bestritten, selbst in die Ordnung der Kirche einzugreifen. Diese Position vertritt auch Schleiermacher in seiner anonymen Abhandlung „Ueber das liturgische Recht evangelischer Landesfürsten" von 1824. Er sprach darin dem Landesherrn das Recht ab, sich in die inneren Angelegenheiten der Kirche einzumischen, da das Recht, den Gottesdienst zu ordnen, nur der Gemeinde selbst zukomme. Schleiermacher hält es nämlich für unstrittig, „daß, wenn wir eine Religionsgesellschaft an und für sich betrachten, ihr das Recht zukommt sich selbst zu ordnen, und wenn in ihrer Anordnung ein gemeinschaftlicher Gottesdienst liegt, [...] auch diesen zu ordnen".[33] Daran ändere sich auch nichts, wenn man die Religionsgesellschaft in ihrem Bezug zum Staat betrachte. Der Staat habe ihr gegenüber dieselben Rechte wie gegenüber jeder anderen Gesellschaft. So könne er etwa eine Religionsgemeinschaft verbieten, wenn er sie für staatsgefährdend halte. Darin bestehe das Landeshoheitsrecht des Staates über die Kirche, „das sogenannte ius maiesticum circa sacra, dessen Wesen darin besteht, dass alle neuen Anordnungen der Kirche der Genehmigung des Landesherrn unterliegen, und er befugt ist, alles, was er darin dem Staate nachtheilig findet, zu verbieten".[34] Dieses Majestätsrecht des Landesherrn impliziere aber keineswegs irgendwelche Rechte in den inneren Angelegenheiten der Kirche, sofern sie den Staat selbst nicht betreffen. Wenn daher dem Landesherrn außer dem negativen ius circa sacra noch andere positive Rechte in der Kirche oder über die Kirche zukommen sollen, so müssen sie Schleiermacher zufolge einen anderen Ursprung haben als das Majestäts- oder Hoheitsrecht selbst. Schleiermacher bestreitet gar nicht, dass das Recht, den Gottesdienst zu ordnen, also das liturgische Recht zu Beginn der Reformation von den evangelischen Fürsten wahrgenommen worden sei, auch wenn es an und für sich der Gemeinde zukomme. Als Gegenmodell führt er das sogenannte Territorialsystem an, wie es Thomasius für den absolutistischen Staat entworfen hatte. Danach ist das liturgische Recht des Landesherrn Ausfluss seines Majestätsrechts. Das sei gegen die Herrschaft der Geistlichen, der Klerisei, in der Kirche gerichtet gewesen, die zu ständigen theologischen Streitigkeiten und zur Unterdrückung der Gewissensfreiheit geführt habe. Für Thomasius habe es nur die Alternative gegeben:

> entweder die Klerisei müsse herrschen über die Kirche oder der Fürst, und zwar rein als solcher und vermöge der ihm als Herrscher verliehenen Macht. Denn wenn man sagte, es sei

---

[33] Schleiermacher 2000, 213 (Anm. 1).
[34] Schleiermacher 2000, 217 (Anm. 1).

> diese eine besondere ihm von der Kirche übertragene Macht, so würden sich doch die Geistlichen bald genug eine Vormundschaft über diese Macht anmaaßen.[35]

Da Schleiermacher für seine Zeit diese Gefahr nicht länger gegeben sieht, hat der Territorialismus für ihn seine Berechtigung verloren. Gegen die Auffassung, dass das ius liturgicum in der evangelischen Kirche ein Majestätsrecht des jeweiligen Territorialherrschers sei, führt Schleiermacher nicht nur auf lutherischer Seite die Confessio Augustana und die Schmalkaldischen Artikel ins Feld, sondern auf reformierter Seite die Confessio Gallicana, die Confessio Belgica und die Confessio Helvetica Posterior. Aus diesen Bekenntnissen gehe klar hervor, dass das ius liturgicum, das die Landesherren der Reformationszeit sich zuschreiben und ausüben, „ihnen von den christlichen Gemeinden selbst, wie sie sich dem römischen und bischöflichen Joche entzogen, übertragen worden ist, keineswegs aber mit ihrem Majestätsrechte zusammenhängt".[36] Diese Übertragung finde aber nur dort statt, wo der Landesherr den reformatorischen Glauben teile. Nur ein evangelischer Herrscher könne Kirchen- und Gottesdienstordnungen ausarbeiten, „und den andersgläubigen Fürsten bleibt nur der Natur der Sache gemäß die Kenntnißnahme übrig und die Genehmigung der von der Kirche selbst zu Stande gebrachten Ordnungen, zum Zeugniß daß sie nichts mit dem Wohl des Staates unverträgliches darin finden".[37]

Schleiermachers These, dass das ius liturgicum ursprünglich bei der Gemeinde lag und von ihr während der Reformation auf den Landesherrn übertragen worden sei, greift auf das sogenannte Kollegialsystem des Kirchenrechts zurück. Danach kommt dem Herrscher das Recht zum Eingriff in innerkirchliche Angelegenheiten anders als im Territorialsystem nicht aufgrund seiner absoluten Gewalt im Staat zu, sondern bei der Kirche handelt es sich um einen selbständigen Verein, der mit einer ihm eigentümlichen Gewalt ausgestattet ist, die er jedoch durch einen stillschweigenden Vertrag dem Landesherrn übertragen kann. Allerdings war dies nicht die einzige Form, wie Kirchen- und Gottesdienstordnungen in der Reformationszeit zustande kamen.

> Wo nun auch die höchste Obrigkeit an den reformatorischen Bewegungen keinen Theil nahm, da blieb nichts übrig als daß die neuernden Gemeinen in einem Staat sich entweder den Einrichtungen in einem andern anschlossen, oder daß sie sich durch Privatübereinkunft so gut zu helfen suchten als sie konnten; und auf diesem Wege ist Liturgie und Verfassung der französischen Kirche entstanden. Wo sich aber die Obrigkeit für die evangelische Sache

---

35 Schleiermacher 2000, 231 (Anm. 1).
36 Schleiermacher 2000, 239 (Anm. 1).
37 Schleiermacher 2000, 240 (Anm. 1).

erklärte, da war es wohl natürlich, ihr als demjenigen Mitglied der Kirche, welches in einer gewissen Beziehung allein einzelnen des Landes auf gleiche Weise angehörte und überdies gemeinsamer Anordnungen und Verwaltungen am meisten kundig ist, die Sorge für den Verband und auch für die gemeinsame Einrichtung des Gottesdienstes zu übertragen.[38]

Die Landesherren deshalb als oberste Bischöfe zu bezeichnen, hält Schleiermacher allerdings für unangemessen, weil sie doch niemals sakramentliche und gottesdienstliche Handlungen ausgeübt haben. Die Form der Verwaltung des Kirchenregiments durch die Landesherren falle dabei jedoch unterschiedlich aus. In den meisten protestantischen Staaten Deutschlands existiere eine Konsistorialverfassung, dergemäß der Landesherr die Personen ernennt und in Kollegien vereinigt, die in seinem Namen das Kirchenregiment ausüben. Schleiermacher hält die Konsistorialverfassung jedoch für ein Provisorium, das an der Vermischung der kirchlichen und der staatlichen Sphäre krankt.

> Denn ein ausgebildeter Zustand würde ohne Zweifel erfordern, daß dasjenige auch seiner Form nach ganz geschieden wäre, was seiner Art und seinem Ursprunge nach ganz verschieden ist; ich meine das ursprünglich landesherrliche ius circa sacra und die von dem evangelischen Landesherrn nur mit Bewilligung der Kirche übernommenen iura sacra. Denn wenn eine solche Scheidung nicht auch äußerlich hervortritt: so wird nicht zu vermeiden sein, wovor Luther so häufig und angelegentlich warnt, daß nicht beide Regimente das weltliche und das geistliche sich vermischen.[39]

Neben der für unvollkommen erachteten Konsistorialverfassung gebe es in der evangelischen Kirche als Alternative noch zwei weitere Verfassungsformen:

> die Episcopalverfassung und Presbyterialverfassung; die erstere vorzüglich da wo größere Reiche fast auf einmal die Reformation annahmen, so daß die Bischöfe ebenfalls Theil daran nahmen oder ihre Functionen einstellen mußten; die andere vorzüglich da, wo die evangelische Kirche sich ohne Zutritt des Regenten bildete.[40]

Schleiermacher ist der Auffassung, dass sich die Existenz der Episkopalverfassung in Schweden und England nur aus den dortigen politischen Verhältnissen während der Reformation erkläre und nicht ein eigentliches Erzeugnis der Reformation sei. Zudem habe eine solche Verfassung mit ihrer Unterscheidung von höherer und niederer Geistlichkeit keinen Grund in der Schrift und widerspreche Luthers These vom allgemeinen Priestertum. Denn sie besage, „daß die pries-

---

38 Schleiermacher 2000, 248 (Anm. 1).
39 Schleiermacher 2000, 258 (Anm. 1).
40 Schleiermacher 2000, 263 (Anm. 1).

terliche Würde im neutestamentlichen Sinne allen Christen gemein ist, und die Diener des Wortes nur des Amtes halber aus diesem gemeinen Priesterthum ausgesondert werden"[41]. Daraus ergebe sich aber „der ächt evangelische Grundsatz, daß alle Geistliche nur Beamte der Gemeine sind, und kein anderer Unterschied als der des Auftrages unter ihnen stattfinden kann, nicht aber einem eine Herrschaft über die andern zukomme"[42]. Die Episkopalververfassung widerspreche schließlich auch dem Grundsatz der Gleichheit aller Geistlichen, wie sie in vielen reformierten Bekenntnissen als Glaubensartikel ausgesprochen sei. Schleiermacher plädiert daher für einen Übergang der Konsistorial- in die Presbyterialverfassung.

> Daß diese der evangelischen Kirche am gemäßesten ist zeigt die Geschichte dadurch daß ganz sich selbst überlassen, wie wir es am bestimmtesten in Frankreich sehen, sie sich keine andere als diese gebildet hat; daß diese Verfassung überall einen reichen Segen kirchlichen Lebens verbreitet und die Kirche in dieser Verfassung Anfechtungen und Verfolgungen aller Art glücklich bestanden hat, liegt ebenfalls zu Tage.[43]

Und Schleiermacher verhehlt nicht seine Enttäuschung darüber, dass die vom preußischen König angestoßene Bildung einer presbyterial-synodalen Kirchenverfassung ins Stocken geraten sei. Friedrich Wilhelm III. verteidigte seine Agendenreform zwar in seiner 1827 anonym erschienenen Schrift „Luther in Beziehung auf die Preußische Kirchenagende", doch Schleiermacher ließ nicht locker und reagierte noch im selben Jahr wiederum anonym mit dem „Gespräch zweier selbst überlegender evangelischer Christen über die Schrift: Luther in bezug auf die preußische Agende".

3 Das Bekenntnis

Neben der Frage nach der Kirchenverfassung wurde für die preußische Union auch die Frage nach der Geltung der Bekenntnisse relevant, zu der Schleiermacher kurz nach seiner Kontroverse mit Ammon über die Union Stellung bezog. Im „Reformations Almanach auf das Jahr 1819" erschien sein Aufsatz „Ueber den eigenthümlichen Werth und das bindende Ansehen symbolischer Bücher". Wie viele andere zeigt er sich davon überrascht, dass einige Zeitgenossen die ganze aufgeklärte Kritik an den überkommenen Bekenntnissen „wie mit einem

---

41 Schleiermacher 2000, 264 (Anm. 1).
42 Schleiermacher 2000, 264 (Anm. 1).
43 Schleiermacher 2000, 267 (Anm. 1).

Schwamme wegwischen".[44] „Dies muß offenbar befremden, wenn man sich des großen Einflusses erinnert, den bis vor gar nicht langer Zeit so viele ehrenwerthe und unvergeßliche Männer ausgeübt haben, welche sich allem Zwange der symbolischen Bücher widersetzten und in ihren eigenen Ansichten ganz offenkundig von ihnen abwichen."[45] Schleiermacher sieht die zeitgenössische Debatte durch zwei gegensätzliche Auffassungen geprägt. Auf der einen Seite stünden diejenigen, die den Bekenntnisschriften ein bindendes Ansehen beilegen wollen, sodass ihr Inhalt zumindest in allen gottesdienstlichen Handlungen die Norm der öffentlichen Lehre sein würde. Auf der anderen Seite seien diejenigen anzusiedeln, die die Bekenntnisschriften nur als geschichtliche Denkmäler ihrer Entstehungszeit ansähen, sodass sie auf die gegenwärtigen Bemühungen gar keinen Einfluss haben können. Schleiermacher geht es zunächst darum zu zeigen, dass die Bindung an die Bekenntnisse nicht die Bindung an deren Buchstaben bedeutet. Als prägnantes Beispiel wählt er den Augsburger Religionsfrieden von 1555, der die Religion der Augsburgischen Konfession unter den Schutz des Reiches stellte. „Denn indem dieser von der Augsburgischen Konfession redet, spricht er ausdrücklich von deren Lehre, Religion und Glauben, Kirchengebräuchen, Ordnungen und Cerimonien, so sie aufgerichtet oder nachmals aufrichten möchten."[46] Damit sei den Obrigkeiten, die sich zur Confessio Augustana bekannten, zugestanden worden, neue Lehre, Ordnungen und Gebräuche aufzurichten, sofern diese von ihnen als mit der Augsburgischen Konfession verträglich angesehen würde. Diese eingeräumte Freiheit habe aber eine entscheidende Rolle gespielt, als die kaiserliche Seite den Pfälzer Kurfürsten wegen seines Übertritts zum Calvinismus vom Religionsfrieden habe ausschließen wollen. Die evangelischen Fürsten hätten dagegen mit dem folgenden Argument gegen den Ausschluss protestiert:

> der Churfürst weiche allerdings in der einen Lehre vom Abendmahle von der Augsburgischen Konfession ab; allein sie müßten gegen alle Ausschließung aus dem Religionsfrieden protestiren, indem einzelne Abweichungen in der Lehre immer müßten stattfinden können, wie denn dergleichen selbst in der römischen Kirche vorkäme.[47]

Für Schleiermacher ist dies ein Beweis dafür, dass man schon damals den konfessionellen Frieden nicht von der genauen Übereinstimmung mit dem Buchstaben des Symbols habe abhängig machen wollen, und er sieht darin einen Sieg

---

44 Schleiermacher 1990, 119 (Anm. 10).
45 Schleiermacher 1990, 120 (Anm. 10).
46 Schleiermacher 1990, 122 (Anm. 10).
47 Schleiermacher 1990, 124 (Anm. 10).

des wahrhaft protestantischen Geistes über das Sektenwesen. Der Geist der symbolischen Bücher weise über ihren Buchstaben hinaus. Es widerstrebe dem durch die Reformation freigesetzten spekulativen und historischen Sinn, wenn die bildliche Vorstellung vom Jüngsten Gericht ebenso ein buchstäbliches Dogma wäre wie die Lehre vom Sohn Gottes oder die magische Wirksamkeit des Teufels auf die Seele.

Schleiermacher geht es aber bei seiner Ablehnung einer Bindung an den Buchstaben der reformatorischen Bekenntnisse nicht darum, diese entweder zu abrogieren und durch neue zu ersetzen oder sie zeitgemäß zu verbessern. Vielmehr hält er es für widersprüchlich, jemanden auf die symbolischen Bücher zu verpflichten und zugleich ihre periodische Veränderung zu fordern. Aber ebenso unangemessen ist es in seinen Augen, die Bekenntnisse auf dieselbe Stufe wie die Heilige Schrift zu stellen, so „daß die symbolischen Bücher sich sollen zur protestantischen Kirche verhalten, wie die heiligen Schriften zur gesammten Christenheit".[48] Wie die Bibel die Glaubensnorm für jeden Christen sei und sich alles aus ihr entwickeln lasse, so seien die Bekenntnisse die Glaubensnorm für jeden Protestanten und solle der protestantische Glaube sich aus den reformatorischen Bekenntnissen entwickeln. Doch diese Auffassung übersieht laut Schleiermacher den grundsätzlichen Unterschied zwischen Bibel und Bekenntnis sowie zwischen Christentum und Protestantismus. Denn das Hervorgehen des Protestantismus aus der katholischen Kirche sei etwas ganz anderes als das Hervorgehen des Christentums aus dem Judentum. Daher müsse zwar alle christliche Lehre aus der Schrift entwickelt werden.

> Nicht eben so können wir Alles, was protestantisch seyn soll, aus den symbolischen Büchern entwickeln: sondern nur, indem wir dabei auf die Schrift zurück gehen, und mit Anwendung der in den symbolischen Büchern niedergelegten protestantischen Principien aus ihr ergänzen, was den symbolischen Büchern selbst noch am vollen Inhalte der Glaubens- und Sittenlehre fehlt.[49]

Schleiermacher nennt einige Merkmale, durch die sich die Bekenntnisse von der Bibel unterscheiden. Unter anderem wehe aus ihnen kein völlig neuer Geist wie aus den neutestamentlichen Schriften, sondern der christliche Geist in freierer Gestalt. Aber trotz allem bestehe zwischen den neutestamentlichen Schriften und den protestantischen Bekenntnissen doch die höchst bedeutende Ähnlichkeit, „daß die symbolischen Bücher das Erste sind, worin sich auf eine öffentliche und bleibende Weise der protestantische Geist ausgesprochen hat, eben wie in der

---

[48] Schleiermacher 1990, 137 (Anm. 10).
[49] Schleiermacher 1990, 138 (Anm. 10).

Schrift zuerst öffentlich und bleibend der christliche Geist".[50] Zu den entscheidenden Unterschieden zwischen Schrift und Bekenntnis gehöre es aber, dass die Schrift ganz nach innen, auf die Christen gerichtet ist, die Bekenntnisse hingegen ganz nach außen, nämlich an die Glieder der römischen Kirche, von der man sich trennte. In der Schrift sei die Entfaltung des christlichen Glaubens die Hauptsache, in den Bekenntnissen hingegen „die Aufstellung eines bestimmten Gegensatzes gegen die katholische Kirche".[51] Der eigentliche protestantische Sinn habe sich nur aus diesem Gegensatz allmählich entwickeln können. Allerdings beschränkt Schleiermacher das Merkmal, ganz nach außen gerichtet zu sein, auf bestimmte symbolische Schriften des Protestantismus, nämlich auf die Confessio Augustana samt Apologie und die reformierten Bekenntnisse im engeren Sinn. Die lutherischen Katechismen nimmt er davon ebenso aus wie den Heidelberger Katechismus, die Konkordienformel und die Dordrechter Canones. Die letzten beiden Texte sollten zwar innerkirchliche Lehrstreitigkeiten lösen, aber Schleiermacher meint, dass dies innerhalb der protestantischen Kirche allenfalls vorübergehend geschehen und eigentlich überhaupt nicht kirchlich entschieden werden könne. Innerkirchliche Lehrstreitigkeiten müssten vielmehr in sich selbst verbluten. Daher begrüßt Schleiermacher es, dass zahlreiche lutherische Kirchen die Konkordienformel nicht als symbolisches Buch anerkannt hätten und diese Differenz zwischen konkordistischem und nonkordistischem Luthertum nicht zu einem Bruch der Kirchengemeinschaft innerhalb des Luthertums geführt habe. Und auch wenn die Dordrechter Synode innerhalb des Reformiertentums zu einem Schisma geführt habe, sei sie doch nicht von der ganzen reformierten Kirche angenommen worden. Wenn aber die symbolischen Bücher im eigentlichen Sinn nur diejenigen seien, die sich ganz nach außen richten und den Gegensatz gegen den Katholizismus feststellen, dann enthalten diese Bücher laut Schleiermacher die Punkte, von denen alle Protestanten ausgehen und um die sie sich immer wieder sammeln müssen. Jeder Geistliche müsse daher den symbolischen Büchern in diesem Umfang zustimmen.

> Die rechte Formel dazu würde meines Erachtens diese seyn ‚Ich erkläre, daß ich Alles, was in unsern symbolischen Büchern gegen die Irrthümer und Mißbräuche der römischen Kirche – besonders in den Artikeln von der Rechtfertigung und den guten Werken, von der Kirche und der kirchlichen Gewalt, von der Messe, vom Dienste der Heiligen und von den Gelübden – gelehrt ist, mit der heiligen Schrift und der ursprünglichen Lehre der Kirche völlig übereinstimmend finde; und daß ich, so lange mir das Lehramt anvertraut ist, nicht

---

50 Schleiermacher 1990, 138–139 (Anm. 10).
51 Schleiermacher 1990, 139 (Anm. 10).

aufhören werde, diese Lehren vorzutragen, und über den ihnen angemessenen Ordnungen in der Kirche zu halten'.[52]

An den lutherischen und reformierten Bekenntnissen ist also nur das von Belang, was den Gegensatz des Protestantismus gegen den Katholizismus ausdrückt. Eine Verpflichtung des Geistlichen auf die symbolischen Bücher, und zwar nur in Bezug auf diesen Gegensatz als einen mit der Schrift übereinstimmenden, hält Schleiermacher für notwendig, und zwar eine Verpflichtung, die ihrerseits nicht wieder durch das „quatenus" bedingt ist. Damit kehrt Schleiermacher allerdings nicht zu der alten unbedingten Bekenntnisverpflichtung zurück. Denn in der von ihm vorgeschlagenen Bekenntnisverpflichtung ist nicht impliziert,

> daß die positiven Bestimmungen jener (sc. der in den Bekenntnissen enthaltenen, J. R.) Lehren nicht sollten der Verbesserung fähig seyn, sondern immer in demselben Buchstaben vorgetragen werden müßten; vielmehr geht sie nur auf den bestimmten Gegensatz gegen die römische Theorie und Praxis.[53]

Was Schleiermacher mit der Verpflichtung der Geistlichen auf den antikatholischen Geist der protestantischen Bekenntnisse bezweckt, ist klar. Dieser Geist ist den lutherischen und reformierten Bekenntnissen gemeinsam, während sie sich in ihren positiven Lehren voneinander unterscheiden. Die Kirchenunion soll Raum für verschiedene positive Lehren und somit eine größtmögliche theologische Freiheit bieten. An dieser Haltung hat er auch später noch festgehalten, als er im Zusammenhang des Hallischen Theologenstreites und des 300. Jubiläum der Übergabe der Confessio Augustana 1831 in seinem Sendschreiben „An die Herren D. D. D. von Cölln und D. Schulz" nochmals zur Bekenntnisfrage Stellung bezog. Er begrüßt es dort ausdrücklich, dass es in Berlin anlässlich der Feierlichkeiten nicht zur Forderung nach Einführung einer Verpflichtung auf die Confessio Augustana gekommen sei.

> Denn niemand bei uns scheint über das schöne Wort unseres Königs, daß wir uns an den Geist dieser Bekenntnißschrift von Herzen anschließen, hinausgegangen zu seyn, und diejenigen, welche uns gern wieder unter die Lehrnorm eines Buchstabens beschwören wollten, haben an diesem Tage unter der evangelischen Geistlichkeit unserer Stadt keinen Dolmetscher gefunden.[54]

---

52 Schleiermacher 1990, 141 (Anm. 10).
53 Schleiermacher 1990, 142 (Anm. 10).
54 Schleiermacher 1990, 339 (Anm. 10).

Eine Unterwerfung unter den Buchstaben der Confessio Augustana hält Schleiermacher schon deshalb für obsolet, weil Melanchthon als ihr Autor sie mehrfach umgearbeitet habe. Zudem sei in den zurückliegenden drei Jahrhunderten innerhalb der Kirche eine solche Reinigung der christlichen Lehre durch die Erforschung der Schrift eingetreten, dass man unmöglich an allen Punkten der Lehre des alten Bekenntnisses festhalten könne. Dass er, Schleiermacher, wie auch die anderen evangelischen Geistlichen, das Fest zum Jubiläum der CA gleichwohl ohne Bedenken begehen konnten, habe seinen Grund darin, dass man ja ohnehin nicht das Bekenntnis seinem Inhalt nach, sondern die Übergabe des Bekenntnisses auf dem Augsburger Reichstag gefeiert habe. „Gehen wir von diesem Gesichtspunkte aus; so können wir, auch was den Inhalt betrifft, nur die gegen die Mißbräuche und Irrlehren der römischen Kirche gerichteten Zeugnisse, und den ausgesprochenen Entschluß, nur aus der Schrift Belehrung und Widerlegung annehmen zu wollen, für wesentlich halten."[55] Damit aber hätten die Überreicher des Bekenntnisses nicht nur sich selbst, sondern auch alle ihre Nachkommen von der Knechtschaft des Buchstabens befreit und alle inhaltlichen Lehren des Bekenntnisses zu berichtigen, wenn sie für nicht schriftgemäß befunden würden. Das Wesen der Reformation besteht für Schleiermacher in der Proklamation dieser Freiheit und in der antikatholischen Aufhebung der Knechtschaft in toten Werken und toten Buchstaben. Die Freiheit führe zwar notwendigerweise theologische Lehrdifferenzen mit sich, doch seien die nur „die weinige Gährung, aus der erst die rechte Veredlung hervorgehen wird."[56] Schleiermacher sieht es gerade als Spezifikum der deutschen protestantischen Kirchen und als entscheidenden Faktor für das Wachstum theologischer Einsicht an, dass hier die theologischen Lehrdifferenzen innerhalb der Kirchen selbst ausgetragen und anders als in der römischen Kirche nicht zu Verketzerungen und anders als in den protestantischen Kirchen Englands und Nordamerikas nicht zu Abspaltungen führen würden. Gerade diese theologische Lehrfreiheit, die der Forderung nach landesherrlich festgelegter Lehreinheit entgegensteht, spricht ja in seinen Augen für die kirchliche Union. Daher hält er auch den von den beiden Breslauer Konsistorialräten Daniel von Cölln und David Schulz, zwei entschiedenen Verteidigern der Union, gemachten Vorschlag eines neuen Bekenntnisses für verfehlt. Denn diejenigen Geistlichen, die Bedenken tragen, die Confessio Augustana zu unterschreiben, würden dieselben Bedenken gegen die Unterschrift unter ein Unionsbekenntnis tragen, weil sie darin nur sektiererischen Geist witterten. Das Abfassen einer Bekenntnisschrift hält Schleiermacher für eine erledigte Sache der

---

55 Schleiermacher 1990, 401 (Anm. 10).
56 Schleiermacher 1990, 402 (Anm. 10).

Reformationsepoche, in der sich die Protestanten nach außen gegenüber der weltlichen Macht über ihren Glauben erklären mussten. Wenn das neue Bekenntnis hingegen dazu dienen solle, für die Lehreinheit in der Kirche zu sorgen, dann zeige bereits das Beispiel der Confessio Augustana, dass dies unmöglich ist. Dass die kirchliche Union ohne neues Bekenntnis zustande gekommen sei, zeige, dass sie eines solchen Bekenntnisses auch gar nicht bedürfe. Das durch die Union angebahnte Ziel der deutschen-evangelischen Kirche sieht Schleiermacher darin, „als Gegenstück zu der englischen und amerikanischen Vielspaltigkeit in einer ganz freien Gemeinschaft zu leben, welche gegenüber der katholischen Gebundenheit nur durch die evangelische Freiheit zusammenhält".[57]

4 Reformiertentum und Luthertum

Auf die Frage, wie Schleiermacher selbst die reformierte Tradition, in der er sich selbst verordnet, im Kontext der Reformation sieht, erhält man am ehesten eine Antwort in den „Vorlesungen über die Kirchengeschichte", die Schleiermacher 1806 in Halle sowie 1821/22 und 1825/26 in Berlin gehalten hat. Charakteristisch für seine Darstellung der Reformation ist, dass er sie nicht auf eine einzelne Gestalt zurückführt. Die ersten Anfänge der Reformation erblickt er in der humanistischen Neuaneignung der griechischen Antike, die durch den Kulturtransfer von Byzanz nach Italien möglich wurde und als deren hervorragenden Repräsentanten er Pico della Mirandola erwähnt. Überhaupt will Schleiermacher die reformatorische Bewegung nicht auf Einzelpersonen wie Luther und Zwingli zurückführen, sondern in diesen konzentrierten sich nur allgemeine historische Kräfte.

> Wir müssen nicht Luthern, nicht Zwingli als den Grund aller Bewegungen ansehn, sondern einen allgemeinen Grund finden in alten früheren Bewegungen im 15 und 16 seculi initio. Die ganze Weise, wie sich die evangelische Kirche bildete und mit der römischen Kirche kämpfte, und sich spaltete kann man nur erklären, wenn wir davon ausgehn, wie ein und derselbe Geist in verschiedenen Gegenden gährte, aber unter verschiedenen Umständen, und individuell verschieden zu Tage gefördert wurde.[58]

Zwar hätten die Bewegungen ihren Ursprung in Einzelpersonen gehabt, aber in ihnen hätten sich nur die im Ganzen vorhandenen allgemeinen Maximen kon-

---

57 Schleiermacher 1990, 425 (Anm. 10).
58 Friedrich Daniel Ernst Schleiermacher, *Vorlesungen über die Kirchengeschichte*, KGA II/6, hg. v. Simon Gerber, Berlin/New York 2006, 629.

zentriert. Ermöglicht worden sei die Reformation außer durch den genannten Kulturtransfer erst durch solche Phänomene wie die besonderen kirchlich-politischen Verhältnisse im Reich, die Verbreitung des gegen die Scholastik gerichteten Humanismus an den zahlreichen neuen Universitäten, den Kampf der philologisch orientierten Humanisten wie Reuchlin gegen die Ordenstheologen und die Erfindung der Buchdruckerkunst. Schleiermacher lässt die reformatorische Bewegung nicht mit Luther beginnen, sondern er kennt drei Ausgangspunkte der Reformation, nämlich in Sachsen, in der Schweiz und in Frankreich. Die französische Reformbewegung, wie er sie durch Faber Stapulensis repräsentiert sieht, nimmt in seinen Augen eine vermittelnde Rolle zwischen der sächsischen und der schweizerischen ein. Worin erblickt Schleiermacher die eigentliche Differenz zwischen der sächsischen und der schweizerischen Reformation? Während in Wittenberg ein einzelner Missbrauch, der Ablass, am Anfang stand, hatte die Züricher Reformation der Kirche ihren Grund in sich selbst und führte im Einklang mit dem städtischen Magistrat zu einer konsequenten Reinigung der Kirche von papistischen Elementen. Ebenso macht bei Luther die Lehre von der Rechtfertigung durch den Glauben allein gegen die römische Werkheiligkeit den Hauptpunkt aus, was sich in Melanchthons „Loci communes" spiegelt. In der Schweiz gelangte demgegenüber Zwingli durch eine ruhige Revision der gesamten Lehre zu seinem Buch „De vera et falsa religione". Dabei verfährt Zwingli zwar weit kritischer als der eher vermittelnde Melanchthon, aber auch er steht noch zurück hinter der Radikalität der Italiener. Schleiermacher nennt hier Petrus Martyr, Zanchi, Ochino und Lelio Sozzini, die auf die eine oder andere Weise mit der schweizerischen Reformation in Verbindung traten, da sie in Italien selbst verfolgt wurden. Die radikalen Italiener strebten eine Revision der ganzen Kirchenlehre durch Schriftvergleich an, die schließlich zu einer Kritik der Lehrbestimmungen auch der altkirchlichen Konzilien führte.

> Die römische Lehre von dem Schatz guter Werke führte nicht allein auf die Rechtfertigung durch den Glauben im Gegensatz sondern auch auf die von der Genugthuung. Fing man von Vorn an, so kam man auf die Trinität, und untersuchte ob da die Kirchen-Bestimmungen gegründet seyen. So gestaltete sich dies in Italien – Petrus Martyr – später Socin.[59]

Es waren die kirchlichen Dogmen der stellvertretenden Genugtuung und der immanenten Trinität, die von den italienischen Humanisten nicht länger als schriftgemäß betrachtet wurden. Nach der Wiedererstarkung des Papsttums habe sich der reformatorische Geist in Italien nicht auf praktischem, sondern auf theoretischem Gebiet gezeigt. Trotz der Verwerfung von Seiten der sächsischen

---

59 Schleiermacher 2006, 632 (Anm. 58).

und schweizerischen Reformation geht diese durch den philosophischen Geist des Humanismus gespeiste Dogmenkritik der Italiener auf dasselbe Schriftprinzip zurück, dessen sich auch Luther und Zwingli bedienen. Allerdings schwebte Luther wie Kaiser Karl V. „das Phantom von einer Einheit der Lehre" in einzelnen Punkten vor.[60] Und wie Schleiermacher bereits an Pico della Mirandola rühmt, dass der christliche Glaube für ihn kein Glaube an einen Lehrsatz gewesen sei, so hebt er an Erasmus die Auffassung lobend hervor, dass „die Manchfaltigkeit in der Lehre sehr gut bestehn könne, wenn man nur an jedem einzelnen Punct einen Damm setze gegen das praktisch Schädliche, bis ein allmählig sich verbreitender besserer Unterricht das Bedürfniß unreinerer Ansichten unnöthig mache".[61] Damit habe Erasmus die Idee einer reineren Reformation erfasst, auch wenn diese Idee sich aufgrund der päpstlichen Macht nicht realisieren ließ. Obwohl Erasmus so der politische Realitätssinn fehlte, habe er doch den rein evangelischen Geist besessen. Denn das Insistieren auf der Einheit der Lehre, das Luther und mehrere sächsische Reformatoren auszeichnete, sei letztlich römisch, während die Italiener und Schweizer in dieser Hinsicht freier gewesen seien. Schleiermacher ist es also um eine Rehabilitierung der Dogmenkritik der Antitrinitarier gegangen, zumal die Hauptsache des Christentums, die Erlösung der Menschen durch Christus, von ihnen trotz ihrer Kritik der Zweinaturenlehre beibehalten werde.[62] Trotz der Gemeinsamkeit in der Verwerfung der Antitrinitarier kam es zum Zerwürfnis zwischen der sächsischen und der schweizerischen Reformation, und zwar wegen des Abendmahls, ein Punkt, bei dem sich in Marburg die Schweizer wesentlich liberaler verhielten als der hartnäckige Luther und der in der Confessio Augustana schließlich zur Verwerfung der schweizerischen Abendmahlslehre führte. Daran änderte weder die Unionsbestrebung Bucers etwas noch die stärker an Luther als an Zwingli ausgerichtete Abendmahlslehre Calvins. Denn der zwischen Zürich und Genf erreichte Consensus Tigurinus in der Abendmahlsfrage führte im zweiten Abendmahlsstreit zu einem Streit um die verschiedenen Fassungen der Confessio Augustana.

> Es war natürlich daß eine Menge von Editionen der Augsburger Confession erfolgten und sich Veränderungen einschlichen, Melanchthon hatte eine Ausgabe veranstaltet, in der im Artikel vom Abendmahl eine leise Veränderung vorgenommen hatte in Beziehung auf die Wittenberger concordia. Dies urgirte Eck, daß man zwinglisire.[63]

---

60 Schleiermacher 2006, 633 (Anm. 58).
61 Schleiermacher 2006, 633–634 (Anm. 58).
62 Schleiermacher 2006, 643 (Anm. 58).
63 Schleiermacher 2006, 645 (Anm. 58).

Die Jenaer Lutheraner warfen den Wittenbergern um Melanchthon eine geheime Neigung zu der schweizerischen Ansicht vor. Der Vorwurf des Kryptocalvinismus richtete sich vor allem gegen die Abendmahlslehre und Christologie. Denn in die Streitigkeiten über das Abendmahl mit den Schweizern wurde die Lehre von der Ubiquität des Leibes Christi mit aufgenommen, wie sie von den Gnesiolutheranern vertreten wurde. In der Konkordienformel schrieb man schließlich in der Abendmahlslehre die leibliche Realpräsenz und mündliche Nießung der Unwürdigen ebenso fest wie in der Christologie die Ubiquität. Und in dem neben Abendmahlslehre und Christologie dritten Streitpunkt mit den Schweizern, der Prädestinationslehre, kam man Schleiermacher zufolge zu keiner Klarheit. Im Übrigen herrschte in seinen Augen auch bei den Schweizern keineswegs Einigkeit in Bezug auf die Prädestinationslehre. Zwar hatte Calvin sie in Übereinstimmung mit Augustin in seine „Institutio" aufgenommen, aber Zwingli hatte das Harte dieser Lehre vermeiden wollen. Wohl wurde der Consensus Genevensis de aeterna dei praedestinatione schließlich von Zürich akzeptiert, „doch ohne daß man in dieser Zeit in der schweizer Kirche eine Ansicht von der Nothwendigkeit der Uebereinstimmung der Lehre gefaßt hätte wie in der sächsischen Kirche".[64]

Die innerlutherischen Einigungsbemühungen, die in der Konkordienformel mündeten, werden von Schleiermacher durchweg negativ beurteilt, und er betrachtet in erster Linie die Ubiquitätslehre als Ursache für die Ausbreitung der reformierten Kirche in Deutschland. Denn die Ablehnung der Ubiquitätslehre führte hier zur Annahme der calvinistischen Abendmahlsauffassung zunächst in Heidelberg und Bremen. Daneben entstanden aufgrund des Zustroms calvinistischer niederländischer Flüchtlinge wallonisch-reformierte Gemeinden in Deutschland. Und schließlich:

> Im Anfang des 17 seculi bekannte sich auch das Kur Brandenburgische und das märkische Haus zur reformirten Kirche in der Confessio Sigismundi; aber die calvinische Praedestinationslehre ist in der deutsch-reformirten Kirche eigentlich nie anerkannt; in ihrem strengen Gehalt ist sie nicht im heidelberger Katechism, auch nicht in der confessio Sigismundi enthalten. Man hat daher gesagt: daß diese Lehre, weil sie nicht als vollkommen symbolisch angesehen werden kann, kein Grund der Trennung sey.[65]

Fortan standen sich also in Deutschland eine lutherische und eine reformierte Kirche gegenüber, wobei die lutherische durch die jesuitische Propaganda noch in ihrer inneren Neigung bestärkt wurde, am Buchstaben der symbolischen Bücher festzuhalten. Gegenüber diesem knechtischen Beharren auf dem Buchstaben

---

[64] Schleiermacher 2006, 645 (Anm. 58).
[65] Schleiermacher 2006, 653 (Anm. 58).

der Konkordienformel und der im Konkordienbuch enthaltenen Bekenntnisschriften entstand im Luthertum selbst das entgegengesetzte Bewusstsein, dass der ursprüngliche religiöse Impuls der Reformation mit dem Buchstaben nichts zu tun habe. Auf der einen Seite bildete sich so vor allem in Wittenberg eine polemische scholastische Dogmatik aus, die durch den Gegensatz zu den Katholiken und die Schweizer bestimmt ist. In Helmstedt verfolgte man hingegen die Tendenz, sich auf wissenschaftlichem Wege der Einheit des evangelischen Prinzips gegenüber dem katholischen und der Einheit des christlichen Prinzips selbst bewusst zu werden. Da sich aber der Streit zwischen den Wittenbergern und Helmstedtern auf wissenschaftlicher Ebene abspielte, kam das Gute an dem Helmstedter Verfahren der Masse nicht zu Bewusstsein, sodass sich das religiöse Element in der mystisch-praktischen Richtung bei Arndt, Weigel, Böhme und im Pietismus manifestierte. Wie im Luthertum entstand auch im Reformiertentum eine Spaltung in gegensätzliche Richtungen, und zwar in den Niederlanden. Denn die Arminianer wandten sich hier gegen die calvinistische Lehre vom unbedingten göttlichen Ratschluss und von der partikularen Erlösung. Zwar lehrte man die Notwendigkeit der göttlichen Gnade, aber zugleich die Fähigkeit des Menschen, der Gnade zu widerstehen, und die Möglichkeit, sie zu verlieren. Da die Arminianer aber eine Bekenntnisbindung ablehnten, konnten sie sich trotz der Nähe zu ihr nicht der lutherischen Kirche anschließen. Die zur Lösung des Konflikts einberufene Dordrechter Synode hatte nur in den Niederlanden Einfluss. „Die Deutschen, anhaltschen und brandenburgischen Reformirten erschienen gar nicht, weil sie in diesem Punct gar nicht calvinisch wären."[66] Es ist deutlich, dass Schleiermacher Position für die Remonstranten ergreift, und zwar deshalb, weil sie gegen die Bindung an den symbolischen Buchstaben im Namen der Exegese und des freien Philosophierens über dogmatische Sätze protestierten.

> Dies Princip sich frei zu halten von dem Ansehn der symbolischen Bücher, damit die exegetische Forschung, die Freiheit der Hermeneutik und die speculative Behandlungsweise gedeihe, hat sich über die ganze Kirche verbreitet durch seinen Einfluß. In der evangelischen Kirche in Deutschland entstand ein allgemeiner Wunsch, sich von der Autorität der symbolischen Bücher loszumachen.[67]

Englischer Deismus und französische Aufklärung haben dann trotz aller negativen Tendenzen und restaurativer Gegenreaktionen zum Sieg der remonstrantischen Haltung beigetragen. Denn „das remonstrantische Princip hat so Ueber-

---

[66] Schleiermacher 2006, 659 (Anm. 58).
[67] Schleiermacher 2006, 659–660 (Anm. 58).

hand genommen, daß wir nicht durch einen symbolischen Buchstaben zu fesseln sind".[68]

Kirchentrennende Bedeutung hatten für Lutheraner und Reformierte seit der Reformation die Abendmahlslehre, mit der die Christologie aufs engste verknüpft war, und dann die Prädestinationslehre. Durch die preußische Union verlieren sie für deren Mitglieder ihre kirchentrennende Bedeutung. Auch für Schleiermachers Dogmatik „Der christliche Glaube", in der der christliche Glaube dargestellt wird nach den Grundsätzen der evangelischen Kirche insgesamt, haben sie diese Bedeutung verloren. Sie ist daher keine konfessionell reformierte Dogmatik. Aber noch im „Zweiten Sendschreiben an Lücke" von 1829 betrachtet Schleiermacher sich als einen „Theologen, der durchaus von der reformirten Schule herkommt und dies auch in dem gegenwärtigen Zustande der Union gar nicht glaubt in Abrede stellen zu dürfen".[69] Daher könne man fragen, ob es nicht natürlich und angemessen gewesen wäre, wenn er sich im Aufbau seiner „Glaubenslehre" enger an den „Heidelberger Katechismus" angeschlossen hätte. Bekanntlich liegt dem Katechismus die sogenannte analytische Methode zugrunde, die zuerst von dem Heilsziel, der Erlösung, handelt und dann nach den Ursachen und Mitteln fragt, durch die der Mensch das Ziel erreicht. Zwar sind in Schleiermachers Augen ein Katechismus und eine Dogmatik zwei verschiedene Dinge, aber während er die Anwendung der analytischen Methode bei einem Katechismus für verfehlt hält, weil die Jugend, für die der Katechismus bestimmt ist, die Erlösungsbedürftigkeit gar nicht so empfinden kann wie ein mündiger Christ, erscheint sie ihm für die Dogmatik durchaus angemessen, da „die Christen ihr gesammtes Gottesbewußtseyn nur als ein durch Christum in ihnen zu Stande gebrachtes in sich tragen".[70] Schleiermacher hat sich jedoch aus hier nicht näher zu spezifizierenden wissenschaftspragmatischen Gründen für die jetzige Anordnung des dogmatischen Stoffs entschieden. Wenn Schleiermacher sich aber nach wie vor, also auch innerhalb der Union, als einen Theologen der reformierten Schule betrachtet, kann man sich fragen, ob und inwiefern dieser Schulhintergrund sich in seiner Behandlung der lutherisch-reformierten Kontroverspunkte bemerkbar macht.

Geht man von der grundlegenden Differenz im Verständnis des Abendmahls aus, so erfahren laut Schleiermacher die Christen beim Genuss des Abendmahls eine eigentümliche Stärkung des geistigen Lebens, indem ihnen darin Christi Leib und Blut dargereicht werden. Was den Zusammenhang zwischen Brot und Wein mit Leib und Blut im Abendmahl betrifft, so stellt sich die evangelische Kirche

---

68 Schleiermacher 2006, 660 (Anm. 58).
69 Schleiermacher 1990, 337 (Anm. 10).
70 Schleiermacher 1990, 338 (Anm. 10).

nur einerseits der römischen Auffassung von einer Gegenwart von Leib und Blut unabhängig vom Gebrauch und andererseits derjenigen der Sakramentierer entgegen, die keinerlei Verbindung zwischen dem Genuss der Elemente und dem geistigen Genuss Christi annehmen.[71] Zu den Sakramentierern werden dabei weder die Anhänger des helvetischen und gallikanischen Bekenntnisses noch Zwingli gerechnet, wohl aber die Sozinianer und solche, die das Abendmahl nur als Bekenntniszeichen betrachten. Bei Zwingli verbinde sich hingegen das Abendmahl als Bekenntniszeichen und als danksagende Erinnerung mit dem geistigen Genuss. In der evangelischen Kirche seien sich von Anfang an zwei Auffassungen vom Abendmahl gegenübergestanden, nämlich diejenige Luthers, die sich der katholischen, und diejenige Zwinglis, die sich der sozinianischen genähert habe. Aus dem Ausgleichsbestreben zwischen diesen Positionen sei als dritte Auffassung diejenige Calvins entstanden. Eine buchstäbliche Erklärung der Deuteworte, wie sie Luther vorlegt, hält Schleiermacher schon aufgrund der unterschiedlichen Überlieferung der Deuteworte für unmöglich, weshalb er dem symbolischen, uneigentlichen Verständnis der Reformierten grundsätzlich zustimmt. Er hält zudem Zwinglis Abendmahlsauffassung, wonach Christus durch seinen Befehl mit dem Genuss der Elemente, den geistigen Genuss Christi, verbunden habe, für „ohnstreitig die klarste und faßlichste", doch spricht er zugleich von ihrer „überverständigen Dürftigkeit".[72] Demgegenüber erkenne Calvin wie Luther eine wirkliche Gegenwart des Leibes und Blutes Christi an, insofern für ihn Christus mit dem Genuss der Elemente nicht nur den auch außerhalb des Abendmahls stattfindenden geistigen Genuss Christi verbunden habe, sondern darüber hinaus auch die nirgends sonst vorhandene wirkliche Gegenwart seines Leibes und Blutes. Diese binde Calvin aber anders als Luther nur an den geistigen Genuss der Gläubigen. Luthers Auffassung wird von Schleiermacher nicht nur wegen ihrer Nähe zur römischen und der damit verbundenen Gefahr des Aberglaubens kritisiert, sondern auch deshalb, weil sie die Besonderheit des sakramentlichen Genusses gegenüber dem leiblichen Genuss der symbolischen Elemente und dem geistigen Genuss von Fleisch und Blut Christi nicht verdeutlichen kann. Genau diese Schwierigkeit teile aber Calvins Abendmahlsauffassung mit derjenigen Luthers, sodass Schleiermacher nicht mit der Durchsetzung der calvinischen Abendmahlsauffassung in der evangelischen Kirche rechnet, sondern erwartet, dass sich aus der exegetischen Arbeit eine neue Auffassung entwickeln werde. Schleiermachers eigenes Abendmahlsverständnis kennt daher auch kei-

---

[71] Friedrich Schleiermacher, *Der christliche Glaube*, Bd. 2, hg. v. Martin Redeker, Berlin ⁷1960, 347–349.
[72] Schleiermacher 1960, 353–354 (Anm. 71).

nen sakramentlichen Genuss, der vom leiblichen Genuss der Elemente und vom geistigen Genuss von Fleisch und Blut Christi unterschieden ist, sondern dieser geistige Genuss, von dem in Joh 6 die Rede sei, finde auch im Abendmahl statt.[73] Wenn er erklärt, dass der Genuss des Leibes und Blutes im Abendmahl allen Gläubigen zur Befestigung ihrer Gemeinschaft mit Christus verhelfe, dann meint er damit nur, dass der geistige Genuss beim Abendmahl der Stärkung des geistigen Lebens und der Lebensgemeinschaft mit Christus diene. Der unwürdige Genuss des Abendmahls gereiche den Teilnehmern hingegen insofern zum Gericht, als er diese Stärkung unterbinde. Einen unwürdigen Genuss von Leib und Blut Christi kann Schleiermacher von seinen Voraussetzungen her gar nicht kennen, sondern nur einen unwürdigen Genuss des Abendmahls, der den geistigen Genuss von Leib und Blut Christi nicht impliziert. Doch die die manducatio impiorum betreffende Lehrdifferenz zwischen Lutheranern und Reformierten verschwindet für Schleiermacher ohnehin mit der Vervollkommnung der Kirche, die einen unwürdigen Abendmahlsgenuss ausschließe.[74]

Der zweite, mit der Abendmahlslehre eng verknüpfte Kontroverspunkt zwischen Reformierten und Lutheranern, ist die Christologie, und zwar die Lehre von der Ubiquität des Leibes Christi, die in einer bestimmten Fassung des Topos der Idiomenkommunikation im Rahmen der vorausgesetzten Zweinaturenlehre verankert ist. Wie in der Abendmahlslehre steht auch in diesem Kontroverspunkt nicht zu erwarten, dass Schleiermacher die altreformierte Position repristiniert, fällt doch schon die Voraussetzung der altreformierten Christologie, die chalcedonensische Zweinaturenlehre, der Kritik zum Opfer. An ihre Stelle tritt die These, dass Jesus von Nazareth als geschichtliches und gleichwohl urbildliches Einzelwesen aufgrund der Selbigkeit der menschlichen Natur allen Menschen gleich sei, während er sich durch die stetige Kräftigkeit seines Gottesbewusstseins von allen Menschen unterscheide. Das schlechthin kräftige Gottesbewusstsein wird dabei als eigentliches Sein Gottes in ihm bezeichnet, das an die Stelle der göttlichen Natur tritt. Die traditionellen kirchlichen Formeln von der Person Christi bedürfen daher laut Schleiermacher einer fortgesetzten kritischen Behandlung, die sich an dieser Auffassung zu orientieren hat. Dabei könne einiges beibehalten werden, während anderes besser aufgegeben werde. Zu dem, was Schleiermacher meint preisgeben zu müssen, gehört aber die Präexistenz des Sohnes Gottes und damit die immanente Trinität ebenso wie die Verbindung zweier Naturen in einer Person. Dabei kritisiert er ausdrücklich die Übernahme des altkirchlichen trinitarischen und christologischen Dogmas auch durch die reformierten Bekennt-

---

[73] Schleiermacher 1960, 343–344 (Anm. 71).
[74] Schleiermacher 1960, 362–363 (Anm. 71).

nisse.⁷⁵ Aus der Ablehnung der Zweinaturenlehre „folgt schon von selbst, daß die Theorie von einer gegenseitigen Mitteilung der Eigenschaften beider Naturen aneinander ebenfalls aus dem Lehrbegriff zu verweisen und der Geschichte desselben zu überliefern ist".⁷⁶ Allerdings macht sich Schleiermacher die reformierte Kritik an der lutherischen Lehre von der Idiomenkommunikation völlig zu eigen. Denn wenn man annehme, dass die Majestätseigenschaften der göttlichen Natur die angenommene menschliche Natur durchdrungen hätten, „so konnte während dieser Mitteilung nichts Menschliches mehr übrig sein in Christo".⁷⁷ Auch dürfe man umgekehrt keine Mitteilung menschlicher Eigenschaften, etwa der Leidensfähigkeit, an die göttliche Natur annehmen, weil diese dadurch aufgehoben werde. Die Verwerfung der lutherischen Lehre von der Idiomenkommunikation „schließt aber keineswegs eine Begünstigung der reformierten Schule gegen die lutherische in sich"⁷⁸. Denn die reformierte Christologie zertrenne Christus, insofern sie von entgegengesetzten Eigenschaften in *einer* Person spreche. Die reformierte Lehrweise sei daher wie die lutherische zu verwerfen.

Den dritten Kontroverspunkt stellt die Prädestinationslehre dar. Ihr hat Schleiermacher 1819 eine eigene Abhandlung „Über die Lehre von der Erwählung" gewidmet, die sich mit der Kritik der calvinistischen Prädestinationslehre durch den Gothaer Superintendenten Karl Gottlieb Bretschneider in dessen „Aphorismen über die Union der beiden evangelischen Kirchen in Deutschland" auseinandersetzt. Bretschneider hatte erklärt,

> es gebe Einen Lehrsaz in dem System der lutherischen Kirche selbst, mit welchem die lutherische Erwählungstheorie im Widerspruch stehe, nämlich den von der gänzlichen Unfähigkeit des Menschen sich selbst zu bessern, und von seinem natürlichen Widerstande gegen die göttliche Gnade, welche dies allein vermögen soll.⁷⁹

Dieser Lehrsatz der Konkordienformel führe in seiner Konsequenz auf die calvinistische Prädestinationslehre, und um ihr zu entgehen, rät Bretschneider dem Luthertum, zugunsten der Willensfreiheit auf ihn zu verzichten. Schleiermacher lädt hingegen die Lutheraner ein, bei der augustinischen Lehre von der Unfähigkeit des Menschen zum Guten zu bleiben und als ihre natürliche Konsequenz die calvinistische Prädestinationslehre anzunehmen.

---

75 Schleiermacher 1960, 51 (Anm. 71).
76 Schleiermacher 1960, 74 (Anm. 71).
77 Schleiermacher 1960, 75 (Anm. 71).
78 Schleiermacher 1960, 76 (Anm. 71).
79 Schleiermacher 1990, 151 (Anm. 10).

> Denn etwas mittleres zwischen der kirchlichen lutherischen Theorie wie sie in der Concordienformel vorgetragen ist und der calvinischen ist nicht zu finden. Man müßte also eine von beiden wählen, und da scheint mir die Sache so zu stehn, daß wenn man die lutherische Formel wählt, der Streit sich immer wieder erneuern muß, weil sie theils in der unvollkommenen Uebereinstimmung mit der Lehre von dem menschlichen Unvermögen, theils darin daß sie die göttliche und menschliche Causalität einander gegenüber stellt, so daß sie sich in das gemeinschaftliche Gebiet, man weiß aber nicht recht wie, theilen sollen, den Keim des Zwiespalts in sich trägt, daß immer wieder demjenigen der auf die strenge Consequenz und die Klarheit der Anschauung dringt ein Mangel an Befriedigung entstehen muß.[80]

Schleiermacher versucht, alle von Bretschneider vorgebrachten Einwände gegen die konsequentere calvinistische Erwählungslehre zu entkräften. Allerdings repristiniert er nicht einfach die alte calvinistische Prädestinationslehre. Er lehnt es sogar ausdrücklich ab, sich auf die Dordrechter Synode zu berufen.

> Denn in dieser sind wirklich harte Ausdrücke, welche die Sache an sich nicht klarer machen sondern nur verdunkeln, und nur daraus entstanden sind, daß man sich auf solche nicht aus der reinen Sache hergenommene Fragen mit leerer Disputirkunst einließ. Die ursprüngliche Darstellung in den Institutionen des Kalvin hat sich davon ganz frei gehalten, und nur diese ist es, welche ich vertheidigen will, und von welcher ich wünsche, sie möge der Punkt werden, um den sich die evangelische Kirche sammle.[81]

Schleiermacher wendet sich gegen die altreformierte Vorstellung eines absoluten Dekrets, eines decretum horribile, das die Confessio Sigismundi ohnehin nicht kenne.[82] Statt der auf einzelne Personen gerichteten Erwählung und Verwerfung nimmt er nur einen einzigen göttlichen Ratschluss über die Ordnung an, in der die Masse der Menschen allmählich durch den Geist Gottes neu belebt wird. Dieser eine Ratschluss ist nichts als die Erweisung der göttlichen Liebe. Mit dieser Liebe verträgt sich allerdings nicht das „‚horribile' des kalvinischen Dekrets, daß die Uebersehenen oder Verworfenen dann auf ewig verdammt sind und aller Seligkeit beraubt".[83] An die Stelle des doppelten Ausgangs der Prädestination stellt Schleiermacher daher die Vorstellung von einer endlichen allgemeinen Versöhnung und Wiederbringung aller. Der Unterschied zwischen den gläubig und ungläubig Sterbenden, der für die calvinistische Prädestinationslehre identisch war mit dem Unterschied zwischen Erwählten und Verworfenen, verwandelt

---

[80] Schleiermacher 1990, 221–222 (Anm. 10).
[81] Schleiermacher 1990, 220 (Anm. 10).
[82] Schleiermacher 1990, 197 (Anm. 10).
[83] Schleiermacher 1990, 216 (Anm. 10).

sich ihm so in den Unterschied zwischen der früheren und der späteren Aufnahme in das Reich Gottes, die auch postmortal erfolgen kann.

> Denn alsdann ist der Unterschied zwischen den gläubig und den ungläubig Sterbenden nur der Unterschied zwischen der früheren und der späteren Aufnahme in das Reich Gottes, ein Unterschied welcher mit der Idee einer zeitlichen Welt in jedem nach ihrem Umfange denkbaren Maß nothwendig gegeben ist.[84]

5 Schluss

Gerade Schleiermachers Prädestinationslehre macht deutlich, wie sich ungeachtet seines Einsatzes für die kirchliche Union reformiertes Erbe in seiner materialen Dogmatik geltend macht und auch Auswirkungen auf den Ansatz seiner Dogmatik hat. Denn der Gedanke der unbedingten göttlichen Vorherbestimmung, den er Calvin entlehnt, entspricht ja der Auffassung, dass das Wesen der Frömmigkeit darin besteht, dass wir uns unserer selbst als schlechthin abhängig bewusst sind, dass die Welt nur in der schlechthinnigen Abhängigkeit von Gott besteht und Gott die in sich unterschiedslose schlechthinnige Ursächlichkeit ist, auf die das schlechthinnige Abhängigkeitsgefühl zurückweist.[85] Gott derart als schlechthinnige Ursächlichkeit und die Frömmigkeit als Gefühl schlechthinniger Abhängigkeit zu denken, entspricht durchaus reformierter Tradition. Hatte doch bereits Zwingli Gott als jenen Ursprung des Seins gefasst, durch den alles wird und ist. Und der sensus divinitatis, den Calvin annimmt und der auf dem semen religionis in jedem Menschen beruht, kann nur ein Bewusstsein der völligen Abhängigkeit von Gott als dem Schöpfer und Erhalter sein. Allerdings ist es auch hier nicht so, dass Schleiermacher den Gedanken der schlechthinnigen Abhängigkeit aller Dinge von Gott und von Gott als schlechthinniger Ursächlichkeit direkt Zwingli oder Calvin entnähme. Vielmehr besteht – auch wenn Schleiermacher einen derartig engen Zusammenhang zwischen seiner Dogmatik und der Philosophie in Abrede stellt – in dieser Hinsicht eine Affinität zwischen dem reformierten und dem spinozistischen Gottesbegriff, der in modifizierter Form von zahlreichen Theologen, Philosophen und Dichtern im Umkreis von Weimarer Klassik und deutschem Idealismus übernommen wurde. Bereits Alexander Schweizer, der bedeutendste Schüler Schleiermachers, konnte daher mutmaßen, dass man Zwingli, hätte er nach Spinoza gelebt, des Spinozismus gezie-

---

[84] Schleiermacher 1990, 218 (Anm. 10).
[85] Friedrich Schleiermacher, *Der christliche Glaube*, Bd. 1, hg. v. Martin Redeker, Berlin ⁷1960, 23.185.263.

hen hätte.⁸⁶ Schleiermacher jedenfalls wurde, als er seinen Reden „Über die Religion" den Gedanken der Persönlichkeit als nicht fundamental für die Frömmigkeit betrachtete und Gott als das Universum fasste, von Friedrich Samuel August Sack des Pantheismus und Spinozismus beschuldigt. Nicht dass sein reformierter Vorgesetzter Sack Schleiermacher den Weg zurück zu Calvin und den Theologen der altreformierten Orthodoxie hätte weisen wollen, sondern was ihn, den reformierten Aufklärungstheologen, an Schleiermacher störte, war, dass er entgegen dem Theismus der aufgeklärten Popularphilosophie einer Philosophie huldigte, „die an der Spitze des Universums kein sich selbst bewußtes, weises und gütiges Wesen anerkennt".⁸⁷ Wer die Frage nach Schleiermachers reformiertem Erbe beantworten will, darf sich jedenfalls nicht mit einem Vergleich Schleiermachers mit Calvin und der Theologie der altreformierten Orthodoxie begnügen. Er muss vielmehr die gesamte reformierte Tradition in den Blick nehmen, zu der auch die Kritik gehört, die die Reformierten der Aufklärung im Gefolge von Sozinianismus und Arminianismus an der altreformierten Orthodoxie übten. Denn durch diese Kritik ist Schleiermachers Umgang sowohl mit den altreformierten Theologen als auch mit den reformierten Bekenntnisschriften bestimmt, und stellt man dies in Rechnung, dann lässt sich die These vom Gegensatz zwischen Schleiermacher und der reformierten Tradition, wie sie Wilhelm Niesel, der spätere Generalsekretär des Reformierten Weltbundes, 1930 in seiner Münsteraner Lizentiaten-Vorlesung „Schleiermachers Verhältnis zur reformierten Tradition" vertrat, nicht mehr aufrecht erhalten.⁸⁸

---

86 Alexander Schweizer, *Die Glaubenslehre der evangelisch-reformirten Kirche*, Bd. 1, Zürich 1844, 92.
87 Friedrich Wilhelm Kantzenbach, *Schleiermacher*, Reinbeck 1967, 67.
88 Wilhelm Niesel, „Schleiermachers Verhältnis zur reformierten Tradition", in: *ZZ* 8 (1930), 524–525.

Biogramme der Autorinnen und Autoren

Prof. Dr. Dr. h.c. Michael Beintker: Professor (em.) für Systematische Theologie und Direktor des Seminars für Reformierte Theologie an der Westfälischen Wilhelms-Universität Münster. Forschungsschwerpunkte: Gotteslehre, Soteriologie und Ekklesiologie im Kontext der reformierten Bekenntnisbindung; Theologie der Neuzeit, insbesondere Karl Barth und sein Umfeld.

PD Dr. Simon Gerber: wissenschaftlicher Mitarbeiter an der Berlin-Brandenburgischen Akademie der Wissenschaften und Privatdozent für Kirchengeschichte an der Theologischen Fakultät der HU zu Berlin. Veröffentlichungen: Eine lutherische Konferenz im Februar 1934, in: ZNThG 11 (2004), 148–168; Schleiermacher und die Kirchenkunde des 19. Jahrhunderts, in: ZNThG 11 (2004), 183–214; Hermeneutik als Anleitung zur Auslegung des Neuen Testaments, in: Friedrich Schleiermachers Hermeneutik, hg. v. Andreas Arndt/Jörg Dierken, Berlin/Boston 2016, 145–161; Georg Witzels Widerlegung der Schmalkaldischen Artikel, in: KuD 62 (2016), 283–300.

Prof. Dr. Arnold Huijgen: Professor für Systematische Theologie, Theologische Universität Apeldoorn (Niederlande); Arbeitsschwerpunkte: Trinität, Hermeneutik, Calvins Theologie, Reformierte Theologie, Reformierte Bekenntnisschriften; Veröffentlichungen: Traces of the Trinity in the Old Testament: From Individual Texts to the Nature of Revelation, in: IJSTh, 19 (2017); gemeinsam mit John V. Fesko und Aleida Siller (Hg.), Handbuch Heidelberger Katechismus, Gütersloh, 2014; Divine Accommodation in John Calvin's Theology: Analysis and Assessment, Göttingen, 2011.

Prof. Dr. Anne Käfer: Professorin für Systematische Theologie und Direktorin des Seminars für Reformierte Theologie an der WWU Münster; Arbeitsschwerpunkte: Schleiermacher-Forschung, Tier-Ethik und ethische Fragen des Menschseins; Veröffentlichungen: „Die wahre Ausübung der Kunst ist religiös". Schleiermachers Ästhetik im Kontext der zeitgenössischen Entwürfe Kants, Schillers und Friedrich Schlegels, Tübingen 2006; Inkarnation und Schöpfung. Schöpfungstheologische Voraussetzungen und Implikationen der Christologie bei Luther, Schleiermacher und Karl Barth, Berlin/New York 2010.

Prof. Dr. André Munzinger: Professor an der Christian-Albrechts-Universität zu Kiel; Arbeitsschwerpunkte: Schleiermachers Ethik als Kulturtheorie, Verhältnis von Exegese und Systematischer Theologie, Entwicklungsethik; Veröffentlichungen: Creative Reason and the Spirit. Identifying, Evaluating and Developing Paradigms of Pneumatology, in: The Spirit and Christ in the New Testament and Christian Theology, hg. v. Howard Marshall, Cor Bennema, Volker Rabens, Grand Rapids 2012, 336–355; Gemeinsame Welt denken. Bedingungen interkultureller Koexistenz bei Jürgen Habermas und Eilert Herms, Perspektiven der Ethik 7, Tübingen 2015.

Dr. Albrecht Philipps: Oberkirchenrat im Amtsbereich der Union Evangelischer Kirchen in der EKD (UEK) im Kirchenamt der EKD in Hannover. Arbeitsschwerpunkte sind die Geschäftsführung der wissenschaftlichen Einrichtungen der UEK wie etwa der Historischen Kommission zur Erforschung des Pietismus und der Evangelischen Forschungsakademie sowie die Pflege der ökumenischen Arbeit mit der United Church of Christ in den USA. Promotion in Münster mit einer Arbeit zur Westfälischen Kirchengeschichte.

Prof. Dr. Jan Rohls: Professor (em.) für Systematische Theologie und Religionsphilosophie an der Evangelisch-Theologischen Fakultät der LMU München; Arbeitsschwerpunkte: Religionsphilosophie, neuere Theologiegeschichte, Kunst und Religion, Ideengeschichte des Christentums; Veröffentlichungen: Geschichte der Ethik, 2. Aufl., Tübingen 1999; Philosophie und Theologie in Geschichte und Gegenwart, Tübingen 2002; Protestantische Theologie der Neuzeit, 2 Bde., Studienausgabe, Tübingen 2018; Ideengeschichte des Christentums, Bd. 1–3, Tübingen 2012–2014.

Prof. Dr. Arnulf von Scheliha: Direktor des Instituts für Ethik und angrenzende Sozialwissenschaften (IfES) und Principal Investigator am Exzellenz-Cluster „Religion und Politik" der WWU Münster; Arbeitsschwerpunkte: Politische Ethik und Religionspolitik, Friedensethik, Umweltethik, Ehe- und Familienethik; Theologiegeschichte des 19. und 20. Jahrhunderts; Veröffentlichungen: Religionspolitik, Tübingen 2018, gemeinsam mit Jörg Dierken und Sarah Schmidt (Hg.), Reformation und Moderne. Pluralität – Subjektivität – Kritik. Akten des Internationalen Kongresses der Schleiermacher-Gesellschaft in Halle, Berlin/Boston 2018.

Dr. Caroline Teschmer: Vertretungsprofessorin für Religionspädagogik an der Universität Hamburg, Arbeitsschwerpunkte: Körperlichkeit und Gender; Sexual- und Familienethik; Bioethische Fragestellungen (im Religionsunterricht); Werte-Bildung und ethisches Lernen; Veröffentlichungen: Kreatürliches Mitgefühl. Tiere im Religionsunterricht als Beitrag zur Werte-Bildung, in: In verantwortlichen Händen. Unmündigkeit als Herausforderung für Gerechtigkeitsethik, hg. v. Anne Käfer/Henning Theißen, Leipzig 2018, 127–134, gemeinsam mit Jula Well, Nicht der Norm entsprechen. Die Konstruktion einer Transidentität und ihre seelsorgliche Begleitung, in: EvTh 78 (2018), 49–58.

Personenregister

Adam, Wolfgang 88f.
Agricola, Johann 23
Albrecht, Christian 132
Althaus, Paul 23
Ammon, Christoph Friedrich von 151f., 160
Aristoteles 88, 92
Arndt, Andreas 1, 14, 16, 18f., 21, 28, 44, 95, 123, 144
Arndt, Johann 170
Axt-Piscalar, Christine 62, 68

Baars, Arie 34
Bär, Benjamin Ursin von 147
Barth, Karl 40f., 43, 53, 62, 64, 139
Barth, Roderich 139
Barth, Ulrich 36, 93, 96, 139, 144
Baum, Wilhelm 33
Bayer, Oswald 63
Becker, Judith 112
Beintker, Michael 2, 101, 111, 115
Beisser, Friedrich 36, 45
Bergius, Johann 146
Bernet, Claus 14
Birkner, Hans-Joachim 1, 73, 75, 84, 125, 135, 139, 141
Blanc, Gottfried Ludwig 27
Böhme, Jakob 170
Brandt, James M. 123, 133, 144
Bretschneider, Karl Gottlieb 27f., 63, 174f.
Bucer, Martin 168
Büchel, Anna von 14
Burdorf, Dieter 95
Büsching, Johann Gottfried 147

Calvin, Johannes 2, 27, 31–34, 39–43, 45–47, 49, 63f., 66, 69, 103f., 106, 109–112, 140, 172, 176f.
Cicero, Marcus Tullius 34, 39
Cölln, Daniel von 165
Cunitz, Eduard 33

DeVries, Dawn 31
Dierken, Jörg 9, 36, 68, 70f., 74, 135

Dingel, Irene 65, 112
Dinkel, Christoph 103, 120
Dohna, Alexander Graf zu 89f.

Ebeling, Gerhard 35, 39
Eichner, Hans 77
Eller, Elias 14
Emersleben, Lars 124
Erasmus, Desiderius 168
Eylert, Rulemann Friedrich 146

Faßler, Manfred 100
Fergusson, David 97
Fergusson, David A. S. 49
Feuerbach, Ludwig 38
Fichte, Johann Gottlieb 36
Fischer, Hermann 124
Foerster, Erich 10, 12, 17, 26
Frerichs, Jacob 106
Freudenberg, Matthias 69
Frevert, Ute 99
Frey, Jörg 64
Friedrich II., der Große, König von Preußen 11, 15
Friedrich Wilhelm II., König von Preußen 11
Friedrich Wilhelm III., König von Preußen 17, 115, 118, 145, 147, 156, 160
Fuß, Tilman 97

Gamble, Richard C. 41
Gaß, Joachim Christian 19
Geck, Albrecht 26, 103, 115, 133
Gedike, Friedrich 17
George, Ludwig 70
Gerber, Simon 2, 9, 18f., 24f., 28, 133, 140, 143, 166
Gerrish, Brian A. 31, 144
Gockel, Matthias 54
Gräb, Wilhelm 129, 132, 144
Grotius, Hugo 88
Grunow, August Wilhelm Christian 20

Habermas, Jürgen 92

Harms, Claus 151f.
Hartlieb, Elisabeth 75–77, 79–82, 84
Hector, Kevin W. 49
Heesch, Matthias 125
Heimbucher, Martin 103
Hering, Daniel Heinrich 14
Herms, Eilert 63, 71, 92, 105, 149
Herz, Henriette 90
Herz, Markus 89f.
Hinsdale, Mary Ann 41
Hirsch, Emanuel 139
Hobbes, Thomas 88
Hristea, Vasile 70
Huijgen, Arnold 2, 31, 41, 56
Huissau, Isaak d' 113
Hurrelmann, Klaus 85
Huxel, Kirsten 74, 76

Jablonski, Daniel Ernst 13, 147
Jahn, Friedrich Ludwig 142
Johann Sigismund 10, 146
Jonas, Ludwig 24, 125f.
Jörgensen, Poul H. 125

Käfer, Anne 1, 31, 51, 55, 62, 67f., 94
Kant, Immanuel 35, 55, 89
Kantzenbach, Friedrich Wilhelm 177
Kierkegaard, Sören 62
Klueting, Harm 145
Knigge, Adolph Franz Friedrich Ludwig Freiherr 89
Kooi, Cornelis van der 43
Krafft, Karl 14
Krüger, Malte Dominik 74
Kubik, Andreas 139
Kunz, Kirsten 22

Langhoff, Heinz 112f.
Lauster, Jörg 96
Lavater, Johann Caspar 153
Leiner, Martin 54
Lindbergh, Peter 69
Löwe, Friedrich Anton 22
Lüpke, Johannes von 63
Luther, Martin 9, 47, 62, 109, 136, 140f., 151, 153, 159, 167f., 172

Martyr, Petrus 167
Meckenstock, Günter 9, 17, 23, 26, 35, 77f., 90, 93, 96, 105, 145, 149
Meding, Wichmann von 26
Melanchthon, Philipp 106, 165, 168
Mengin, Ernst 113f.
Miodoński, Leon 26
Mirandola, Giovanni Pico della 166, 168
Müller, Ernst Friedrich Karl 150
Müller, Julius 62
Müller, Wolfgang Erich 116, 125
Munzinger, André 2, 87, 92

Neuser, Wilhelm 41
Niesel, Wilhelm 22, 114, 154, 177
Nimmo, Paul T. 49, 97
Nowak, Kurt 90

Oberdorfer, Bernd 88, 92f., 96
Ochino, Bernardino 167
Ohst, Martin 9, 19, 40, 63, 123, 144, 149
Okey, Stephen 41
Osthövener, Claus-Dieter 36

Patsch, Hermann 28
Peiter, Hermann 23, 126
Petri, Wolfgang 114
Philipps, Albrecht 3, 5
Pietsch, Michael 105, 149
Pighius, Albert 33
Planck, Gottlieb Jacob 24
Platz, Carl 74
Preul, Reinhard 102
Pufendorf, Samuel von 88

Rasch, Wolfdietrich 97
Rautenberg, Johann Wilhelm 21
Redeker, Martin 36, 41, 172
Reetz, Dankfried 19
Reich, Andreas 22
Reinhardt, Karl August 13
Reuchlin, Johannes 167
Reuss, Eduard 33
Rigby, Cynthia L. 97
Rohls, Jan 1f., 145
Rößler, Martin 94, 124
Rousseau, Jean-Jacques 79

Sack, August Friedrich Wilhelm 147
Sack, Friedrich Samuel Gottfried 16, 18, 147, 149, 177
Schäfer, Rolf 1, 51, 98, 101, 136
Scheliha, Arnulf von 2, 9, 68, 70 f., 94, 123, 129, 135, 139, 141
Schlegel, Friedrich 18, 77 f., 90
Schleiermacher, Charlotte 84
Schleiermacher, Friedrich 62
Schlenke, Dorothee 138
Schleyermacher, Daniel 14 f.
Schleyermacher, Elisabeth Maria 5, 12
Schleyermacher, Johann Gottlieb 1, 5, 13 f.
Schließer, Benjamin 64
Schmid, Dirk 123–125
Schmidt, Bernhard 9, 22
Schmidt, Sarah 9, 26, 84
Schmidtke, Sabine 47, 64
Schmidts, Ludwig 79
Schmücker, Reinhold 95
Scholz, Heinrich 41
Schrey, Heinz-Horst 97
Schröder, Markus 127
Schubert, Anselm 12
Schulz, David 165
Schumann, Johann Lorenz 13, 17
Schweizer, Alexander 23, 176 f.
Seeberg, Reinhold 28
Selderhuis, Herman Johan 112
Selge, Kurt-Viktor 23
Sockness, Brent W. 129
Sozzini, Lelio 167
Spinoza, Baruch de 176
Stapulensis, Faber 167
Stäudlin, Carl Friedrich 10, 24
Stegmann, Andreas 10
Stein, Heinrich Friedrich Karl Reichsfreiherr vom und zum 155

Steinmeier, Anne 74
Stilling, Jung 15
Stolpe, Manfred 115
Stosch, Bartholomäus 147
Stubenrauch, Samuel Ernst 13, 15 f., 18, 149
Stubenrauch, Timotheus Christian 13, 19, 149

Teschmer, Caroline 2, 66, 69
Thadden, Rudolf von 147
Thaidigsmann, Edgar 63
Tholen, Toni 95
Tholuck, August 62
Thomasius, Christian 88, 157
Tollin, Henri 113
Traulsen, Hans-Friedrich 9, 40, 63, 105, 149
Troeltsch, Ernst 23
Twardella, Günter 15

Ueberschaer, Nadine 64

Virmond, Wolfgang 1, 14, 16, 18, 21, 44, 90, 123

Wackwitz, Andreas 13
Weber, Maximilian Carl Emil (Max) 23
Weber, Otto 32 f., 43, 64, 111 f.
Weeber, Martin 132
Wegscheider, Julius 27
Weigel, Erhard 170
Weth, Rudolf 103
Winter, Friedrich 115

Zanchi, Girolamo 167
Zedler, Johann Heinrich 87
Zwingli, Huldrych (Ulrich) 2, 9, 28, 106, 110, 149, 153, 167 f., 176

www.ingramcontent.com/pod-product-compliance
Lightning Source LLC
Chambersburg PA
CBHW032103300426
44116CB00007B/870